Flüchtlingsrecht

Paul Tiedemann

Flüchtlingsrecht

Die materiellen und
verfahrensrechtlichen Grundlagen

 Springer

Paul Tiedemann
Frankfurt
Deutschland

ISBN 978-3-662-43656-1   ISBN 978-3-662-43657-8 (eBook)
DOI 10.1007/978-3-662-43657-8
Springer Heidelberg New York Dordrecht London

Die Deutsche Nationalbibliothek verzeichnet diese Publikation in der Deutschen Nationalbibliografie;
detaillierte bibliografische Daten sind im Internet über http://dnb.d-nb.de abrufbar.

Gedruckt auf säurefreiem und chlorfrei gebleichtem Papier

Springer ist Teil der Fachverlagsgruppe Springer Science+Business Media (www.springer.com)

Vorwort

Dieses Buch ist aus dem Skript zu der Vorlesung „Deutsches, Europäisches und Internationales Flüchtlingsrecht" hervorgegangen, die ich seit dem Wintersemester 2007/2008 im Rahmen des Refugee Law Clinic Projects an der Justus-Liebig-Universität in Gießen wiederholt gehalten habe. Das Skript ist dabei kontinuierlich weiterentwickelt worden und hatte am Ende einen Umfang angenommen, der dem eines Lehrbuchs schon sehr angenähert war.

Dieser Umstand und die leichte Zugänglichkeit über das Internet hatte zur Folge, dass das Skript sich auch außerhalb der Vorlesung in ganz Deutschland zunehmender Aufmerksamkeit erfreute und mir Rückmeldungen nicht nur von anderenorts Studierenden, sondern auch von Rechtsanwälten, Beamten und Mitarbeitern von NGOs eintrug. So erfreulich dieser Zuspruch auch war, schien er mir doch zunehmend mit Risiken verbunden, die ich nicht mehr tragen wollte. Viele Inhalte waren nämlich nur höchst abgekürzt, teilweise nur stichwortartig abgehandelt worden. Darin konnte ich kein Problem sehen, solange das Skript nur im Rahmen meiner Vorlesung rezipiert wurde, in der diese Andeutungen natürlich ausführlich erläutert werden konnten. Die zunehmende Nutzung des Skripts außerhalb dieses Kontexts barg aber das Risiko von Missverständnissen. Dies ließ den Gedanken reifen, den Text zu überarbeiten, ihm die Gestalt eines Buches zu geben, das sich unabhängig von der Vorlesung lesen lässt, und das Werk dann auch als solches zu veröffentlichen. Ich danke in diesem Zusammenhang dem Springer Verlag und der Lektorin, Frau Anke Seyfried, für ihre Aufgeschlossenheit für das Projekt und die stets angenehme Zusammenarbeit bei seiner Realisierung.

Der Darstellung liegt die Rechtslage zugrunde, wie sie ab dem 1. Januar 2014 gilt. Soweit sich künftige Gesetzesänderungen bereits absehen lassen, weil die entsprechenden EU-Richtlinien bereits in Kraft gesetzt sind oder Gesetzentwürfe die Öffentlichkeit erreicht haben, sind sie mit einem entsprechenden Hinweis ebenfalls berücksichtigt. Im Übrigen entspricht das Buch meinem eigenen Wissensstand zum Zeitpunkt Anfang September 2014.

Ich danke allen Studentinnen und Studenten der vergangenen Semester, die mich – meist via E-Mail – auf Fehler, Unstimmigkeiten oder Lücken in dem Skript hingewiesen haben. Ich bin auch künftig sehr dankbar für jeden Hinweis, der zur Verbesserung des Buches in etwaigen künftigen Auflagen führt. Dazu können Sie sich direkt an mich wenden (Paul.Tiedemann@recht.uni-giessen.de).

Frankfurt a. M./Gießen,   Paul Tiedemann
im September 2014

Inhaltsverzeichnis

Abkürzungsverzeichnis

A.A.	Anderer Ansicht
a.F.	Alte Fassung
ABl L	Amtsblatt der Europäischen Union Nummer Teil L [Ausgabe]/[Seite]
AE	Aufenthaltserlaubnis
AEUV	Vertrag über die Arbeitsweise der Europäischen Union i.d.F. des Vertrags von Lissabon ABl C 306/1 v. 17.12.2007
Art.	Artikel
AsylVfG	Asylverfahrensgesetz i.d.F der Bekanntmachung v. 02.09.2008 (BGBl 2008 I 1798) i. d. F. des Gesetzes zur Umsetzung der Richtlinie (EU) 2011/95/EU v. 28.08.2013 (BGBl 2013 I 3474)
AuAS	Schnelldienst Ausländer- und Asylrecht. Bonn: Luchterhand Fachverlag. [Jahr], [Seite]
AufenthG	Aufenthaltsgesetz i. d. F. d. Bekanntmachung v. 25.02.2008 (BGBl 2008 I 162) i. d. F. des Gesetzes v. 06.09.2013 (BGBl 2013 I 3556)
AufenthV	Aufenthaltsverordnung v. 25.11.2004 (BGBl 2004 I 2945 i. d. F. d. 9. Änderungsverordnung v. 23.09.2013 (BGBl 2013 I 3707)
B. v.	Beschluss vom
BAMF	Bundesamt für Migration und Flüchtlinge
BeschäftV	Beschäftigungsverordnung v. 06.06.2013 (BGBl 2013 I 1499
BGBl.	Bundesgesetzbuch [Jahr] [Teil] [Seite]
BMI	Bundesinnenministerium
BRD	Bundesrepublik Deutschland
Buchholz	Sammel- und Nachschlagewerk der Rechtsprechung des Bundesverwaltungsgerichts. München: C. H. Beck
BVerfG	Bundesverfassungsgericht
BVerfGE	Amtliche Sammlung der Entscheidungen des BVerfG
BVerfGK	Sammlung der Kammerentscheidungen des BVerfG
BVerwG	Bundesverwaltungsgericht
BVerwGE	Amtliche Sammlung der Entscheidungen des BVerwG
BVFG	Bundesvertriebenengesetz i.d.F. der Bekanntmachung vom 10.08.2007 (BGBl. I S. 1902), i.d.F. d. Gesetzes v. 06.09.2013 (BGBl. I S. 3554)
DVBl	Deutsches Verwaltungsblatt. Köln: Carl Heymanns [Jahr], [Seite]
DublinVO	VO (EU) Nr. 604/2013 v. 26.06.2013 (ABl L 180/31 v. 29.06.2013
EAE	Erstaufnahmeeinrichtung

EG	Europäische Gemeinschaft(en)
EGMR	Europäischer Gerichtshof für Menschenrechte
EMRK	Europäische Menschenrechtskonvention
ESVGH	Entscheidungssammlung des Hessischen Verwaltungsgerichtshofs und des Verwaltungsgerichtshofs Baden-Württemberg mit Entscheidungen der Staatsgerichtshöfe beider Länder. München: C.H. Beck [Band], [Seite]
EU	Europäische Union
EuGH	Gerichtshof Der Europäischen Union
EuGRZ	Europäische Grundrechte Zeitschrift. Kehl: Engel. [Jahrgang] ([Jahr]), [Seite]
EURODAC	EU Datenbank für den Abgleich von Fingerabdruckdaten nach VO (EU) Nr. 603/2013
GFK	„Genfer Flüchtlingskonvention"=Abkommen von 1951 über die Rechtsstellung der Flüchtlinge
GG	Grundgesetz
GK-AsylVfG	Gemeinschaftskommentar zum AsylVfG hrsg. v. Fritz/Vormeier
HessVGH	Hessischer Verwaltungsgerichtshof
HV	Hessische Verfassung
InfAuslR	Informationsbrief Ausländerrecht. Bonn: Luchterhand fachverlag [Jahrgang] ([Jahr]), [Seite]
IGH	Internationaler Gerichtshof
i.S.d.	im Sinne des/der
JuS	Juristische Schulung. München/Frankfurt: C.H. Beck [Jahr], [Seite]
lit.	littera (Buchstabe)
NE	Niederlassungserlaubnis
NVwZ	Neue Zeitschrift für Verwaltungsrecht. München/Frankfurt: C.H. Beck [Jahr], [Seite]
NVwZ-RR	NVwZ-Rechtsprechungsreport. München: C.H. Beck [Jahr], [Seite]
ou	Offensichtlich unbegründet
OVG	Oberverwaltungsgericht
OVGE MüLü	Entscheidungen der Oberverwaltungsgerichte für das Land Nordrhein-Westfalen in Münster sowie für die Länder Niedersachsen und Schleswig Holstein in Lüneburg. Köln: Schmidt [Band], [Seite]
QRL	„Qualifikationsrichtlinie"=RL (EU) 2011/95/EU v. 20.12.2011 (ABl L 337/9 v. 20.12.2011
Res	Resolution
RGBl.	Reichsgesetzblatt
RL	Richtlinie
Rn	Randnummer
S.	Seite/Satz
SDÜ	Schengener Durchführungsabkommen v. 14.06.1985 (ABl L 239/19 v. 22.09.2000)
Slg.	Amtliche Sammlung der Entscheidungen des EuGH [Jahr], [Seite]

StAG	Staatsangehörigkeitsgesetz v. 22.07.1913 (RGBl 1913 I 583 i.d.F. G v. 28.08.2013 (BGBl 2013 I 3458
StGB	Strafgesetzbuch
StlÜK	Übereinkommen vom 28.09.1954 über die Rechtsstellung der Staatenlosen (BGBl. 1976 II 473)
UK	United Kingdom of Great Britain and Northern Ireland (Großbritannien)
UN	United Nations/Vereinte Nationen
UNHCR	United Nations High Commissioner for Refugees
UNRWA	United Nations Relief and Works Agency for Palesine Refugees in the Near East
Urt. v.	Urteil vom
VG	Verwaltungsgericht
VGH	Verwaltungsgerichtshof
VO	Verordnung
VO (EG)	Verordnung der Europäischen Gemeinschaft(en)
VO (EU)	Verordnung der Europäischen Union
VölkerStGB	Völkerstrafgesetzbuch
VwGO	Verwaltungsgerichtsordnung
VwVfG	Verwaltungsverfahrensgesetz
ZAR	Zeitschrift für Ausländerrecht und Ausländerpolitik. Baden-Baden: Nomos [Jahrgang] ([Jahr]), [Seite]
ZJS	Zeitschrift für das juristische Studium. Offene Online-Zeitschrift http://www.zjs-online.com/

Geschichte des Ausländer- und Asylrechts

1.1 Weltgeschichte des Asylrechts

Literaturhinweise Derlien 2003, Kimminich 1978, Tiedemann 2009a, Tiedemann 2009b, Tiedemann 2014.

Geschichte des Begriffs „Asyl" Asylos (griech.) heißt Zufluchtsstätte. Damit war   **1**
im Altertum nicht das Territorium eines anderen Staates gemeint, in dem ein Flüchtling der Verfolgung durch den Heimatstaat entgehen konnte, sondern ein Ort, der
unter der Herrschaft der Götter stand (Tempel, Kirche, Kloster), so dass dort jede
menschliche Herrschaft endete und damit auch das Recht der politischen Macht-
haber, einen Menschen zwangsweise festzunehmen. Das galt für jeden, der dort
Zuflucht suchte, also auch für den Verbrecher. Dieses Recht nahm in christlicher
Zeit auch die Kirche in Anspruch, obwohl eine Zufluchtsstätte im Sinne des Alten
Testamentes eigentlich nur ein Ort war, an dem keine Blutrache durchgeführt werden durfte, so dass der Verbrecher, der sich dorthin flüchtete, vor ein Gericht gestellt
werden musste (4 Mose 35, 10 ff.). Das Asylrecht im heidnischen Sinne wurde von
den politischen Mächten noch bis zu Beginn der absolutistischen Epoche respek-
tiert. Noch in der ersten Kodifizierung des katholischen Kirchenrechts, dem Codex
Juris Canonici (CIC) von 1917 berühmte sich die Kirche dieses Asylrechts:

Canon 1179: Ecclesia iure asyli gaudet ita ut rei, qui ad illam confugerint, inde   **2**
non sint extrahendi nisi necessitas urgeat, sine assensu Ordinarii, vel saltem rectoris
ecclesiae. [Die Kirche hat das Recht auf Asyl, so dass die Täter, die sich dorthin
zurückziehen können, nicht ausgeliefert werden, ohne Notwendigkeit und ohne die
Zustimmung des Ordinarius (= Papst, Bischof, Gemeindepfarrer), oder zumindest
des Rektors der Kirche (= Priester als Vorstand einer kirchlichen Institution wie
Universität oder Priesterseminar.)]

Unter einem Asyl verstand man später auch ein Hospital oder eine Herberge,   **3**
in der Menschen vor Obdachlosigkeit und Not Zuflucht finden konnten. Erst im
Grundgesetz gewann der Begriff die Bedeutung von staatlichem Schutz für Ausländer, die in ihrem Heimatstaat aus politischen oder religiösen Gründen verfolgt

© Springer-Verlag Berlin Heidelberg 2015
P. Tiedemann, *Flüchtlingsrecht,* DOI 10.1007/978-3-662-43657-8_1

werden. Dieser Schutz ist nicht mehr an einen bestimmten Ort gebunden. Er kann auch dadurch gewährt werden, dass Flüchtlingen Reiseausweise ausgestellt werden, so dass sie weltweit reisen können. Asyl ist jetzt also kein Ort mehr, sondern ein rechtlicher Status. Der Sache nach gab es dies aber auch schon in der Antike.

4	Antike	Bis zu Beginn des 20. Jh. war die Einreise und der Aufenthalt von Menschen aus fremden Ländern rechtlich nicht oder nur lückenhaft geregelt. Insbesondere waren in der Regel weder Visum noch Aufenthaltserlaubnis erforderlich. Wer im Herrschaftsgebiet eines Staates verfolgt wurde, konnte sich also ohne weiteres im Herrschaftsgebiet eines anderen Staates in Sicherheit bringen.
5		Erst und nur dann, wenn der Verfolgerstaat die Auslieferung eines seiner Bürger oder Untertanen verlangte, wurde die Flüchtlingsfrage zu einer Rechtsfrage. Dabei standen sich zwei völkerrechtliche Prinzipien gegenüber, nämlich zum einen die **Personalhoheit** des Verfolgerstaates über seine Untertanen und die **Territorialhoheit** des Zufluchtsstaates über alle Menschen, die sich auf seinem Territorium befanden und der Machtsphäre fremder Staaten über ihre im Ausland befindlichen Untertanen Schranken setzte. Um der Behauptung der Territorialhoheit willen sahen die Staaten sich nicht verpflichtet, Flüchtlinge auszuliefern. Das Recht eines Staates, Asyl zu gewähren, war in der Antike also das, was man heute eine allgemein anerkannte Regel des Völkerrechts nennen würde. Es ging dabei aber nie um die Rechte des Flüchtlings, sondern stets um den Selbstbehauptungswillen und die Rechte der Staaten im Verhältnis zueinander.
6		Der älteste Beleg für den Flüchtlingsschutz zur Behauptung des Territorialprinzips ist ein Vertrag aus dem 14. Jh v. Chr. zwischen dem König der Hethiter und dem Fürsten von Wiluscha: *„Wenn ein Flüchtling aus deinem Land Hatti kommt, so gibt man ihn dir nicht zurück; aus dem Land Hatti einen Flüchtling zurückzugeben ist nicht rechtens.“*
		Die griechischen Stadtstaaten schlossen miteinander Verträge zur Regelung der Rechte und Pflichten ihrer Staatsangehörigen im Ausland. Dabei vereinbarten sie auch das Recht der Auslieferung flüchtiger Krimineller. Von diesem Auslieferungsanspruch ausgenommen wurden ausdrücklich politische Delinquenten.
7		Die Römer erkannten das Prinzip der Territorialhoheit anderer Staaten prinzipiell nicht an. Wurde ihrem Auslieferungsbegehren nicht stattgegeben, so setzten Sie ihren Anspruch auf Personalhoheit notfalls mit Waffengewalt durch. Dahinter stand die Idee des Imperiums, der zufolge Rom Territorialhoheit über die ganze Welt besaß. Mit dem Aufstieg Roms endet deshalb auch die antike Geschichte des Völkerrechts.
8	Mittelalter	Das mittelalterliche Europa hielt an der Idee des Imperiums in der Form der Einheit des christlichen Abendlandes fest. Es entwickelte sich deshalb auch kein Sinn für Territorialhoheit. Die lokalen Herr-

scher unterstützten sich vielmehr gegenseitig bei der Durchsetzung der von ihnen in Anspruch genommenen Personalhoheit und lieferten die Untertanen fremder Herren an diese aus. Eine Ausnahme bildete die Zeit etwa ab dem 11. Jahrhundert bis zum Inkrafttreten des sog. *Statutum in favorem principum* vom 01. Mai 1231 (Wormser Rechtsspruch). In diesem Zeitraum galt gewohnheitsrechtlich der Grundsatz „Stadtluft macht frei". Die freien Städte gewährten Leibeigenen, die in ihre Mauern geflohen waren, nach „Jahr und Tag" das Bürgerrecht. Prinzipiell anders verhielten sich nur die italienischen Stadtstaaten der Renaissance. Ihrem Souveränitätsanspruch entsprach wie im alten Griechenland die völkerrechtliche Vereinbarung ihrer gegenseitigen Beziehungen einschließlich Auslieferungsanspruch und Asylrecht.

Neuzeit   Im Zeitalter des Absolutismus nehmen die Landesherrn Souveränität über ihr Territorium in Anspruch. Dem entspricht die Weigerung, Flüchtlinge an das Ausland auszuliefern. Allerdings waren die absolutistischen Monarchen miteinander in dem Interesse verbunden, die politischen Gegner des Absolutismus zu bekämpfen. So wurden nur nicht-politische Kriminelle nicht ausgeliefert, während politische Delinquenten häufig keinen Auslieferungsschutz genossen. **9**

Hugo Grotius schloss in seiner Völkerrechtslehre ein Asyl für politische Delinquenten ausdrücklich aus, weil er dem Einzelnen jegliches Widerstandsrecht gegen den absolutistischen Herrscher absprach.

19. Jh   Der Kapitalismus brachte neue Formen der Kriminalität hervor, die die Wirtschaft in bis dahin unbekannter Weise bedrohten. Zugleich erhöhten neue technische Errungenschaften wie die Erfindung der Eisenbahn und der Dampfschifffahrt die Mobilität. Das machte es auch Straftätern leichter, sich der Strafverfolgung durch Flucht ins Ausland zu entziehen. So entstand ein transnationales Interesse an der Bekämpfung der Kriminalität. Es führte zum Abschluss zahlreicher bilateraler Auslieferungsverträge. Die Französische Revolution und die politischen Reform- und Revolutionsbewegungen in Europa setzten dem bisherigen einheitlichen Interesse aller Staaten an der Aufrechterhaltung der politischen Herrschaftsform des Absolutismus ein Ende. Staaten, die für sich die Freiheit errungen hatten, sahen sich moralisch verpflichtet, Menschen Zuflucht zu gewähren, die in ihrer Heimat wegen ihrer Opposition zum (alten) politischen System strafrechtlich verfolgt wurden. **10**

1833   Die Französische Revolution führte erstmals zu einer großen Fluchtwelle des französischen Adels. Diese Exilanten wurden in der Heimat zu politischen Verbrechern erklärt. In der anschließenden Restauration forderten die neuen (alten) Eliten deshalb, dass politische Verbrecher nicht ausgeliefert werden sollten. Im revidierten Auslieferungsvertrag zwischen der Schweiz und Frankreich wird erstmals vereinbart, dass der Auslieferungsanspruch nur im Falle eines gemeinen Deliktes bestehen soll, nicht aber im Falle eines politischen oder militärischen **11**

Deliktes. Diese Ausschlussklausel wird in der Folge in sämtliche Auslieferungsverträge aufgenommen. Belgien war das erste Land, das in seinem innerstaatlichen Auslieferungsgesetz (1833) eine entsprechende Regelung aufnahm, wonach politische oder militärische Delinquenten nicht ausgeliefert werden durften. Darüber, was unter einem politischen Delikt zu verstehen war, gab es im 19. Jh. keinen Konsens. Ein subjektives Recht des Ausländers auf Unterlassung der Auslieferung wegen des politischen Charakters des ihm zur Last gelegten Delikts gab es nicht.

12   Das Prinzip, wonach politische Delinquenten nicht ausgeliefert werden müssen, setzte sich im 19. Jh. allgemein durch, so dass es wie schon in der Antike zu einer allgemeinen Regel des Völkerrechts (vgl. Art. 25 GG) wurde. Unter Asylrecht wurde fortan das subjektive Recht eines Staates gegenüber einem anderen Staat verstanden, einen politischen Flüchtling nicht auszuliefern (vgl. z. B. Fritz Stier-Somlo: Asylrecht. In: ders.: Handwörterbuch der Rechtswissenschaften 1926 Bd. 1 S. 348).

13   1836   Der Kanton Zürich gibt sich ein „Gesetz betreffend die besonderen Verhältnisse der politischen Flüchtlinge". Es bewilligt Ausländern den Aufenthalt, die wegen eines außerhalb der Eidgenossenschaft begangenen politischen Verbrechens *„oder um sonst einer politischen Verfolgung vom Auslande her zu entgehen"* nach Zürich geflohen sind. Das Gesetz betraf die politischen Flüchtlinge aus Deutschland, die vor den Repressionen der Restauration unter Metternich, im Vormärz und später nach der gescheiterten Revolution 1848/1849 in die Schweiz geflohen waren und umfasste damit nicht nur jene, die in Deutschland strafrechtlich verfolgt wurden.

14   20. Jh.   Die Abschaffung der Leibeigenschaft im 19. Jahrhundert, die Erfindung der Eisenbahn und der Dampfschifffahrt führen im 20. Jh. zu einer bis dahin nie gekannten Mobilität der Menschen. Zudem entwickeln sich die europäischen Staaten zu Sozialstaaten. Ihre Einwohner haben Zugang zu öffentlichen Leistungen. Damit kann es den Staaten nicht mehr gleichgültig sein, wer sich in ihrem Gebiet niederlässt. Bereits seit dem späten 18. Jahrhundert (Preußen 1813) reagierten die Staaten darauf mit Einreise- und Aufenthaltsverboten für Ausländer, die unter einem Erlaubnisvorbehalt standen, das durch den Besitz eines Passes und eines Einreisevisum zu erfüllen war. Vor dem Ersten Weltkrieg war diese Visumspflicht in Europa aber weitgehend wieder rückgängig gemacht worden. Das änderte sich auf dem Kontinent mit dem Beginn des Ersten Weltkrieges. Das Einreisevisum diente ab jetzt der Abwehr von Spionen.

15   Großbritannien gab sich allerdings schon 1905 ein erstes Ausländergesetz (Aliens Act). Das Land sah sich nämlich schon zu Beginn des Jahrhunderts eines Zustroms größtenteils verarmter Ausländer ausgesetzt, die über England eigentlich in die USA auswandern wollten, wobei dieser Plan dann aber entweder aus Geldmangel scheiterte oder daran, dass die USA die Einreise verweigerten und die Betroffenen nach England zurückschickten. Letzteres betraf insbesondere kranke und gebrechliche Menschen, die dann der staatlichen Armenfürsorge in England zur Last fielen.

1905 Unter den Ausländern, die die Einreise nach England begehrten, waren **16** zahlreiche Juden, die vor Pogromen in Russland geflohen waren und denen aus humanitären Gründen Zuflucht gewährt werden sollte. Der Aliens Act regelte daher, dass Immigranten, die allein deshalb nach England gekommen sind *„to avoid prosecution or punishment on religious or political grounds or for an offence of a political character, or persecution, involving danger of imprisonment or danger to life or limb, on account of religious belief"*, nicht zurückgewiesen werden sollten. Diese Regelung ist unabhängig von einer Strafverfolgung im Heimatland und knüpft erstmals an bestimmte Verfolgungsgründe (Religion, Politik) an.

1915 ff. Nach dem Ersten Weltkrieg wird der Flüchtling zu einem dramatischen Massenphänomen in Europa. Vor allem zwei Ereignisse waren **17** dafür ursächlich. 1.) Im Jahre 1915 steigerten sich die schon in den 90er Jahren des 19. Jahrhunderts stattgehabten Massaker und Verfolgungen der Armenier durch die osmanische Regierung zu einem Genozid, vor dem viele Armenier nach Europa flohen. Dem folgte 1922 die Vertreibung der noch auf ihrem Territorium lebenden Armenier und Griechen, Assyrer, Chaldäer und anderer Minderheiten durch die Türkei. 2.) Die Oktoberrevolution 1917 in Russland löste eine Fluchtwelle von etwa einer Million Menschen aus. 1921 entzog die Sowjetunion diesen Menschen die Staatsbürgerschaft, so dass sie keinerlei völkerrechtlichen Schutz mehr genossen und keine Identitätspapiere erhalten konnten. Auch die Rückkehr war ihnen verwehrt.

Später lösten die Machtergreifung Mussolinis in Italien und der Bürgerkrieg in Spanien Fluchtbewegungen aus. Sie werden allerdings **18** in den Schatten gestellt durch die Fluchtbewegungen, die durch den Nationalsozialismus in Deutschland ab 1933 ausgelöst wurden.

1917 Das US Einwanderungsgesetz wird dahingehend verschärft, dass nur **19** noch einwandern darf, wer in einem Test seine Lesefähigkeit nachweisen kann. Davon ausgenommen werden jedoch diejenigen, die einreisen wollen, *„to avoid religious persecution in the country of their last permanent residence"*. Gedacht war dabei an Juden aus Osteuropa und christliche Armenier, die von den Türken verfolgt wurden.

1920 Der Völkerbund wird gegründet. Er nimmt sich der Aufgabe einer **20** internationalen Flüchtlingshilfe an und bestellt zu diesem Zweck das Amt des Hochkommissars für Flüchtlinge, das mit Fridjof Nansen besetzt wird. Zunächst ist der Hochkommissar nur für die russischen Flüchtlinge zuständig, ab 1924 auch für die Armenier und 1928 für zahlreiche andere Gruppen. Die Haupttätigkeit besteht darin, die Flüchtlinge mit Identitätspapieren auszustatten (Nansen-Pass).

21

Nachdem sich herausgestellt hatte, dass eine Rückkehr der Flüchtlinge auf Dauer nicht möglich sein würde, übernahm der Hochkommissar auch die Aufgabe, sich um die dauerhafte Ansiedlung der Flüchtlinge in anderen Staaten zu kümmern. Dabei war er auf deren Kooperation angewiesen. Die Staaten waren nicht verpflichtet, Flüchtlinge aufzunehmen. Angesichts der Weltwirtschaftskrise versuchten sie vielmehr, die Flüchtlinge auszuweisen. Da denen die Ausreise faktisch nicht möglich war, wurden sie häufig in Gefängnisse verbracht.

22   1933

Acht Staaten vereinbaren die *Konvention über den internationalen Status der Flüchtlinge* vom 28.10.1933. Sie gilt für die Flüchtlinge aus Russland und der Türkei (Armenier) und verpflichtet die Vertragsstaaten, die Flüchtlinge nicht in den Verfolgerstaat zurückzuschicken („Non-Refoulement") und ihnen den Aufenthalt zu erlauben, sofern kein Drittstaat zur Aufnahme bereit ist. Ein subjektives Recht gewährt die Konvention den Flüchtlingen nicht.

Der Völkerbund löst das Flüchtlingshochkommissariat auf, nachdem durch die Konvention die Verantwortung für die Flüchtlinge auf die Staaten übergegangen war.

23   1938

Nachdem Deutschland den Völkerbund verlassen hatte, war es jetzt auch möglich, die *Konvention betreffend den Status der Flüchtlinge aus Deutschland* v. 10.2.1938 aufzulegen. Zugleich wurde das Flüchtlingshochkommissariat wieder geschaffen. Im Vergleich zu der Konvention von 1933 sieht das Refoulementverbot zahlreiche Ausnahmen vor und bewirkt damit keinen effektiven Schutz. Ohnehin bleibt die Konvention bedeutungslos, weil sie nur von zwei Staaten (Belgien, Großbritannien) ratifiziert wird.

24

Auf amerikanische Initiative kommt es auf der Konferenz von Evian am 14. Juli zur Gründung des *Intergovernmental Committee on Refugees* (IGCR), dessen Aufgabe es werden sollte, sich um die Personen zu kümmern, die wegen ihrer politischen Meinung, ihrem religiösen Glauben oder ihrem rassischen Ursprung aus Deutschland und Österreich fliehen mussten. Die Organisation führte Verhandlungen mit Deutschland über die organisierte Auswanderung der Juden, erreichte aber nichts und blieb auch in der Folgezeit bedeutungslos.

25   1943

Die im Kampf gegen die Achsenmächte verbündeten „Vereinten Nationen" gründeten auf Initiative der USA am 9.11. die *United Nations Relief and Rehabilitation Administration* (UNRRA). Sie sollte in den befreiten Zonen umfassende Aufbau- und Hilfsprogramme durchführen und auch für Kriegsflüchtlinge und „displaced persons" zuständig sein. Später wurde ihre Zuständigkeit auf jene erweitert, die nach dem Krieg vor den kommunistischen Regimen der Ostblockstaaten geflohen sind.

26   1946

Die 1945 in San Francisco gegründete UNO errichtet die *International Refugee Organization* (IRO) als UN Agentur. Sie war zuständig für Personen, die vor Ausbruch des Zweiten Weltkriegs aus Gründen der Rasse, Religion, Nationalität oder politischen Meinung als Flüchtlinge angesehen worden waren und für Personen, die sich außerhalb ihres Herkunftslandes aufhalten und aufgrund von Ereignissen in Folge des Zweiten Weltkrieges nicht fähig oder nicht willig waren, den Schutz der Regierung des Staates in Anspruch zu nehmen, dessen Staatsangehörigkeit sie haben oder zuletzt hatten. Die Aktivitäten der IRO bezogen sich auf Flüchtlinge in Europa. Die IRO bot juristisch-politischen Schutz, materielle Hilfe, Unterstützung der Repatriierung und Wiederansiedlungshilfe im endgültigen Zufluchtsstaat. Die Organisation wurde 1952 aufgelöst. Ihre Aufgaben gingen auf den im August 1950 gegründeten UNHCR über.

1948   In den ersten Entwürfen zur Allgemeinen Erklärung der Menschenrechte ist ein subjektives Asylrecht des Flüchtlings vorgesehen: „Jeder hat das Recht, Asyl zu suchen und zu **bekommen**." Die am 10.12.1948 verkündete Fassung kennt dagegen nur noch das „Recht, in anderen Ländern Zuflucht vor Verfolgung zu **suchen** und zu **genießen**.", aber eben nicht mehr „zu bekommen". Im *Internationalen Pakt über bürgerliche und politische Rechte* von 1966 wird das Asylrecht nicht erwähnt.   **27**

1949   Die UNO errichtet die *United Nations Relief and Works Agency for Palestine Refugees in the Near East* (UNRWA). Sie betreut die Flüchtlinge, die in den israelisch-arabischen Kriegen seit 1948 ihre Heimat verloren haben. Die UNRWA ist die einzige Sonderagentur für Flüchtlinge, die bis heute existiert, während für alle anderen Flüchtlingsgruppen inzwischen der UNHCR zuständig ist.   **28**

1950   Die UNO errichtet die *United Nations Korean Reconstruction Agency* (UNKRA), deren Aufgabe neben wirtschaftlicher Aufbauhilfe auch darin besteht, Flüchtlinge und displaced persons zu betreuen, die aus der Spaltung Koreas 1945 in einen Nord- und einen Südstaat entstanden sind. Sie stellte ihre Tätigkeit 1959 ein.   **29**

Am 14.12. wird der *United Nations High Commissioner for Refugees* (UNHCR) gegründet. Erster Hochkommissar wird Gerrit Jan van Heuven Goedhart. Der UNHCR hat die Aufgabe, die internationale Flüchtlingshilfe zu koordinieren, ggf. selbst materielle Hilfe für Flüchtlinge zu organisieren, den Flüchtlingen in Absprache mit Zufluchtsländern rechtlichen Schutz zu gewähren (z. B. Ausstellung von Schutzbriefen zur Verhinderung der Abschiebung). Sein Mandat ist um andere Aufgaben erweitert worden, z. B. auch hinsichtlich so genannter Binnenflüchtlinge. Weitere Aufgaben sind ihm durch die Genfer Flüchtlingskonvention von 1951 und durch die Afrikanische Flüchtlingskonvention von 1969 sowie durch andere Verträge übertragen worden.

1951   Eine von der UNO Generalversammlung einberufene Konferenz in Genf entwirft eine *Konvention betreffend den Status der Flüchtlinge*. Der Entwurf wird am 28.7.1951 zur Unterzeichnung aufgelegt und wurde bis heute von 146 Staaten ratifiziert. Sie verpflichtet die Vertragsstaaten, Flüchtlinge im Sinne der Konvention nicht in den Verfol-   **30**

gerstaat abzuschieben und ihnen, sofern sie nicht in einem Drittstaat Aufnahme finden, ein Aufenthaltsrecht und weitere Rechte zu gewähren. Die Konvention ist nur auf Personen anwendbar, die aufgrund von Ereignissen zu Flüchtlingen geworden sind, die vor dem 1. Januar 1951 eingetreten sind. Wegen dieser zeitlichen Begrenzung findet sie fast ausschließlich auf Flüchtlinge aus dem Ostblock Anwendung (z. B. Ungarn-Aufstand 1956).

31 1967 Die meisten Vertragsstaaten der Genfer Flüchtlingskonvention vereinbaren das Protokoll über die Rechtsstellung der Flüchtlinge vom 31.1.1967, das am 4.10.1967 in Kraft tritt. Mit diesem Protokoll wird die zeitliche Begrenzung in Art. 1 GFK aufgehoben. Die GFK ist damit auch auf Personen anwendbar, die aufgrund von Ereignissen geflohen sind, die 1951 und später stattgefunden haben oder stattfinden werden.

1.2   Geschichte des Ausländer- und Asylrechts in Deutschland

32 Vor 1938 Die Einwanderung und Niederlassung von Ausländern in den deutschen Ländern und damit auch im Deutschen Reich war genehmigungsfrei. Es gab auf Länderebene Gesetze und Ausländerpolizeiverordnungen, die die Ausweisung und Abschiebung von Ausländern regelte, welche gegen bestimmte Tatbestände der öffentlichen Sicherheit und Ordnung verstießen. Wer Arbeit hatte und nicht polizeilich auffiel, konnte sich problemlos in Deutschland niederlassen. Einreise- und Aufenthaltsverbote, die im Ersten Weltkrieg erlassen worden waren, wurden danach wieder aufgehoben. § 1 preuß. AusländerpolizeiVO v. 27.04.1932: „Jeder Ausländer ist zum Aufenthalt im preußischen Staatsgebiet zugelassen, solange er die in diesem Gebiete geltenden Gesetze und Verwaltungsvorschriften befolgt." Der Bergbau und die Stahlindustrie führen zu starken Zuwanderungsbewegungen, vor allem aus Polen.

33 1813 In Preußen wird ein Allgemeines Passreglement eingeführt. Jedermann ist verpflichtet, einen Pass zu haben. Mit dem Passgesetz des Norddeutschen Bundes von 1867 wurde aber wieder weitgehend Passfreiheit eingeführt. Der Pass diente nur der Identitätsfeststellung und Kontrolle. Seit dem Ersten Weltkrieg wurde aber für die Ein- und Ausreise nicht nur ein Pass, sondern auch ein Sichtvermerk (Visum) gefordert. Dieses diente aber nur der Identifikation zur Abwehr von Spionen u. zur Sicherung der Wehrpflicht und stellt keine Aufenthaltserlaubnis dar.

34 1929 § 3 des Deutschen Auslieferungsgesetzes (DAG) v. 23.12.1929 (RGBl I 239) regelt, dass die Auslieferung eines Ausländers an einen fremden Staat nicht zulässig ist, wenn er dort wegen einer politischen Tat strafrechtlich verfolgt wird. Der Begriff der politischen Tat wird nicht näher bestimmt.

1938 Mit der Ausländerpolizeiverordnung v. 22.08.1938 (RGBl 1938 II **35**
1063) wurde der Aufenthalt von Ausländern in Deutschland erstmals von einer Aufenthaltserlaubnis abhängig gemacht, wenn der Ausländer einer Erwerbstätigkeit nachgehen wollte. Seitdem gibt es das Institut des Aufenthaltstitels in Deutschland.

1946 Hessen (Art. 7 Abs. 2 HV) und Bayern (Art. 105 BayVf) verankern **36**
in ihren Verfassungen ein Asylgrundrecht, ebenso 1947 das Saarland und Rheinland-Pfalz.

1949 Der Parlamentarische Rat berät ein Asylgrundrecht für das GG **37**
(Art. 16 Abs. 2 Satz 2). Der erste Entwurf lautet: „Politisch Verfolgte genießen Asylrecht im Rahmen des allgemeinen Völkerrechts." Der Umfang des Asylrechts sollte **nicht** weitergehen als vom Völkerrecht vorgesehen. Dazu der Abg. v. Mangoldt: „Wir sind eine schwache Nation, und ohne Mittel, um weitergehenden Schutz zu gewähren …". Auf Vorschlag des Abg. Carlo Schmid werden die Worte „im Rahmen des allgemeinen Völkerrechts" schließlich mit der Begründung gestrichen, dass diese Regeln bereits durch anderweitige Vorschriften des GG (Art. 25) zum Bestandteil des Bundesrechts erklärt worden seien.

Stand des Völkerrechts: Es gab keine allgemeinen Regeln des Völ- **38**
kerrechts zu Flüchtlingen (vgl. Abschn. 1.1). Es gab nur allgemeine Regeln des Völkerrechts betreffend das Auslieferungsrecht. Danach hatte jeder Staat das Recht, in sein Hoheitsgebiet eingereiste Ausländer nicht an den Heimatstaat auszuliefern, ohne damit den Grundsatz der Strafhoheit des Heimatstaates über seine Staatsangehörigen als Teil seiner Personalhoheit zu verletzen. Es gab jedoch zahlreiche bilaterale Verträge, in denen sich die Staaten gegenseitig zur Auslieferung zum Zwecke der Strafverfolgung verpflichteten. Diese Verträge sahen Ausnahmen für politische Flüchtlinge vor. Es gab jedoch kein subjektives Recht der Flüchtlinge auf Schutz und Nichtauslieferung gegenüber dem Aufnahmestaat.

Das Asylgrundrecht hatte somit nur die Funktion, das völkerrechtliche **39**
Recht des deutschen Staates gegenüber anderen Staaten auf Schutz von Flüchtlingen gegen Auslieferung durch ein subjektives Recht des Flüchtlings gegenüber dem deutschen Staat zu ergänzen. Ein besonderes Asylverfahrensrecht im Rahmen des Ausländerrechts bedurfte es daher nicht. Maßgeblich war allein das Auslieferungsrecht (damals § 3 DAG; heute: § 6 Gesetz über die internationale Rechtshilfe in Strafsachen – IRG).

1953 Die BRD ratifiziert das Abkommen über die Rechtsstellung der **40**
Flüchtlinge von 1951 (Genfer Flüchtlingskonvention – GFK). Obwohl das Transformationsgesetz erst am 24.12.1953 in Kraft tritt, erlässt die Bundesregierung bereits am 6. Januar die Verordnung über die Anerkennung und die Verteilung von ausländischen Flüchtlingen

(BGBl 1953 Abs. 1 3). Flüchtlinge im Sinne der GFK sind nur Personen, die infolge von Ereignissen geflohen sind, die vor dem 1. Januar 1951 stattgefunden hatten. Faktisch wurden nur Flüchtlinge aus dem Ostblock anerkannt, weil die kommunistische Herrschaft vor dem 1.1.1951 begründet worden war. Das Anerkennungsverfahren wird von Beamten des Bundesinnenministeriums durchgeführt.

41   In der Lehre wird angenommen, dass der Begriff des politisch Verfolgten in Art. 16 Abs. 2 Satz 2 GG weiter ist als der des § 3 DAG. Die Verfolgung muss nicht unbedingt eine strafrechtliche sein, aber sie muss ebenso wie die strafrechtliche vom Staat ausgehen (vgl. Richard Lange: Grundfragen des Auslieferungs- und Asylrechts 1953, S. 19).

42 1959   Das BVerfG 04.02.1959 [180] erwähnt, dass das Asylgrundrecht einen eigenen Schutzbereich hat, der durchaus auch umfassender sein kann als der der GFK. Danach konnte es einerseits *Flüchtlinge* i. S. d. GFK geben und andererseits *Asylberechtigte* i. S. d. GG. Als Letztere kamen insbesondere diejenigen in Betracht, die wegen Ereignissen geflohen waren, die nach dem 1.1.1951 stattgefunden hatten. Allerdings gab es keine Regelungen über einen Asylstatus und auch keinen Anspruch auf eine Aufenthaltserlaubnis für Asylberechtigte, sondern nur für Flüchtlinge i. S. d. GFK.

43 1965   Das erste Ausländergesetz tritt in Kraft. Es regelt auch das Anerkennungsverfahren für Flüchtlinge nach der GFK und – das ist neu – für „andere Ausländer", die im Sinne des Art. 16 Abs. 2 Satz 2 GG politisch verfolgt sind. Auch die Asylberechtigten erhalten jetzt denselben Status wie die GFK-Flüchtlinge. Das *Bundesamt für die Anerkennung ausländischer Flüchtlinge* (BAFl) wird errichtet.

44 1969   Im November tritt das Zusatzprotokoll zur GFK von 1967 für die BRD in Kraft, wonach die zeitliche Beschränkungsklausel (Ereignisse vor dem 1.1.1951) entfällt. Damit war der Schutzbereich der GFK und des Art. 16 Abs. 2 Satz 2 GG vollständig identisch.

45 1979   Seit Mitte der 1970er Jahre steigen die bis dahin unbedeutenden Zahlen der Asylbewerber dramatisch an. Die Zahl von 1979 liegt um 955 % über der von 1971. 1992 wird der Rekord von 438.191 Asylbewerbern erreicht.

46 1980   Das BVerfG 02.07.1980 [356]) bestätigt sein früheres Diktum, dass der Schutzbereich des Art. 16 Abs. 2 Satz 2 GG umfassender sein kann als der der GFK, sagt aber nicht, in welcher Hinsicht und warum. Damit eignet sich das BVerfG die oberste Auslegungskompetenz in Sachen Flüchtlingsrecht an. In der Folge interessiert sich niemand mehr für die Voraussetzungen des Flüchtlingsstatus nach GFK, weil das Asylgrundrecht attraktiver zu sein verspricht.

47 1982   Vor dem Hintergrund stark gestiegener Asylbewerberzahlen und dem Bedürfnis nach Vereinheitlichung und Beschleunigung des Verfahrens wird das Asylverfahrensrecht aus dem Regelungsbereich des Ausländergesetzes herausgenommen und ein eigenständiges Asylverfahrensgesetz geschaffen. Es sieht ein Anerkennungsverfahren nur noch für politisch Verfolgte i. S. d. Art. 16 Abs. 2 Satz 2 GG vor, nicht aber für den Flüchtlingsstatus nach der GFK, dessen Bedeutungslosigkeit damit deutlich wird. Im Ausländergesetz verbleibt allerdings noch das Refoulementverbot in Anlehnung an Art. 33 GFK.

1986   Das BVerfG 26.11.1986 [64] entscheidet, dass Art. 16 Abs. 2 Satz   **48**
2 GG im Gegensatz zur GFK solchen Flüchtlingen keinen Schutz gewährt, die sich auf sog. subjektive Nachfluchtgründe berufen („Sur-Place-Flüchtlinge"). Damit ist der Gleichklang von GG und GFK aufgegeben. Die frühere These, dass der Schutzbereich des GG umfassender sei als der der GFK, wird ins Gegenteil verkehrt. Das Phänomen des „De-facto-Flüchtlings" ist geboren, der mangels entsprechender gesetzlicher Regelung nicht anerkannt werden, aber wegen des im Ausländergesetz geregelten Refoulementverbotes auch nicht abgeschoben werden kann und daher nur geduldet wird.

1987   Das BVerfG 01.07.1987 [158 f.] setzt seine restriktive Rechtspre-   **49**
chung zu Art. 16 Abs. 2 Satz 2 GG fort und entscheidet, dass der Schutzbereich nicht denjenigen erfasst, der verfolgt wird, weil er öffentlich Gottesdienste feiert oder für seine Religion eintritt und missioniert. Nur wem auch das „religiöse Existenzminimum" genommen werde, nämlich das religiöse Leben im privaten Bereich, kann Asyl erhalten. Wer unverfolgt nach Deutschland gekommen ist, der kann nur dann Asyl bekommen, wenn seine Verfolgung im Falle der Rückkehr „überwiegend wahrscheinlich" ist, also mehr als 50 % beträgt. Der US Supreme Court (480 U.S. 421[1987]) entscheidet im selben Jahr, begründete Furcht vor Verfolgung könne auch im Falle wesentlich geringerer Wahrscheinlichkeit vorliegen.

1989   Das BVerfG 10.07.1989 [334]) entscheidet, dass politische Verfol-   **50**
gung i. S. d. Art. 16 Abs. 2 Satz 2 GG immer nur staatliche Verfolgung sei, während im Ausland zur gleichen Zeit eine Entwicklung beginnt, die auch denjenigen den Flüchtlingsstatus nach GFK zuspricht, die von nicht-staatlichen Akteuren verfolgt werden.

1990   Das AsylVfG wird geändert. Es berücksichtigt, dass der Flüchtlings-   **51**
status nach GFK wieder relevant ist und sieht jetzt vor, dass bei jedem Asylantrag zwei Ansprüche zu prüfen sind, nämlich ob die Asylberechtigung nach Art. 16 Abs. 2 Satz 2 GG vorliegt, und ob die Voraussetzungen für das Refoulementverbot vorliegen. Im ersten Falle erhält der Ausländer eine unbefristete Aufenthaltserlaubnis mit Arbeitserlaubnis, im zweiten Fall eine auf zwei Jahre befristete Aufenthaltserlaubnis ohne (akzessorische) Arbeitserlaubnis. Die Diskriminierung der GFK-Flüchtlinge betrifft auch den Zugang zu Sozialleistungen.

1991   Ab 1991 passt das BVerwG die Auslegung der Voraussetzungen des   **52**
Refoulementverbotes – ohne Rücksicht auf die Entwicklungen im Ausland – an die Auslegung des BVerfG zu Art. 16 Abs. 2 Satz 2 GG an: BVerwG 23.07.1991 – Maßstab der überwiegenden Wahr-

scheinlichkeit; BVerwG 13.05.1993 – religiöses Existenzminimum; BVerwG 18.02.1992 – staatliche Verfolgung. Als einziger Unterschied bleibt das Refoulementverbot für Sur-Place-Flüchtlinge.

53 1993   Unter dem Eindruck stark wachsender Asylbewerberzahlen wird das GG geändert. Das Asylgrundrecht wird in Art. 16 Abs. 2 Satz 2 gestrichen und stattdessen ein neuer Art. 16a Abs. 1 geschaffen. Es folgen vier weitere Absätze, die den Asylanspruch wesentlich einschränken. Am wichtigsten ist die sog. Sichere-Drittstaaten-Regelung. Sie hat zur Folge, dass Flüchtlinge, die nicht auf dem Luftweg einreisen, keine Asylberechtigung mehr erhalten können. In Betracht kommt nur noch der Flüchtlingsstatus nach GFK, der jedoch wegen der restriktiven Auslegung der Voraussetzungen ebenfalls nur in seltenen Fällen zuerkannt wird. Die Flüchtlinge erhalten jedoch oft Abschiebungsschutz nach Maßgabe der EMRK. Der Aufenthalt bleibt aber illegal und wird nur geduldet. Ende 2006 leben 174.980 Ausländer illegal in Deutschland. Erst im November 2006 schaffen die Länder „aus humanitären Gründen" im Erlassweg die Möglichkeit, ihren Aufenthalt zu legalisieren. Im August 2007 wird dafür eine gesetzliche Grundlage geschaffen (§ 104a AufenthG).

54   Das AsylbLG soll für Asylbewerber Aufenthaltsbedingungen unterhalb der Menschenwürde schaffen, um sie zum Verlassen Deutschlands zu veranlassen. Im Jahre 2012 erklärt das BVerfG die niedrigen Leistungssätze für verfassungswidrig (BVerfG 18.07.2012).

55 1997   Mit dem Vertrag von Amsterdam vom 2.10.1997 (Inkrafttreten 1.5.99) wird die EU (damals noch EG) zuständig für die Harmonisierung des Asylrechts in der EU, wobei die Übereinstimmung mit der GFK sicherzustellen ist (Art. 63 EGV).

56 2004   Am 29. April erlässt der Rat der EG die Richtlinie 2004/83/EG über Mindestnormen für die Anerkennung und den Status von Drittstaatsangehörigen oder Staatenlosen als Flüchtlinge oder als Personen, die anderweitig internationalen Schutz benötigen, und über den Inhalt des zu gewährenden Schutzes – kurz Qualifikationsrichtlinie (QRL) genannt. Sie enthält eine verbindliche Auslegung der GFK und sieht darüber hinaus Mindestnormen für den sog. subsidiären Schutz vor, wie er in Deutschland im Prinzip schon zuvor im Rahmen von Abschiebungsverboten zum Schutz von EMRK-Rechten gewährt wurde. Allerdings erhalten subsidiär Schutzbedürftige jetzt auch einen Aufenthaltstitel.

57 2005   Am 1. Januar tritt das neue Aufenthaltsgesetz in Kraft, das das alte Ausländergesetz ablöst. Außerdem wird das AsylVfG geändert. Die Vorgaben der QRL werden in den neuen Gesetzen teilweise umgesetzt. Das BAFl wird umbenannt in *Bundesamt für Migration und Flüchtlinge* (BAMF).

58 2007   Am 28. August tritt das Richtlinienumsetzungsgesetz in Kraft, mit dem das AufenthG und das AsylVfG erneut geändert und damit weitere Umsetzungen u. a. der QRL vorgenommen werden. Heute gilt, dass der Schutzbereich der GFK wieder umfassender ist als der des Asylgrundrechts. Da aber die Rechtfolgen beider Statūs identisch sind (§ 26 Abs. 1 Satz 2, Abs. 3 AufenthG: Aufenthaltserlaubnis für 3 Jahre mit akzessorischer Arbeitserlaubnis und gleichem Zugang zu Sozialleistungen; nach drei Jahren Niederlassungserlaubnis), ist der GFK-Status attraktiver als die Asylberechtigung. Noch immer hat das BAMF aber über beide Statūs zu entscheiden, wenn der Antrag nicht ausdrücklich auf den GFK-Status eingeschränkt wird (§ 31 Abs. 2 AsylVfG).

2011   Mit der Richtlinie 2011/95/EU des Europäischen Parlaments und des   **59**
            Europäischen Rates vom 13.12.2011 (ABl. Nr. L 337/9 v. 20.12.2011) wird die Qualifikationsrichtlinie neu gefasst. Die Neufassung verringert insbesondere die Unterschiede zwischen dem Flüchtlingsstatus und dem subsidiären Status im Hinblick auf die Familienzusammenführung sowie beim Zugang zum Gesundheitssystem und zum Arbeitsmarkt.

2013   Am 01. Dezember tritt das Gesetz zur Umsetzung der Richtlinie   **60**
            2011/95/EU in Kraft. Auf die bis dahin übliche Verweisungstechnik wird im Interesse besserer Lesbarkeit verzichtet. Abweichungen des deutschen Rechts, die mit EU-Recht unvereinbar sind, werden beseitigt. Flüchtlingsstatus und subsidiärer Schutzstatus werden einander angenähert. Die Zahl der verbleibenden Ungereimtheiten wird deutlich reduziert.

2014   Nachdem für die Staatsangehörigen von Bosnien-Herzegowina,   **61**
            Mazedonien und Serbien im Jahre 2010 die Visafreiheit eingeführt worden ist, kommt es seitdem zu einem starken Ansteigen der Asylbewerberzahlen aus diesen Ländern. Im Januar 2014 stammen etwa ein Viertel aller in Deutschland gestellten Asylanträge von Staatsangehörigen dieser Länder. Am 30.04.2014 billigt das Bundeskabinett einen Gesetzentwurf, mit dem die genannten Länder in die Liste der Sicheren Herkunftsstaaten (§ 29a AsylVfG) aufgenommen werden sollen.

Einführung in das allgemeine Ausländerrecht

2

Da das Flüchtlingsrecht im Zentrum dieses Buches steht, wird das allgemeine Aus- 1
länderrecht im Folgenden nur sehr grob und vereinfacht dargestellt. Dadurch wird
das Wissen vermittelt, welches unbedingt erforderlich ist, um das materielle Flüchtlingsrecht systematisch richtig einordnen zu können. Viele wichtige Details, auf die
es für diesen Zweck nicht ankommt, bleiben deshalb unerwähnt. Es empfiehlt sich
deshalb dringend, die jeweils in Bezug genommenen Vorschriften des Aufenthalts-
gesetzes direkt zu lesen, um sich einen genaueren Einblick zu verschaffen.

2.1 Typologie der staatsrechtlichen Status

Es gibt aus der Sicht des deutschen Rechts insgesamt sechs **staatsrechtliche** 2
Status, die ein Mensch haben kann. Unter einem Status versteht man ein Bündel
von Pflichten und Rechten, die durch die Verleihung des Status auf die betreffende
Person übertragen werden.

2.1.1 Deutscher Staatsbürger

Die deutsche Staatsbürgerschaft ist der umfassendste staatsrechtliche Status. Die 3
Voraussetzungen für die Staatsbürgerschaft sind im Staatsangehörigkeitsgesetz geregelt. Die Staatsangehörigkeit wird erworben durch

- Geburt
- Erklärung eines ausländischen vor dem 1.7.1993 geborenen Kindes eines deut-
  schen Vaters bis zum 23. Lebensjahr
- Annahme als Kind durch einen Deutschen
- Ausstellung einer Bescheinigung zum Nachweis der Spätaussiedlereigenschaft
  nach § 15 BVFG

© Springer-Verlag Berlin Heidelberg 2015
P. Tiedemann, *Flüchtlingsrecht,* DOI 10.1007/978-3-662-43657-8_2

- Überleitung als Deutscher ohne deutsche Staatsangehörigkeit iSd Art. 116 Abs. 1 GG (§ 40a StAG). Siehe dazu 2.1.2
- Einbürgerung

2.1.2 Statusdeutsche

4 Statusdeutsche nach Art. 116 Abs. 1 GG sind Personen deutscher Volkszugehörigkeit ohne deutsche Staatsbürgerschaft, die als Flüchtlinge oder Vertriebene (oder deren Ehegatte oder Abkömmlinge) in dem Gebiet des Deutschen Reiches nach dem Stand vom 31.12.1937 Aufnahme gefunden haben.

Die unmittelbare Wirkung des Art. 116 Abs. 1 GG war, dass diese auch Träger der Deutschen-Grundrechte sind („Deutsche im Sinne des GG").

Die Statusdeutschen haben allerdings durch § 40a StAG am Stichtag 01.08.1999 die deutsche Staatsbürgerschaft von Gesetzes wegen erworben. Deshalb ist dieser Status heute obsolet.

2.1.3 Spätaussiedler

5 (Potenzielle) Spätaussiedler sind Personen deutscher Volkszugehörigkeit, die seit dem 08.05.1945 oder im Falle der Vertreibung seit dem 31.03.1952 ihren Wohnsitz in den Republiken der ehemaligen Sowjetunion haben. Sie werden zu (aktualen) Spätaussiedlern, wenn sie nach dem 31.12.1992 im Wege des Aufnahmeverfahrens (§§ 26 ff. BVFG) die Aussiedlungsgebiete verlassen und innerhalb von sechs Monaten in Deutschland ihren Aufenthalt genommen haben. Für Spätaussiedler gilt das Bundesvertriebenengesetz (BVFG). Sie erhalten durch Ausstellung der Bescheinigung über ihre Spätaussiedlereigenschaft (§ 15 BVFG) die deutsche Staatsbürgerschaft (§ 7 StAG).

Als **deutscher Volkszugehöriger** gilt, wer sich in seiner Heimat zum deutschen Volkstum bekannt hat, sofern dieses Bekenntnis durch bestimmte Merkmale wie Abstammung, Sprache, Erziehung, Kultur bestätigt wird.

2.1.4 EU-Ausländer

6 EU-Ausländer sind Unionsbürger iSd Art. 20 Abs. 1 AEUV, die nicht Deutsche iSd Art. 116 Abs. 1 GG sind. Es handelt sich also um die Staatsangehörigen eines Mitgliedstaates der EU außer Deutschland. Das Recht der EU-Ausländer richtet sich nach dem Freizügigkeitsgesetz/EU. Sie genießen weitgehende Freizügigkeit im Bundesgebiet.

2.1.5   Drittstaats-Ausländer

Drittstaatsausländer sind Personen, die weder Deutsche im Sinne des Art. 116   7
Abs. 1 GG noch Unionsbürger sind und die Staatsbürgerschaft eines Staates besitzen. Ihre Rechtsverhältnisse richten sich im Wesentlichen nach dem Aufenthaltsgesetz (AufenthG).

2.1.6   Staatenlose

Literaturhinweis Arendt 2011

Die Rechtsverhältnisse der Staatenlosen bestimmen sich nach dem Übereinkom-   8
men vom 28.09.1954 über die Rechtsstellung der Staatenlosen (StlÜK) und dem
AufenthG (Ausländer iSd AufenthG ist, wer weder Deutscher iSd Art. 116 Abs. 1
GG ist noch Unionsbürger). Artikel 7 StlÜK: Staatenlose genießen dieselbe Behandlung wie Ausländer allgemein.

Staatenlos ist, wer keine Staatsangehörigkeit besitzt. Staatenlosigkeit ist ein Phä-   9
nomen, das erstmals während des 1. Weltkriegs auftrat, als Frankreich französischen Staatsbürgern deutscher Volkszugehörigkeit die Staatsangehörigkeit entzog
(1915). Später entzog die Sowjetunion allen ihren Staatsbürgern, die wegen der
bolschewistischen Revolution das Land verlassen hatten, die Staatsangehörigkeit
(1917–1922). Ebenso entzog die Türkei den armenischen Volkszugehörigen die
Staatsbürgerschaft (1915)

In der Zeit von 1933 bis 1941 entzog das Deutsche Reich seinen jüdischen
Staatsbürgern die Staatsangehörigkeit. Das ist aber durch die Regelung des Art. 116
Abs. 2 GG wieder gutgemacht worden.

Die Philosophin Hannah Arendt analysierte, dass Staatenlose vollständig recht-   10
los sind, weil die Menschenrechte vor 1945 als Rechte verstanden wurden, die der
Staat nur seinen eigenen Bürgern zu gewähren hatte. Entzug der Staatsangehörigkeit führte also zum Entzug der Menschenrechte. Deshalb fordert sie ein „Recht auf
Rechte"

2.2   Einreise und Aufenthalt nach AufenthG

Das Recht der Einreise und des Aufenthalts von Ausländern bestimmt sich nach   11
dem AufenthG, der dazu ergangenen AufenthV, der BeschäftV, dem Schengener
Durchführungsabkommen, der VO (EG) Nr. 539/2001 zur Visumspflicht, der VO
(EG) Nr. 810/2009 über einen Visakodex u. a. m.

2.2.1 Allgemeine Voraussetzungen für Einreise und Aufenthalt

12 • Passpflicht (§ 3 AufenthG)
   • Aufenthaltstitel (§ 4 AufenthG)
     Ausnahme: Befreiungstatbestand nach §§ 15 AufenthV

2.2.2 Allgemeine Voraussetzungen des Aufenthaltstitels (§ 5 AufenthG)

13 • gesicherter Lebensunterhalt (keine Angewiesenheit auf öffentliche Mittel; Kran-
     kenversicherungsschutz)
   • geklärte Identität
   • kein Ausweisungsgrund
   • sofern kein Anspruch besteht: keine Beeinträchtigung der Interessen der BRD

2.2.3 Typen von Aufenthaltstiteln

2.2.3.1 Visum
14 Das Visum wird durch eine deutsche Auslandsvertretung erteilt. Grundsätzlich bedarf jeder Ausländer, der in die Bundesrepublik einreisen und sich hier aufhalten
will, eines Visums. Es gibt jedoch Gruppen von Ausländern, die von der Visumspflicht befreit sind:

   • Befreiung vom Visumszwang für Staatsangehörige nach Anhang II VO (EG) Nr.
     539/2001 für Aufenthalt bis 3 Monaten ohne Arbeitsaufnahme (§ 17 AufenthV)
   • Befreiung vom Visumszwang für Staatsangehörige nach Anlage A und B Auf-
     enthV (auf Grund bilateraler Abkommen)
   • Vergünstigung für bestimmte Staaten (§ 41 AufenthV)

2.2.3.1.1 Schengen-Visum (§ 6 Abs. 1 Nr. 1 AufenthG)
15 Der Begriff geht auf das Übereinkommen vom 14. Juni 1985 von ursprünglich
sechs EG-Staaten zurück, die eine gemeinsame Visumspolitik einführen wollten.
Das Übereinkommen wurde in der Luxemburgischen Stadt Schengen geschlossen.
Man spricht deshalb im Hinblick auf alle Regelungen bezüglich einer gemeinsamen Visapolitik vom „Schengen-Regime". Der Begriff „Schengen-Visum" ist ein
Rechtsbegriff. Maßgeblich ist heute das Schengener Durchführungsübereinkom-
men vom 19. Juni 1990 (SDÜ). Es regelt:

16 • Einheitlicher Sichtvermerk aller Vertragsstaaten
   • Geltung in allen anderen Vertragsstaaten

- Aufenthalt von 3 Monaten (Art. 11 SDÜ)
- Freizügigkeit im Schengen-Raum (Art. 19 Abs. 1 SDÜ)
- keine Arbeitserlaubnis (§ 4 Abs. 2 AufenthG)
- Schengener Informationssystem – Ausschreibung zur Einreiseverweigerung (Art. 92 SDÜ)

Schengen-Staaten sind derzeit: Die EU-Staaten (außer UK, Irland, Zypern) so-   **17**
wie Island, Liechtenstein, Norwegen und die Schweiz. Die EU-Staaten Bulgarien,
Kroatien und Rumänien wenden die Schengen-Regeln bisher nur eingeschränkt an.
Die Einzelheiten des Verfahrens zur Erteilung des Visums sind in der VO (EG) Nr.
810/2009 v. 13.07.2009 (Abl. EU L 243, S. 1) geregelt – „EU-Visakodex.

2.2.3.1.2 Flughafentransitvisum (§ 6 Abs. 1 Nr. 2 AufenthG)

Das Flughafentransitvisum dient nur der Durchreise durch die internationalen Tran-   **18**
sitzonen der Flughäfen. Näheres regelt Art. 3 VO (EG) Nr. 810/2009.

2.2.3.1.3 Nationales Visum (§ 6 Abs. 3 AufenthG)

Das nationale Visum ist erforderlich für Aufenthalte von mehr als drei Monaten und   **19**
solchen, die der Erwerbstätigkeit dienen sollen. Das nationale Visum gilt nur für die
Einreise und eine gewisse Aufenthaltszeit, innerhalb deren eine Aufenthaltserlaubnis zu beantragen ist. Das nationale Visum gilt nur im Bundesgebiet. Die Erteilung
richtet sich nach den für den anschließenden Aufenthaltstitel maßgeblichen Vorschriften. Vor Erteilung des nationalen Visums muss die Auslandsvertretung i.d. R
die Zustimmung der örtlichen Ausländerbehörde einholen (§ 31 AufenthV).

2.2.3.2 Aufenthaltserlaubnis (§ 7 AufenthG)

Die Aufenthaltserlaubnis wird von der örtlich zuständigen Ausländerbehörde er-   **20**
teilt. Sie ist ein befristeter Aufenthaltstitel, der zu bestimmten gesetzlich enumerierten Zwecken erteilt wird (§ 7 Abs. 1 Satz 1 AufenthG). In „begründeten Fällen"
kann sie auch für einen nicht enumerierten Zweck erteilt werden (§ 7 Abs. 1 Satz 2
AufenthG). Die Erteilung der Aufenthaltserlaubnis setzt idR voraus, dass der Ausländer mit dem **erforderlichen** Visum eingereist ist (§ 5 Abs. 2 Nr. 1 AufenthG).
Wer mit einem Schengen-Visum einreist, um dann hier eine AE für andere Zwecke
zu beantragen, erfüllt diese Voraussetzung nicht. In bestimmten Fällen gelten aber
Ausnahmen (§ 39 AufenthV). Die AE kann verlängert werden (§ 8 AufenthG).
Es gibt folgende Aufenthaltszwecke: **21**

- Studium, Sprachkurs, Schulbesuch (§ 16 AufenthG)
- unselbständige Erwerbstätigkeit (§§ 18, 18a AufenthG)
- Forschung (§ 20 AufenthG)
- selbstständige Erwerbstätigkeit (§ 21 AufenthG)
- Familiennachzug (§§ 27 ff.)

Begehrt ein Ausländer die AE zum Zwecke der Herstellung und Wahrung der fami-   **22**
liären Lebensgemeinschaft mit seinem **minderjährigen Kind**, so kommt es darauf

an, ob zwischen dem ausländischen Elternteil und dem Kind eine **echte familiäre Bindung** besteht. Es ist dagegen nicht zwingend erforderlich, dass der Elternteil das Sorgerecht besitzt oder mit dem Kind in Hausgemeinschaft lebt. Das Kindeswohl und das Recht des Kindes auf seine Eltern stehen im Vordergrund (BVerfG 12.05.1987; BVerfG 01.12.2008; *Literaturhinweise*: Hoffmann 2009, Zünd/Yar 2013).

23   Begehrt der ausländische Ehegatte die AE zum Zwecke der Herstellung und Wahrung der **ehelichen Lebensgemeinschaft**, so kommt es entscheidend darauf an, ob **tatsächlich** eine Lebensgemeinschaft besteht oder hergestellt werden soll. Allein der Trauschein reicht dafür nicht aus. Andererseits müssen die Eheleute aber auch nicht zwingend in derselben Wohnung leben. Allerdings müssen getrennte Wohnungen begründet werden, z. B. durch Arbeit an verschiedenen Orten. Der Ausländer trägt die Beweislast dafür, dass der Zuzug wirklich der Wahrung der ehelichen Lebensgemeinschaft dienen soll (BVerwG 30.03.2010).

24   § 30 Abs. 1 Nr. 2 AufenthG verlangt für den **Ehegattenzuzug zu einem Ausländer**, dass der zuzugswillige Ehegatte sich zumindest auf einfache Art in **deutscher Sprache** verständigen kann. Dies entspricht der Stufe A 1 des Gemeinsamen Europäischen Referenzrahmens des Europarates für Sprachen – http://www.goethe.de/z/50/commeuro/deindex.htm.

25   Das Spracherfordernis wurde bisher als mit Art. 6 GG und Art. 8 EMRK vereinbar angesehen. In Härtefällen kann eine AE nämlich zum Zwecke des Spracherwerbs nach § 16 AufenthG erteilt werden (BVerwG 30.03.2010a).

26   Das im Jahre 2007 neu eingeführte Spracherfordernis findet nicht auf Familienangehörige in Deutschland wohnender türkischer Staatsbürger Anwendung, weil dies mit dem Zusatzprotokoll zum Assoziationsabkommen EWG/Türkei von 1973 unvereinbar ist (EuGH 10.07.2014). Ob das (ausnahmslose) Spracherfordernis mit der Richtlinie 2003/86/EG über die Familienzusammenführung vereinbar ist, hat der EuGH offen gelassen, der Generalanwalt Mengozzi in seinem Schlussantrag aber verneint.

27   Die Regelung gilt für den **Familiennachzug zu Deutschen** entsprechend (§ 28 Abs. 1 Satz 5 AufenthG). Allerdings folgt aus Art. 6 GG und dem Umstand, dass es deutschen Staatsbürgern nicht zumutbar ist, die Ehe im Ausland zu führen, dass von Sprachkenntnissen abzusehen ist, wenn ihr Erwerb im Einzelfall nicht möglich, nicht zumutbar oder innerhalb eines Jahres nicht erfolgreich ist (BVerwG 04.09.2012a).

28   Ausländische Kinder, die zu ihren Eltern zuziehen wollen, müssen, wenn sie das 16. Lebensjahr vollendet haben, die deutsche Sprache beherrschen.

29   Die Regelungen über den Ehegattennachzug gelten auch für Lebenspartner (§ 27 Abs. 2 AufenthG)

30   • Völkerrechtliche, humanitäre, politische Gründe
       Hier spielen die wichtigste Rolle:
       AE mit Arbeitserlaubnis für drei Jahre bei Asylanerkennung (§§ 25 Abs. 1, 26 Abs. 1 AufenthG) und Zuerkennung der Flüchtlingseigenschaft (§§ 25 Abs. 2, 26 Abs. 1 AufenthG);

AE mit Arbeitserlaubnis für ein Jahr, im Verlängerungsfall für weitere zwei Jahre bei Zuerkennung des subsidiären Schutzstatus (§§ 25 Abs. 2, 26 Abs. 1 AufenthG);

AE für mindestens ein Jahr ohne Arbeitserlaubnis nach gebundenem Ermessen („soll") bei Abschiebungsverboten nach § 60 Abs. 5 oder Abs. 7 (§ 25 Abs. 3 AufenthG);

AE für vollziehbar ausreisepflichtige Ausländer, wenn Ausreise aus rechtlichen oder tatsächlichen Gründen unmöglich ist und mit dem Wegfall der Hindernisse in absehbarer Zeit nicht zu rechnen ist. AE soll nach 18 Monaten Duldung erteilt werden (§ 25 Abs. 5 AufenthG).

2.2.3.3 Aufenthaltstitel zur Arbeitsplatzsuche (§ 18c AufenthG)

- Hochschulabschluss   **31**
- gesicherter Lebensunterhalt
- keine Arbeitserlaubnis
- Sechs Monate (keine Verlängerungsmöglichkeit)

2.2.3.4 Blaue Karte EU (§ 19a AufenthG)
Die „Blaue Karte EU" wird Drittstaatsausländern zur Ausübung einer hochqualifi- **32** zierten Tätigkeit erteilt. Auf sie sind die Vorschriften über die AE anwendbar, sofern in § 19a AufenthG nichts Abweichendes geregelt ist.

2.2.3.5 Niederlassungserlaubnis (§ 9 AufenthG)
Die Niederlassungserlaubnis ist ein unbefristeter Aufenthaltstitel. Er impliziert stets **33** die Arbeitserlaubnis. Die Niederlassungserlaubnis wird erteilt nach

- 5-jährigem Besitz einer AE (§ 9 Abs. 2 AufenthG)
- 3-jähriger Asylberechtigung/internationaler Schutzstatus (§ 26 Abs. 3 AufenthG)
- 3-jährigem Besitz einer AE zur familiären Lebensgemeinschaft mit Deutschem(§ 28 Abs. 2 AufenthG)
- 5-jährigem Besitz einer AE eines Minderjährigen im Zeitpunkt der Vollendung des 16. Lebensjahrs (§ 35 AufenthG)
- 33monatigem Besitz einer Blauen Karte EU bei gleichzeitiger Entrichtung von Beiträgen zur gesetzl. Rentenversicherung (§ 19a Abs. 6 AufenthG)
- 2-jährigem Besitz eines Aufenthaltstitels zum Zwecke der Erwerbstätigkeit für Absolventen deutscher Hochschulen (§ 18b AufenthG)

Die Niederlassungserlaubnis *kann* erteilt werden (Ermessen) bei   **34**

- Hochqualifizierten (§ 19 AufenthG)
- 3-jähriger erfolgreicher selbstständiger Tätigkeit (§ 21 Abs. 4 AufenthG)

2.2.3.6 Erlaubnis zum Daueraufenthalt-EG (§ 9a AufenthG)
Die Erlaubnis zum Daueraufenthalt-EG ist ein unbefristeter Titel, der der Nieder- **35** lassungserlaubnis gleichgestellt ist. Die Einführung dieses Aufenthaltstitels diente

der Umsetzung der RL 2003/109/EG v. 25.11.2003 (ABl EG 2004 Nr. L 16/44). Wer einen solchen Aufenthaltstitel besitzt, kann sich unter erleichterten Voraussetzungen in fast allen anderen EU-Ländern (außer in Großbritannien, Irland und Dänemark) niederlassen. Hierdurch soll eine Verbesserung der innereuropäischen Mobilität erreicht werden. Diese Erleichterungen gibt es im Wesentlichen bei den Einreisevorschriften. Die allgemeinen nationalen aufenthaltsrechtlichen Voraussetzungen des anderen EU-Staates müssen allerdings erfüllt werden. Das gilt auch für die Regelungen zum Familiennachzug.

36   Während eine Niederlassungserlaubnis nach § 9 AufenthG unter anderem erlischt, wenn nach einer Ausreise die Wiedereinreise nicht innerhalb von sechs Monaten oder einer von der Ausländerbehörde bestimmten längeren Frist erfolgt ist, erlischt die Erlaubnis zum Daueraufenthalt-EG erst nach 12 Monaten bei Ausreise aus dem Gebiet der EU und nach 6 Jahren bei einem Aufenthalt in einem anderen EU-Staat, ausgenommen Großbritannien, Irland und Dänemark (§ 51 Abs. 9 AufenthG).

37   U.a. Flüchtlinge und andere Inhaber einer Aufenthaltserlaubnis aus humanitären Gründen haben keinen Anspruch auf die Erlaubnis zum Daueraufenthalt-EG (§ 9a Abs. 2 AufenthG).

2.2.3.7   Aufenthaltsgestattung (§ 55 AsylVfG)

38   Wer einen Asylantrag stellt, dem ist bis zur Entscheidung über seinen Antrag der Aufenthalt von Gesetzes wegen gestattet. Darüber erhält er eine Bescheinigung (§ 63 AsylVfG)

2.2.3.8   Duldung (§ 60a AufenthG)

39   Die Duldung vermittelt kein Aufenthaltsrecht, sondern bedeutet nur die Aussetzung der Vollziehung der Abschiebung. Sie ist zu erteilen, solange die Abschiebung aus tatsächlichen oder rechtlichen Gründen unmöglich ist und keine Aufenthaltserlaubnis erteilt wird (§ 60a Abs. 2 AufenthG) – Ist mit dem Wegfall des Hindernisses auf Dauer nicht zu rechnen, so soll eine AE erteilt werden (§ 25 Abs. 5 AufenthG).

2.3   Beendigung des Aufenthalts

2.3.1   Erlöschen des Aufenthaltstitels (§ 51 AufenthG)

40   Mit dem Erlöschen des erforderlichen Aufenthaltstitels wird der Aufenthalt unerlaubt. Der Ausländer ist zur Ausreise verpflichtet (§ 50 Abs. 1 AufenthG). Der Aufenthaltstitel erlischt mit

- Ablauf seiner Geltungsdauer,
- Eintritt einer auflösenden Bedingung,
- Rücknahme (§ 48 VwVfG),
- Widerruf (§ 52 AufenthG),
- Ausweisung (§§ 53 ff. AufenthG),
- Bekanntgabe der Abschiebungsanordnung nach § 58a AufenthG (Terror),

- Ausreise aus einem nicht nur vorübergehenden Grund (Ausnahme: NE + 15jähriger Aufenthalt),
- Ausreise und Ablauf von 6 Monaten oder einer von der Ausländerbehörde bestimmten Frist. (Ausnahme: NE + 15jähriger Aufenthalt)

2.3.2 Ausweisung

Literaturhinweis Alexy 2011

Ausweisung ist die von der Ausländerbehörde auferlegte Pflicht, die Bundesrepublik Deutschland zu verlassen, obwohl der Ausländer im Besitz eines Aufenthaltstitels ist oder von Gesetzes wegen zum Aufenthalt berechtigt ist. Die Ausweisung beendet den rechtmäßigen Aufenthalt. Zu unterscheiden sind: **41**

- Zwingende Ausweisung (§ 53 AufenthG – schwere Straftaten)
- Regelausweisung (§ 54 AufenthG – leichtere Straftaten, Verdacht der Unterstützung des Terrorismus, Leitung eines verbotenen Vereins)
- Ermessensausweisung (§ 55 AufenthG – sonstige Beeinträchtigung der öffentlichen Sicherheit und Ordnung)

Besonderer Ausweisungsschutz (§ 56 AufenthG) Bestimmte Gruppen von Ausländern sind gegen Ausweisung besonders geschützt. Die Fallgruppen sind in § 56 Abs. 1 Satz 1 AufenthG aufgeführt. Sie werden nur aus schwerwiegenden Gründen der öffentlichen Sicherheit und Ordnung ausgewiesen (§ 56 Abs. 1 Satz 2 und 3 AufenthG). Besonderer Ausweisungsschutz führt dazu, dass die zwingenden Ausweisungstatbestände zu Regelausweisungstatbeständen und Regelausweisungstatbestände zu Ermessensausweisungstatbeständen herabgestuft werden (§ 56 Abs. 1 Satz 4 und 5 AufenthG). Zu den besonders geschützten Gruppen gehören auch Asylberechtigte und international Schutzberechtigte.   **42**

2.3.3 Zurückweisung/Einreiseverweigerung

Zurückweisung ist die Verweigerung der Einreise an der Grenze (§ 15 Abs. 1 AufenthG) durch die Bundespolizei. Sie setzt voraus, dass der Ausländer an einer deutschen Grenzübergangsstelle vorstellig wird und die Einreise begehrt. Die Zurückweisung ist die Entscheidung der Grenzbehörde (Bundespolizei), die Einreise nicht zu gestatten. Die Zurückweisung ist also ein Verwaltungsakt, der den Ausländer verpflichtet, zurückzukehren, d. h. die deutsche Grenze Richtung Ausland zu verlassen.   **43**

Die Gründe, aus denen die Einreise verweigert werden kann, sind in § 15 Abs. 2 AufenthG aufgeführt. Dazu gehört beispielsweise, wenn der begründete Verdacht besteht, dass der beabsichtigte Aufenthalt im Bundesgebiet nicht dem angegebenen   **44**

Zweck entspricht, bzw. dem Zweck, für den das Visum erteilt worden ist. Das ist etwa auch dann der Fall, wenn jemand mit einem Schengen-Visum einreisen will, aber eine Erwerbstätigkeit beabsichtigt.

45   Nach § 15 Abs. 4 Satz 2 AufenthG darf ein Ausländer nicht zurückgewiesen werden, wenn er einen Asylantrag gestellt hat, solange ihm der Aufenthalt im Bundesgebiet nach den Vorschriften des AsylVfG gestattet ist (vgl. § 55 AsylVfG). Wer an der Grenze gegenüber der Grenzbehörde ein *Asylgesuch* äußert, hat damit allerdings noch keinen *Asylantrag* gestellt. Gleichwohl gilt sein Aufenthalt in der Regel (zur Ausnahme siehe Rn 48) bereits mit der Äußerung eines Asylgesuchs als gestattet. Das Gesetz verwendet den Ausdruck „Asylantrag" sowohl an dieser Stelle als auch an vielen anderen Stellen leider in mehrdeutiger Weise. Es unterscheidet damit nicht immer klar genug zwischen dem *Asylgesuch* und dem *Asylantrag* (Zu dieser Unterscheidung im Einzelnen siehe 5.2 und 5.6.).

46   Trotz Äußerung eines Asylgesuchs an der Grenze darf die Grenzbehörde die Einreise verweigern, bzw. den Ausländer zurückweisen, wenn einer der drei Tatbestände des § 18 Abs. 2 AsylVfG vorliegt. Das ist der Fall, wenn der Ausländer 1.) aus einem sicheren Drittstaat im Sinne des § 26a AsylVfG einreist, wenn 2.) Anhaltspunkte dafür vorliegen, dass ein anderer Staat auf Grund von Rechtsvorschriften der EU oder eines völkerrechtlichen Vertrages für die Durchführung des Asylverfahrens zuständig ist und im Hinblick auf diesen Staat ein entsprechendes Aufnahme- bzw. Wiederaufnahmeverfahren eingeleitet wird (dazu siehe 5.7.2.), und 3.) wenn der Ausländer eine Gefahr für die Allgemeinheit bedeutet, weil er wegen einer in der Bundesrepublik begangenen Straftat zu einer Freiheitsstrafe von mindestens drei Jahren rechtskräftig verurteilt worden ist, und seine Ausreise nicht länger als drei Jahre zurückliegt.

47   Die dritte Klausel begegnet allerdings schwerwiegenden verfassungsrechtlichen und völkerrechtlichen Bedenken. Das Asylgrundrecht nach Art. 16a GG ist nicht deshalb ausgeschlossen, weil der Ausländer eine Gefahr für die Allgemeinheit darstellt. Das EU-Recht erlaubt es den Mitgliedstaaten zwar, einem Ausländer die Flüchtlingseigenschaft nach der Genfer Flüchtlingskonvention nicht zuzuerkennen oder wieder abzuerkennen, wenn er eine Gefahr für die Allgemeinheit des betreffenden Mitgliedsstaates darstellt (Art. 14 Abs. 4 und 5 QRL). Es erscheint aber äußerst fraglich, ob dies mit den völkerrechtlichen Verpflichtungen aus der Genfer Flüchtlingskonvention zu vereinbaren ist. Nach Art. 33 Abs. 2 GFK darf ein Flüchtling zwar sogar in den Verfolgerstaat abgeschoben werden, wenn er eine Gefahr für die Allgemeinheit darstellt, weil er wegen eines Verbrechens oder besonders schweren Vergehens rechtskräftig verurteilt worden ist. Daraus folgt aber nicht, dass ihm der Flüchtlingsstatus verweigert werden kann, wenn er *nicht* abgeschoben werden soll oder kann, z. B. weil seiner Abschiebung das Refoulementverbot aus Art. 3 der UN Folterkonvention entgegensteht.

2.3.4 Zurückschiebung

48   Von der Zurückweisung an der Grenze ist die Zurückschiebung nach erfolgter (illegaler) Einreise zu unterscheiden (§ 57 AufenthG). Wer faktisch im Begriff ist, unerlaubt einzureisen oder wer in unmittelbarem zeitlichen Zusammenhang mit einer gerade erfolgten unerlaubter Einreise im grenznahen Bereich aufgegriffen wird, soll innerhalb von sechs Monaten zurückgeschoben werden. Zurückschiebung ist der zwangsweise Vollzug des Verbotes, das Bundesgebiet zu betreten. Dieses Verbot besteht schon dann, wenn der Ausländer nicht über eine reguläre Grenzübergangsstelle eingereist ist und damit der Grenzbehörde schon keine Gelegenheit gegeben hat, über die Gestattung der Einreise zu entscheiden.

2.3.5 Abschiebung (§ 58 AufenthG)

Abschiebung ist der zwangsweise Vollzug der Ausreisepflicht durch Verbringung **49** des Ausländers über die Grenze in ein Land, in das er einreisen kann (meist nur das seiner Staatsangehörigkeit).

Die Abschiebung setzt voraus: **50**

- Aufenthalt des Ausländers im Bundesgebiet entweder außerhalb des grenznahen Bereichs oder innerhalb des grenznahen Bereichs, aber ohne unmittelbaren zeitlichen Zusammenhang mit einer gerade erfolgten unerlaubten Einreise (Abschiebung also nur, wenn Zurückschiebung nicht in Betracht kommt).
- Vollziehbarkeit der Ausreisepflicht (§ 58 Abs. 1 AufenthG).
  Die Ausreisepflicht ist vollziehbar, wenn der Ausländer unerlaubt eingereist ist und noch keinen Antrag auf erstmalige Erteilung eines Aufenthaltstitels gestellt hat und eine Ausreisefrist nicht gewährt oder abgelaufen ist oder wenn die Versagung des Aufenthaltstitels oder der Ausweisung vollziehbar ist.
- Schriftliche Androhung unter Bestimmung einer Ausreisefrist (§ 59 Abs. 1 AufenthG).
  In der Androhung soll der Staat bezeichnet werden, in den die Abschiebung erfolgen soll.
- Es dürfen keine Abschiebungsverbote vorliegen. Diese ergeben sich aus § 60 AufenthG.

Beruft sich der Ausländer auf ein Abschiebungsverbot aus § 60 Abs. 1 oder Abs. 2 **51** AufenthG, so stellt das BAMF in einem Asylverfahren fest, ob dem Ausländer die Flüchtlingseigenschaft oder der subsidiäre Schutzstatus zuzuerkennen ist (§ 60 Abs. 1 S. 3, Abs. 2 S. 2 AufenthG). Erst wenn diese Feststellung erfolgt ist, werden die Abschiebungsverbote wirksam. Ab dem Zeitpunkt der Berufung auf sie darf der Ausländer bis zur Entscheidung aber nicht abgeschoben werden, weil sein Aufenthalt nach § 55 AsylVfG gestattet ist (vgl. Nr. 4.6).

Achtung Ihrem Wortlaut nach sind die Abschiebungsverbote des § 60 Abs. 1 und 2 **52** AufenthG von Amts wegen zu beachten. Tatsächlich kommt es aber darauf an, dass sich der Ausländer darauf beruft.

2.3.6　Folgen erfolgter Abschiebung und Ausweisung

53　Die verfügte Ausweisung oder die vollzogene Abschiebung haben ein unbefristetes Einreise- und Aufenthaltsverbot zur Folge (§ 11 AufenthG). Ein Aufenthaltstitel darf nicht erteilt werden. Die Wirkungen werden auf Antrag befristet, wobei die Frist erst mit erfolgter Ausreise beginnt. Die Frist darf 5 Jahre nur überschreiten, wenn die Ausweisung auf Grund einer strafrechtlichen Verurteilung erfolgt ist oder wenn von dem Ausländer eine schwerwiegende Gefahr für die öffentliche Sicherheit und Ordnung ausgeht.

Materielles Flüchtlingsrecht

3

3.1 Das System der Statūs und Positionen

3.1.1 Die Arten der flüchtlingsrechtlichen Statūs und Positionen

3.1.1.1 Sechs verschiedene Statūs und Positionen

Nach dem Wortlaut des Gesetzes und den dahinter stehenden Vorstellungen gibt es   **1**
sechs verschiedene flüchtlingsrechtliche Statūs und Positionen, nämlich

- den Status des *Asylberechtigten* im Sinne des Art. 16a GG (§ 2 AsylVfG) – siehe 3.3;
- den Status des *Flüchtlings* im Sinne des Abkommens über die Rechtsstellung der Flüchtlinge von 1951 (Genfer Flüchtlingskonvention – GFK –) (§ 3 AsylVfG) – siehe 3.2;
- den Status des *subsidiär Schutzberechtigten* im Sinne des § 60 Abs. 2 AufenthG (§ 4 AsylVfG) – siehe 3.4;
- den Status von *Familienangehörigen* von Asylberechtigten (§ 26 Abs. 1–4 AsylVfG), Flüchtlingen und subsidiär Schutzberechtigten (§ 26 Abs. 5 AsylVfG) – siehe 3.6.
- die Position des *Abschiebungsschutzberechtigten* nach Maßgabe der Europäischen Menschenrechtskonvention von 1950 – EMRK – (§ 60 Abs. 5 AufenthG) – siehe 3.5.1
- die Position des *Abschiebungsschutzbegünstigten* nach Maßgabe des § 60 Abs. 7 Satz 1 AufenthG – siehe 3.5.2.

3.1.1.2 Sprachregelungen

Sowohl das Unionsrecht (QRL) als auch das nationale Recht benutzen den Begriff   **2**
des „**internationalen Schutzes**" oder des „international Schutzberechtigten". Dieser Begriff umfasst sowohl den Status des Flüchtlings als auch den des subsidiär Schutzberechtigten (vgl. § 1 Abs. 1 Nr. 2 AsylVfG). Er findet Anwendung, wenn es um Regelungen geht, die sowohl für den Flüchtling als auch für den subsidiär Schutzberechtigten gelten sollen.

© Springer-Verlag Berlin Heidelberg 2015
P. Tiedemann, *Flüchtlingsrecht*, DOI 10.1007/978-3-662-43657-8_3

3   Im Falle der Abschiebungsschutzberechtigten nach § 60 Abs. 5 oder des Abschiebungsschutzbegünstigten nach § 60 Abs. 7 AufenthG sieht das Recht nicht die Verleihung eines Status vor, sondern nur eine singuläre **Rechtsposition**, die sich im bloßen Abschiebungsverbot erschöpft. Diese beiden Abschiebungsschutztatbestände kann man unter der Bezeichnung „nationaler subsidiärer Schutz" (vgl. BT-Drs. 17/13063, S. 16) zusammenfassen.

4   Das Gesetz (vgl. § 31 Abs. 2 AsylVfG) verwendet zwei verschiedene Verben, wenn es um die Verleihung des Status des Asylberechtigten im Sinne des Art. 16a Abs. 1 GG und um die Verleihung des Status des Flüchtlings im Sinne der GFK sowie um den Status des subsidiär Schutzberechtigten geht. Im ersten Fall ist von *anerkennen* oder **Anerkennung**, im zweiten Fall von *zuerkennen* oder **Zuerkennung** die Rede. Dem BAMF ist also die Aufgabe übertragen, bei Vorliegen der gesetzlichen Voraussetzungen die Asylberechtigung anzuerkennen und die Flüchtlingseigenschaft bzw. den subsidiären Schutz zuzuerkennen. Der unterschiedlichen Ausdrucksweise liegt jedoch keine verschiedene Bedeutung zugrunde. Sie ist offenbar nur dem Sprachgefühl geschuldet. Nach Art. 1 A GFK ist „Flüchtling" eine Eigenschaft, die unter bestimmten Bedingungen auf eine Person Anwendung findet, der Person also zuerkannt werden muss. Dagegen genießen politisch Verfolgte nach Art. 16a Abs. 1 GG Asyl, ohne dass hier von einem Akt der *Anwendung auf* oder der *Zuerkennung* die Rede ist. Man muss sich hier also nur zu Bewusstsein bringen und in diesem Sinne *anerkennen*, dass jemand politisch verfolgt ist.

3.1.1.3 Die Redundanz von Asylberechtigung und Flüchtlingseigenschaft

5   Nach § 31 Abs. 2 AsylVfG hat das BAMF sowohl über die Zuerkennung der Flüchtlingseigenschaft als auch über die Anerkennung als Asylberechtigter zu entscheiden. Das ist allerdings deshalb im Ergebnis sinnlos, weil sich der Status des Flüchtlings nach GFK und der Status des Asylberechtigten nach Art. 16a Abs. 1 GG in keiner Weise unterscheiden. Ein **Rechtsstatus** ist ein Bündel von Rechten (und ggf. Pflichten), die automatisch mit der Verleihung des Status dem Inhaber übertragen werden. So umfasst der Flüchtlingsstatus das Recht, nicht in den Verfolgerstaat abgeschoben zu werden, das Recht auf eine Aufenthaltserlaubnis, das Recht zu arbeiten, das Recht auf Zugang zu Sozialleistungen wie Deutsche, das Recht auf Freizügigkeit im Bundesgebiet, das Recht auf einen Reiseausweis u. a. m. In den Verwaltungsverfahren, die die Gewährung dieser einzelnen Rechte zum Gegenstand haben, ist nicht mehr von jeder einzelnen jeweils zuständigen Behörde (Ausländerbehörde, Sozialamt, Bafög-Amt etc.) zu prüfen, ob der Ausländer tatsächlich die Rechte eines Flüchtlings genießt. Das ergibt sich vielmehr bereits aus dem zuerkannten oder anerkannten Status. Daher sind die Zuerkennungs-, bzw. Anerkennungsbescheide in allen Angelegenheiten verbindlich, in denen die Zuerkennung der Flüchtlingseigenschaft oder die Anerkennung der Asylberechtigung rechtserheblich ist (§ 6 AsylVfG).

6   Aus dem Begriff des Status ergibt sich, dass man von zwei verschiedenen Status nur dann sinnvollerweise sprechen kann, wenn die jeweiligen Bündel von Rechten (und Pflichten) nicht **deckungsgleich**, sondern verschieden sind. § 2 Abs. 1 AsylVfG bestimmt, dass Asylberechtigte im Bundesgebiet die Rechtsstellung nach GFK genießen. Danach ist also das Bündel von Rechten und Pflichten für Asylberechtigte und für Flüchtlinge identisch. Der Eindruck, es gäbe gleichwohl Unterschiede und es lägen folglich zwei verschiedene Statūs vor, ergibt sich aus § 2 Abs. 2 AsylVfG, wonach „die Vorschriften, die den Asylberechtigten eine günstigere Rechtsstellung einräumen" unberührt bleiben. Indessen gibt es solche Vorschriften nicht! Das Bündel der Rechte und Pflichten für Asylberechtigte und Flüchtlinge ist also exakt identisch. Daher handelt es sich entgegen dem Anschein auch nicht um zwei verschiedene Statūs, sondern um ein- und denselben Status. Unterschiede gibt es nur im Hinblick auf die tatbestandlichen Voraussetzungen, die erfüllt sein müssen, um die Anerkennung als Asylberechtigter oder die Zuerkennung der Flüchtlingseigenschaft zu erreichen. So scheidet die Asylanerkennung bspw. aus, wenn der Ausländer über einen sog. sicheren Drittstaat in die Bundesrepublik eingereist ist, während die Zuerkennung der Flüchtlingseigenschaft dadurch nicht ausgeschlossen wird.

Wie im Einzelnen noch zu zeigen sein wird (vgl. Rn 177 ff.), gibt es praktisch keinen Sachverhalt, für den gilt, dass zwar die tatbestandlichen Voraussetzungen der Asylberechtigung erfüllt sind, nicht aber die der Flüchtlingseigenschaft. Umgekehrt gilt jedoch: Auch wenn die tatbestandlichen Voraussetzungen der Flüchtlingseigenschaft erfüllt sind, müssen die Voraussetzungen der Asylberechtigung noch nicht erfüllt sein. Denn die tatbestandlichen Hürden, die für die Asylberechtigung zu nehmen sind, sind höher als die, die für die Zuerkennung der Flüchtlingseigenschaft zu nehmen sind. Da es also einerseits vergleichsweise wesentlich schwieriger ist, als Asylberechtigter nach Art. 16a Abs. 1 GG anerkannt zu werden und es leichter ist, die Zuerkennung der Flüchtlingseigenschaft zu erreichen, und andererseits der Status des Flüchtlings sich vom Status des Asylberechtigten nicht unterscheidet, spielt die Asylberechtigung heute praktisch keine Rolle mehr. Es genügt stets, die einfacher zu erreichenden Voraussetzungen der Zuerkennung der Flüchtlingseigenschaft zu erfüllen. Die Parallelität von Asylberechtigung und Flüchtlingseigenschaft ist also stets überflüssig und stellt eine unnötige Verkomplizierung des deutschen Flüchtlingsrechts dar. Daraus folgt zugleich, dass das Entscheidungsprogramm, das das BAMF nach § 31 Abs. 2 AsylVfG abarbeiten muss, insoweit ein leeres Ritual ist, als es sowohl über die Zuerkennung der Flüchtlingseigenschaft als auch über die Anerkennung der Asylberechtigung entscheiden muss. Hier wirkt sich noch die lange, aber längt überholte Tradition aus, wonach das eigentliche Asylrecht jenes aus Art. 16a Abs. 1 GG war, und die Flüchtlingseigenschaft nach GFK demgegenüber einen geringeren Wert und eine geringere Bedeutung besaß („Kleines Asyl").

Dem Umstand, dass das Asylgrundrecht des Grundgesetzes heute praktisch obsolet geworden ist, trägt dieses Buch dadurch Rechnung, dass die materiellen Voraussetzungen der Zuerkennung der Flüchtlingseigenschaft im Vordergrund stehen und deutlich mehr Raum beanspruchen als die Darstellung der materiellen Voraussetzungen der Asylberechtigung nach dem Grundgesetz. Letztere dient überhaupt nur dem Zweck, die Obsolenz dieses Rechts transparent zu machen.

3.1.2   Die verschiedenen Normebenen und ihr Verhältnis zueinander

3.1.2.1   Die nationalen Rechtsquellen

9   Der Status des **Flüchtlings** richtet sich nach der Genfer Flüchtlingskonvention (GFK) sowie nach den Konkretisierungen, die diese völkerrechtliche Konvention durch die Richtlinie 2011/95/EU des Europäischen Parlaments und des Rates vom 13.12.2011 (ABl EU Nr. L 337/9– Qualifikationsrichtlinie (QRL) – erfahren hat. Der deutsche Gesetzgeber hat die europarechtlichen Vorgaben der Qualifikationsrichtlinie in das deutsche Recht übernommen, nämlich in das Aufenthaltsgesetz und das Asylverfahrensgesetz. Diese Übernahme erlaubt es (zumindest im Prinzip), in diesem Bereich allein mit dem Aufenthaltsgesetz und dem Asylverfahrensgesetz zu arbeiten, ohne daneben noch unmittelbar die QRL oder die GFK berücksichtigen zu müssen.

10   Der Status des **subsidiär Schutzbedürftigen** ist eine unionsrechtliche Schöpfung. Er richtet sich deshalb allein nach der QRL. Da der deutsche Gesetzgeber auch insoweit (im Prinzip) alle maßgeblichen Regelungen in das deutsche Recht übernommen hat, kann auch insoweit allein mit dem Asylverfahrensgesetz und dem Aufenthaltsgesetz gearbeitet werden.

Allerdings wäre es fahrlässig, sich bei der juristischen Arbeit ausschließlich auf die nationalen Rechtsgrundlagen zu verlassen.

3.1.2.2   Verhältnis des nationalen Rechts zum Unionsrecht

11   Da die nationalen Gesetze, die den Flüchtlingsstatus betreffen, weitgehend Umsetzungen des Europarechts sind, müssen sie im Lichte der einschlägigen Normen des europäischen Rechts, insbesondere der QRL ausgelegt werden (Grundsatz der **unionskonformen Auslegung** – EuGH 10.04.1984, Rn 26).

12   Ergeben sich dabei Fragen, die die Auslegung des Unionsrechts selbst betreffen, muss die Rechtsprechung des EuGH nach entsprechenden Interpretationshilfen befragt werden. Ggf. muss das zuständige deutsche Gericht ein Vorabentscheidungsersuchen nach Art. 267 AEUV an den EuGH richten.

13   Widerspricht das nationale Recht den Vorgaben des Unionsrechts, ohne Auslegungsspielräume für eine unionskonforme Auslegung zu eröffnen, dann darf das nationale Recht nicht angewendet werden (**Grundsatz des Anwendungsvorrangs des Unionsrechts** – vgl. EuGH 15.07.1964; BVerfG 29.05.1974 [279ff]; BVerfG 06.07.2010, Rn 53).

14   **Verordnungen der EU** (oder der Vorgängerorganisation EG) haben unmittelbare Wirkung in jedem Mitgliedstaat, d. h. sie wirken unmittelbar für und gegen jedermann und können unmittelbar für jedermann Rechte und Pflichten begründen (Art. 288 Abs. 2 AEUV). Um eine EU-Verordnung handelt es sich bspw. bei der VO (EU) Nr. 604/2013, die regelt, welcher Mitgliedstaat für die Durchführung eines Asylverfahrens zuständig ist (siehe 5.7).

15   **Richtlinien der EU** sind Normen, die nicht an die einzelnen individuellen Rechtspersonen gerichtet sind, sondern nur an die Mitgliedstaaten. Sie sind für jeden Mitgliedstaat, an den sie gerichtet sind, hinsichtlich des zu erreichenden Ziels

verbindlich, überlassen aber den Mitgliedstaaten die Wahl der Form und der Mittel
der Umsetzung (Art. 288 Abs. 3 AEUV). Sie wirken also grundsätzlich nicht unmittelbar für und gegen jedermann, sondern bedürfen dazu zunächst der Umsetzung in
nationales Recht. Unterlässt der Mitgliedstaat die Umsetzung, so verletzt er Unionsrecht. Gleichwohl führt dies normalerweise nicht dazu, dass die nicht umgesetzte
Richtlinie für oder gegen den Bürger unmittelbar wirkt. Der EuGH hat jedoch entschieden, dass hinreichend eindeutige Regelungen, die sich zugunsten des Bürgers
(im Verhältnis zum Staat, nicht im Verhältnis zu anderen Bürgern!) auswirken,
unmittelbar anwendbar sind, wenn die Richtlinie trotz Ablaufs der Umsetzungs-
frist nicht in nationales Recht umgesetzt worden ist (EuGH 05.04.1979). Für das
materielle Flüchtlingsrecht ist insbesondere die RL (EU) 2011/95/EU relevant, die
die EU-rechtlichen Vorgaben für die Zuerkennung des Flüchtlingsstatus und des
subsidiären Schutzstatus enthält. Diese Richtlinie wird üblicherweise **Qualifikationsrichtlinie** (QRL) genannt. Sie ist unmittelbar anwendbar, sofern sie dem Asylsuchenden günstige Vorschriften enthält, die das deutsche Recht nicht oder nicht
zutreffend und vollständig umgesetzt hat. Um das festzustellen, bedarf es eines Ver-
gleichs zwischen der QRL und dem deutschen Recht.

3.1.2.3 Verhältnis des nationalen Rechts zum Völkerrecht

Soweit das nationale Recht eine Umsetzung von Völkerrecht darstellt, also etwa der   **16**
GFK oder der EMRK, ist eine **völkerrechtsfreundliche Auslegung** des nationalen
Rechts geboten (BVerfG 14.10.2004; 19.09.2006, Rn 55; BGH 12.05.2010, Rn 16).

Ergeben sich dabei Fragen, die die Auslegung des Völkerrechts selbst betreffen,   **17**
so ist zu dessen Auslegung das **Wiener Vertragsrechtsabkommen** (WVRK) vom
23.05.1969 heranzuziehen. Genau genommen ist dieses Abkommen in Bezug auf
die GFK und die EMRK allerdings deshalb nicht unmittelbar anwendbar, weil es
nach Art. 4 WVRK nur auf Verträge anwendbar ist, die *nach* seinem Inkrafttreten
geschossen werden. Da die GFK von 1951 stammt, kann das WVRK (1969) auf
die GKF nicht anwendbar sein. Entsprechendes gilt für die EMRK, die von 1950
stammt.

Die Auslegung hat sich jedoch an Kriterien zu orientieren, die **allgemeine Re-**   **18**
geln des Völkerrechts i.S.d. Art. 25 GG sind. Regeln des Völkerrechts sind nach
Art. 38 Abs. 1 IGH-Statut: Völkervertragsrecht, Völkergewohnheitsrecht und allgemeine Rechtsgrundsätze.[1] Diese Regeln sind (jedenfalls) dann allgemein, wenn sie
von der BRD und von wenigstens der überwiegenden Mehrheit der Völkerrechts-
subjekte anerkannt werden (BVerfG 30.10.1962 [34]; 14.05.1968 [316f.]). Von den
193 UN-Mitgliedern sind 114 Staaten Vertragspartner des WVRK (=59%). Die
Bundesrepublik hat den Vertrag 1987 ratifiziert. Damit gelten die Auslegungsregeln
des WVRK als allgemeine Regeln des Völkerrechts. Diese sind nach Art. 25 GG

---

[1] Auf die Frage, ob nach Maßgabe der jüngeren Rechtsprechung des BVerfG unter den allgemeinen Regeln des Völkerrecht nur noch das Völkergewohnheitsrecht und die allgemeinen Rechtsgrundsätze, nicht aber das von der Völkerrechtsgemeinschaft überwiegend akzeptierte Völkervertragsrecht anzusehen ist (vgl. Schmahl 2013), wird hier nicht näher eingegangen.

Bestandteil des Bundesrechts, gehen den Gesetzen vor und haben Außenwirkung. Deutsche Gerichte müssen der Auslegung völkerrechtlicher Verträge, also auch der GFK somit die Regeln des WVRK zugrunde legen. Nach anderer Auffassung kommt man zum selben Ergebnis unter Hinweis darauf, dass das WVRK nur schon zuvor geltendes Völkergewohnheitsrecht kodifiziert hat. Durch diese Kodifizierung verlieren seine wesentlichen Regelungen nicht den Charakter von Völkergewohnheitsrecht (Schmahl 2013).

19   Nach Art. 31 Abs. 1 WVRK ist ein Vertrag nach Treu und Glauben in Übereinstimmung mit der gewöhnlichen, seinen Bestimmungen in ihrem *Zusammenhang* zukommenden Bedeutung und im Lichte seines Zieles und Zwecks auszulegen. „Zusammenhang" bedeutet nach Absatz 2 zunächst einmal der Wortlaut.

20   Nach Art. 31 Abs. 3 WVRK ist außer dem Zusammenhang in gleicher Weise auch zu berücksichtigen: „jede **spätere Übung** bei der Anwendung des Vertrages, aus der die **Übereinstimmung der Vertragsparteien** über seine Auslegung hervorgeht" – kurz „**Staatenpraxis**" genannt. Um diese zu ermitteln, kann es ggf. geboten sein, die einschlägige ausländische Rechtsprechung zur Auslegung der GFK oder der EMRK heranzuziehen. Im Falle der EMRK steht als Auslegungshilfe noch die Rechtsprechung des EGMR zur Verfügung. Für die GFK gibt es außer dem IGH (vgl. Art. 38 GFK) keinen internationalen Gerichtshof, der über ihre Auslegung wacht. Der IGH ist jedoch mit der GFK noch nie befasst worden.

3.2   Flüchtlingseigenschaft

21   Den Flüchtlingsstatus erhält (§ 31 Abs. 2 AsylVfG), wem die Eigenschaft eines Flüchtlings im Sinne der GFK zuerkannt wird (vgl. § 3 AsylVfG).

22   Anspruchsgrundlage für die Zuerkennung der Flüchtlingseigenschaft ist § 31 Abs. 2 i.V.m. § 3 Abs. 4 AsylVfG. Danach wird einem Ausländer, der Flüchtling ist, sofern er nicht die Ausschlusstatbestände des § 60 Abs. 8 AufenthG erfüllt, die Flüchtlingseigenschaft zuerkannt.

23   Die Erfüllung des Flüchtlingsbegriffs hängt davon ab, dass bestimmte Bedingungen erfüllt sind, die in den einschlägigen Normen bestimmt sind. Die Regelungen über diese positiven Bedingungen nennt man **Inklusionsklauseln**. Die Erfüllung des Flüchtlingsbegriffs hängt ferner davon ab, dass bestimmte Bedingungen *nicht* erfüllt sind. Die Regelungen über diese negativen Bedingungen nennt man **Exklusionsklauseln**. Im Abschn. 3.2.1 werden die Inklusionsklauseln behandelt, im Abschn. 3.2.2 werden die Exklusionsklauseln behandelt.

3.2.1   Inklusionsklauseln der Flüchtlingseigenschaft

24   Die Legaldefinition des Flüchtlings findet sich in § 3 Abs. 1 AsylVfG. Es handelt sich dabei um die Übernahme des Flüchtlingsbegriffs der GFK, was in § 3 Abs. 1 AsylVfG ausdrücklich gesagt wird. Die einzelnen Definitionsmerkmale dürfen also

nicht anders interpretiert werden als wie sie im Rahmen der GFK zu interpretieren sind.

Flüchtling ist danach, wer sich   **25**

(1.) außerhalb des Landes seiner Staatsangehörigkeit oder als Staatenloser außerhalb des Landes seines gewöhnlichen Aufenthalts befindet,

(2.) aus begründeter Furcht

(3.) vor Verfolgung

(4.) „durch wen auch immer"

(5.) wegen

(6.) seiner Rasse, Religion, Nationalität, politische Überzeugung, Zugehörigkeit zu einer bestimmten sozialen Gruppe (= Verfolgungsgründe)

(7.) und den Schutz seines Heimatstaates nicht in Anspruch nehmen kann oder wegen der Befürchtung nicht in Anspruch nehmen will (Schutzlosigkeit),

(8.) wenn kein Ausschlusstatbestand erfüllt ist (dazu siehe Abschn. 3.2.2).

3.2.1.1   Aufenthalt außerhalb des Herkunftslandes

Flüchtling kann nur sein, wer sich außerhalb seines Herkunftslandes befindet. Das   **26** bedeutet nicht, dass er in das Aufenthaltsland geflohen sein muss. Es ist vielmehr auch möglich, dass er sich im Ausland befindet, weil er seine Heimat verlassen hat, um im Aufenthaltsland z. B. zu studieren. Flüchtling ist nach diesem Definitionsmerkmal aber jedenfalls nicht, wer in seinem Heimatland die deutsche Botschaft aufsucht und dort Asyl beantragt.

Wenn man die Schutzbedürftigkeit des verfolgten Flüchtlings vor Augen hat,   **27** dann erscheint es einigermaßen befremdlich, warum es ausgeschlossen sein soll, dass dieser Schutz nicht auch schon durch eine deutsche diplomatische Vertretung im Heimatland des Flüchtlings gewährt werden kann. Tatsächlich hat es auch schon Fälle gegeben, in denen ein Staat einem Flüchtling auf diese Weise **diplomatisches Asyl** gewährt hat. Man denke nur an den Fall des ungarischen Kardinals Mindszenty, der nach Niederschlagung des ungarischen Volksaufstandes und dem Einmarsch der Sowjetarmee in der US-Botschaft in Budapest von November 1956 bis Ende September 1971 Asyl genoss. Ein anderer prominenter Fall ist der des Enthüllungsjournalisten Julian Assange, der seit August 2012 in der Londoner Botschaft Ecuadors Asyl gefunden hat, um sich einer Auslieferung an Schweden zu entziehen, wo er fürchtet, an die USA ausgeliefert zu werden, die ihn wegen Geheimnisverrats zur Verantwortung ziehen wollen.

Das diplomatische Asyl ist jedoch im Unterschied zum Asyl innerhalb des Territoriums des Aufnahmestaates völkerrechtlich nicht akzeptiert. Es wird von den   **28** meisten Staaten als völkerrechtswidrig betrachtet, weil es sich um einen Eingriff in die Souveränität eines fremden Staates handelt (ebenso: IGH, Urt. v. 20.11.1950 „Kolumbien gegen Peru", http://www.icj-cij.org/docket/files/7/1849.pdf; *Literaturhinweis*: Marauhn/Simon 2012).

3.2.1.2   Aus begründeter Furcht (vor Verfolgung)

29   In den vor dem 01.12.2013 geltenden deutschen Vorschriften tauchte das Merkmal „aus begründeter Furcht" nicht auf. Nach § 3 Abs. 1 AsylVfG a.F. war Flüchtling vielmehr derjenige, der den Bedrohungen nach § 60 Abs. 1 AufenthG ausgesetzt ist. Danach kam es also nur darauf an, ob objektiv eine Bedrohungslage vorliegt, nicht aber auf die subjektive Furcht des Ausländers. Dies veranlasste die deutschen Gerichte dazu, ebenfalls nur auf die rein objektive, von der subjektiven Furcht des Betroffenen unabhängige Verfolgungsgefahr abzustellen. Diese Rechtslage stand im Widerspruch sowohl zur GFK als auch zum Unionsrecht. Aufgrund der neuen Rechtslage ist die dazu ergangene ältere Rechtsprechung als obsolet anzusehen.

30   Die subjektive seelische Verfassung („Furcht") muss begründet, d. h. durch objektive Tatsachen gerechtfertigt sein (UNHCR 1979, Rn 38).

31   Der wesentliche Unterschied zwischen der in der früheren deutschen Rechtsprechung herrschenden **objektiven Betrachtungsweise** und der **subjektiv-objektiven Betrachtungsweise** zeigt sich bei der Frage, wie gewiss die Verfolgung sein muss (siehe Abschn. 3.8.2). Stellt man auf den subjektiv-objektiven Maßstab ab, kommt es darauf an, „ob in Anbetracht der objektiven Umstände bei einem vernünftig denkenden und besonnenen Menschen in der Lage des Asylsuchenden Verfolgungsfurcht hervorgerufen werden kann (BVerwG 15.03.1988 [150f.]; BVerwG 05.11.1991).

32   Die begründete Furcht kann sich daraus ergeben, dass

* der Ausländer bereits persönlich Verfolgung erlitten hat oder ihm Verfolgung unmittelbar gedroht hat;
* er von Verwandten oder Angehörigen seiner Rasse oder sozialen Gruppe weiß, dass sie verfolgt worden sind, und deshalb befürchtet, ebenfalls verfolgt zu werden, da er das für die Verfolgung maßgebliche Merkmal mit ihnen teilt (**Gruppenverfolgung**).

33   Die eigene Vorverfolgung (Verfolgung vor der Flucht) ist ein wichtiges Indiz dafür, dass die Furcht vor Verfolgung begründet ist (Art. 4 Abs. 4 QRL). Die Furcht kann aber auch im Hinblick darauf begründet sein, dass andere verfolgt worden sind, die mit dem Betroffenen dasselbe Asylmerkmal teilen (vgl. UNHCR 1979, Rn 44).

3.2.1.3   Verfolgung
3.2.1.3.1   Verfolgungshandlung

34   Was unter Verfolgung zu verstehen ist, ergibt sich aus § 3a AsylVfG, mit dem Art. 9 QRL in nationales Recht umgesetzt worden ist. Absatz 1 enthält eine abstrakte Definition der Verfolgungshandlung, während Absatz 2 eine Erläuterung durch wichtige Beispiele liefert. Nach Absatz 1 sind Verfolgungshandlungen:

35   (1.) Handlungen, die „auf Grund ihrer Art oder Wiederholung so gravierend sind, dass sie eine schwerwiegende Verletzungen der **grundlegenden Menschenrechte** darstellen, insbesondere der Rechte, von denen nach Artikel 15 Absatz 2" EMRK keine Abweichung zulässig ist.

Diese Definition ist extrem unklar und verwaschen. Zunächst wird zwischen **36** grundlegenden und nicht-grundlegenden Menschenrechten unterschieden. Es gibt aber keine Definition, die ein Kriterium liefern würde, um zwischen diesen beiden Kategorien zu unterscheiden. Auch der Hinweis auf die in Art. 15 Abs. 2 EMRK genannten Menschenrechte schafft hier keine Klarheit. Die dort aufgeführten Rechte (Art. 2 EMRK: Leben; Art. 3 EMRK: Folter, erniedrigende u. unmenschliche Behandlung; Art. 4 Abs. 1 EMRK: Sklaverei u. Leibeigenschaft; Art. 7 EMRK: Strafe ohne Gesetz) sind **notstandsfest**. Sie dürfen im Unterschied zu den übrigen Menschenrechten im Katalog der EMRK selbst dann nicht eingeschränkt werden, wenn dies zur Abwendung einer Bedrohung des Lebens der Nation durch Krieg oder zur Abwendung eines anderen öffentlichen Notstands erforderlich wäre. Es erscheint nachvollziehbar, wenn man dem Korpus solcher notstandsfester Menschenrechte die Eigenschaft „grundlegend" zuspricht und sie so von anderen, nicht notstandsfesten und daher nicht grundlegenden Menschenrechten unterscheidet.

Eine solche Begriffsbestimmung scheitert hier jedoch an dem Wörtchen „insbe- **37** sondere". Dadurch wird gesagt, dass es auch nicht-notstandsfeste Menschenrechte geben kann, die gleichwohl grundlegend sind. Durch das Wörtchen „insbesondere" wird die Notstandsfestigkeit als Kriterium für die Bestimmung des Attributs „grundlegend" also wieder entwertet. Das Problem lässt sich aber vielleicht so lösen, dass man die Reihenfolge der Wörter etwas verändert. Wenn man den Text im Sinne von „grundlegende Menschenrechte, nämlich solche, die *insbesondere nach Art. 15 Abs. 2 EMRK notstandsfest sind …"* lesen würde, dann wäre klar, dass grundlegende Menschenrechte immer nur solche sein können, die notstandsfest sind, wobei sich die Notstandsfestigkeit entweder aus Art. 15 Abs. 2 EMRK oder aus einer anderen von den Mitgliedstaaten der EU ratifizierten Menschenrechtskonvention ergeben kann. Das würde bedeuten, dass neben den in Art. 15 Abs. 2 EMRK aufgelisteten Menschenrechten auch jene zu den grundlegenden zu rechnen wären, die nach Art. 4 Abs. 2 IPbürgR notstandsfest sind. Diese sind das Verbot der Schuldhaft (Personalarrest) nach Art. 11 IPbürgR, das Recht auf Rechtsfähigkeit (Art. 16 IPbürgR) und die Rechte auf Gedanken-, Gewissens- und Religionsfreiheit (Art. 18 IPbürgR).

Nicht jede Verletzung der grundlegenden Menschenrechte gilt nach § 3a AsylVfG **38** als Verfolgungshandlung, sondern nur jene, die „so gravierend sind, dass sie eine **schwerwiegende Verletzung**" darstellen. Übersetzt man das Fremdwort „gravierend" ins Deutsche, so besagt das Gesetz, dass nur solche Handlungen schwerwiegend sind, die zu schwerwiegenden Verletzungen führen. Eine schwerwiegende Verletzungshandlung ist also eine solche, die schwerwiegend ist! Dies ist ein schönes Beispiel dafür, was für aufgeblähte Leerformeln dabei herauskommen können, wenn sich Diplomaten treffen, um einen Rechtstext zu erarbeiten. Das materielle Flüchtlingsrecht ist voll von solchen Satzungetümen. Dies trägt sehr wesentlich zu den besonderen Verständnisschwierigkeiten bei, mit denen man bei der Aneignung dieses Rechtsgebiets zu kämpfen hat.

Eine Handlung kann entweder durch ihre Art oder durch ihre Wiederholung zu **39** einer schwerwiegenden Verletzung eines Menschenrechts führen. **Der Art nach** führt eine Handlung schon dann zu einer schwerwiegenden Verletzung, wenn ein einziger Akt bereits zu einer wesentlichen Beeinträchtigung oder gar Vernichtung jenes Rechtsgutes führt, das von dem Schutzbereich des betreffenden Menschenrechts erfasst ist. Es leuchtet deshalb ohne weiteres ein, dass ein einziger Tötungsakt seiner Art nach bereits eine schwerwiegende Verletzung des Rechts auf Leben darstellt.

40   Anders verhält es sich jedoch in dem Fall, dass erst **die Wiederholung** des Eingriffsaktes zu einer schwerwiegenden Menschenrechtsverletzung führt. Hier führt der einzelne Eingriffsakt noch zu einer derart geringfügigen Beeinträchtigung des geschützten Rechtsgutes, dass man dem Verletzten zumuten kann, ihn zu ertragen und nicht schon Zuflucht im Ausland zu suchen. Erst der wiederholte Vollzug des Eingriffs führt irgendwann zu der Situation einer schwerwiegenden Beeinträchtigung des geschützten Rechtsgutes. Wenn jemand beispielsweise einmalig öffentlich von Polizisten geschlagen wird, weil er an einer Demonstration teilnimmt, dann kann dieser Schlag zwar bereits den Tatbestand der erniedrigenden Behandlung im Sinne des notstandsfesten Art. 3 EMRK erfüllen. Dies wäre aber für sich genommen noch nicht so schwerwiegend, dass dem Betreffenden schon allein deshalb Zuflucht gewährt werden müsste. Lebt der Betroffene aber in einem Klima der willkürlichen Gewalt, in dem es ihm immer wieder passieren kann, dass er kurzfristig verhaftet oder geschlagen wird, dann führt dies zu einer Situation, die für ihn eine schwerwiegende Menschenrechtsverletzung darstellt, die ihm nicht mehr zugemutet werden kann.

41   **(2.)** Verfolgungshandlungen sind nach § 3a Abs. 1 Nr. 2 AsylVfG aber auch solche Handlungen, die keine schwerwiegenden Verletzungen grundlegender Menschenrechte in dem eben beschriebenen Sinne darstellen, sondern „in einer **Kumulation unterschiedlicher Maßnahmen**, einschließlich einer Verletzung von Menschenrechten bestehen, die so gravierend sind, dass eine Person davon in ähnlicher wie der in Nr. 1 beschriebenen Weise betroffen ist". Diese Klausel nimmt die unter (1.) behandelte Klausel weitgehend zurück. Das gilt insbesondere für den Fall der schwerwiegenden Verletzung, die durch Wiederholung eintritt. Denn jetzt kommt es nicht mehr darauf an, dass diese Wiederholung bzw. Kumulation verschiedener Eingriffsakte zu einer Verletzung grundlegender Menschenrechte führt, sondern es genügt, wenn die Person „in ähnlicher Weise", aber eben nicht in einem grundlegenden Menschenrecht betroffen ist. Es kann sich vielmehr um die Verletzung irgendwelcher Menschenrechte handeln. Man könnte hierbei etwa an das Recht auf regelmäßigen bezahlten Urlaub nach Art. 7 lit. D) IPwirtR denken.

42   Gegenstand der Kumulation können dem Wortlaut nach auch Maßnahmen sein, die zu keiner Verletzung von Menschenrechten führt. Das Gesetz gibt keine Antwort auf die Frage, welcher Art diese Maßnahmen sein müssen. Möglicherweise ist dabei an Maßnahmen gedacht worden, die den Begriff der **Diskriminierung** erfüllen. (siehe Rn 45). Verfolgungsmaßnahmen, die keine Menschenrechte verletzen, sind insbesondere Maßnahmen der Strafverfolgung, die weder unverhältnismäßig noch unmenschlich oder erniedrigend sind, sondern nur in menschenrechtlich unbedenklichem Freiheitsentzug oder der Auferlegung einer Vermögensstrafe bestehen. Dasselbe gilt für freiheitsentziehende Maßnahmen außerhalb des Strafrechts und für Eingriffe in die körperliche Unversehrtheit unterhalb der Folter oder der unmenschlichen und erniedrigenden Behandlung oder Bestrafung im Sinne des Art. 3

EMRK. Zur Flüchtlingseigenschaft führt die Verfolgung durch menschenrechtlich unbedenkliche Eingriffe in Freiheit oder körperliche Unversehrtheit aber nur in den Fällen des sog. **Politmalus** (dazu siehe Rn 99).

(3.) In § 3a Abs. 2 AsylVfG wird der Verfolgungsbegriff des Abs. 1 durch eine **43** Liste von Beispielen erläutert. Auch diese Liste ist wörtlich aus der QRL übernommen. Danach ist der Tatbestand der Verfolgung in folgenden Fällen erfüllt:

- physische und psychische **Gewalt**, einschließlich sexueller Gewalt,
- gesetzliche, administrative oder polizeilich/justizielle Maßnahmen, die **diskriminierend** sind oder in diskriminierender Weise angewandt werden,
- **unverhältnismäßige** oder **diskriminierende** Strafen,
- Verweigerung gerichtlichen Rechtsschutzes mit dem Ergebnis einer **unverhältnismäßigen** oder **diskriminierenden** Bestrafung,

Wann ist eine Strafe **unverhältnismäßig**? In vielen Staaten der Erde wird bei Mord **44** beispielsweise eine lebenslange Haft verhängt, ohne dass die vorzeitige Entlassung möglich ist. Nach der Rechtsprechung des BVerfG ist das eine unverhältnismäßige Strafe (BVerfG 21.06.1977). Sie stellt als solche eine Menschenrechtsverletzung dar, ohne dass es auf einen Vergleich mit dem Strafmaß in anderen Fällen ankommt. Unverhältnismäßigkeit ist also ein **absoluter Maßstab**.

Wann ist eine Maßnahme **diskriminierend**? Im Unterschied zur Unverhältnis- **45** mäßigkeit ist die Diskriminierung kein absoluter, sondern ein **relativer Maßstab**. Eine Diskriminierung lässt sich nur im Vergleich zwischen verschiedenen Fällen feststellen. Beispiel: Wenn im Oberfinanzbezirk Hamburg alle Personen, die 10.000 € an Steuern hinterzogen haben, zu 140 Tagessätzen verurteilt werden, während man für dasselbe Delikt im Oberfinanzbezirk Nürnberg nur mit 60 Tagessätzen rechnen muss, mag das für die Hamburger Steuerhinterzieher diskriminierend sein. Man kann dem Missstand aber einfach dadurch abhelfen, dass man den Nürnberger „Tarif" auf 140 Tagessätze erhöht. Das Beispiel zeigt nicht nur, dass Diskriminierung keine Menschenrechtsverletzung ist, sondern auch, dass keine Ähnlichkeit zu Menschenrechtsverletzungen besteht.

Das Gesetz führt noch weitere Beispiele für Verfolgungshandlungen auf, nämlich: **46**

- die **Strafverfolgung wegen Verweigerung des Militärdienstes** in einem Konflikt, wenn der Militärdienst Verbrechen und Handlungen umfassen würde, die ein Verbrechen gegen den Frieden, ein Kriegsverbrechen oder ein Verbrechen gegen die Menschlichkeit oder schwere nicht-politische Verbrechen umfassen würde oder wenn der Militärdienst mit den Zielen und Grundsätzen der Vereinten Nationen unvereinbar wäre (siehe dazu Rn 113ff.).

Bisher ungeklärt ist die Frage, ob diese Klausel auch für jene Kriegsdienstverweigerer gilt, von denen persönlich im Rahmen ihres Militärdienstes solche Verbrechen nicht gefordert werden, wenn der Krieg als solcher völkerrechtswidrig ist oder gleichsam im Schutz und Schatten des völkerrechtlich unbedenklichen Militärdienstes von Dritten systematisch und ungesühnt Kriegsverbrechen etc. begangen werden (vgl. VG München 20.08.2013 - EuGH C-472/13).

47   Schließlich führt das Gesetz als Beispiel für Verfolgungshandlungen noch auf:

- „Handlungen, die an die **Geschlechtszugehörigkeit** anknüpfen oder **gegen Kinder** gerichtet sind".

Die letztgenannten Klauseln sind ziemlich dunkel. Als Verfolgungshandlungen, die an die **Geschlechtszugehörigkeit** anknüpfen, wurden Vergewaltigung, sexueller Missbrauch, weibliche Genitalverstümmelung, erzwungene Abtreibung oder Sterilisation angesehen sowie die Zwangsehe (Nachweise bei Zimmermann 2011, S. 413). Es dürfte in vielen Fällen aber schlüssiger sein, Handlungen, die an die Geschlechtszugehörigkeit anknüpfen, nicht dem Kontext der Bestimmung der Verfolgungshandlung zuzuordnen, sondern vielmehr dem Kontext der Bestimmung des Verfolgungsgrundes.

48   Der Hinweis auf Handlungen, die **gegen Kinder** gerichtet sind, soll zum Ausdruck bringen, dass es Maßnahmen gibt, die, wenn sie gegenüber Erwachsenen angewandt werden, keine Verfolgungshandlungen darstellen, während es sich um Verfolgungsmaßnahmen handelt, wenn sie gegenüber Kindern angewandt werden. Beispiel: Rekrutierung zum Kriegsdienst.

49   **(4.)** Die **Rechtsprechung** hat den äußerst komplexen und unklaren Verfolgungsbegriff des § 3a AsylVfG (= Art. 9 QRL) bisher nicht oder nur teilweise rezipiert. Der EuGH hat im Zusammenhang mit der Verfolgung wegen der Religion nur solche Handlungen als Verfolgungshandlungen anerkannt, die in der Verletzung von grundlegenden Menschenrechten bestehen, wobei er unter grundlegenden Menschenrechten nur jene versteht, die nach Art. 15 Abs. 2 EMRK notstandsfest sind (EuGH 05.09.2012, Rn 61). Allerdings wird – in der englischen Fassung des Urteils – auch die Strafverfolgung als möglicher Verfolgungsakt anerkannt (Rn 67).

50   Das BVerwG sieht nur in der Verletzung von Leib, Leben oder Freiheit, in der strafrechtlichen Verfolgung oder in einer unmenschlichen oder erniedrigenden Behandlung oder Bestrafung eine mögliche Verfolgungshandlung (BVerwG 20.02.2013, Rn 25).

51   Es gibt jedoch vereinzelt sowohl deutsche als auch ausländische Gerichtsentscheidungen, in denen die systematische und nachhaltige Verweigerung des Rechts, den eigenen Lebensunterhalt zu verdienen (Recht auf Arbeit) oder nachhaltige und systematische Verweigerung des Zugangs zum Bildungssystem für Kinder als Verfolgungshandlungen qualifiziert worden sind (Nachweise bei Zimmermann 2011, S. 357). Eine Verletzung dieser sozialen Menschenrechte im Sinne einer Verfolgungshandlung setzt aber stets voraus, dass die entsprechenden Arbeitsmöglichkeiten oder Sozial- und Bildungseinrichtungen an sich existieren und grundsätzlich für jedes Mitglied der betreffenden Gesellschaft der Zugang möglich ist, sofern er nicht durch entsprechende bewusste Interventionen der Verfolger vereitelt wird.

3.2.1.3.2 Individualität und „Gerichtetheit" der Verfolgung

52   Verfolgt ist nur, wer **persönlich** Ziel der Verfolgungsmaßnahme war, bzw. im Falle der Rückkehr sein wird. Es muss sich um eine Maßnahme handeln, die dem Betroffenen gezielt Schaden zufügen soll. Daran fehlt es bei Nachteilen, die jemand aufgrund der allgemeinen Zustände in seinem Heimatland zu erleiden hat wie im Falle

von Hungersnot, Naturkatastrophen, aber auch bei den allgemeinen Auswirkungen („Kollateralschäden") von Unruhen, Revolutionen und Kriegen (vgl. auch BVerfG 10.07.1989 [335]).

Familienangehörige sind nur dann persönlich verfolgt, wenn sie z. B. wegen   **53**
Sippenhaft mit eigener Verfolgung rechnen müssen. Dass Ehefrau und Kinder indirekt mitleiden, wenn der Vater im Gefängnis sitzt, macht sie nicht schon zu politisch Verfolgten! (Das leuchtet insoweit ein, als sie auch durch Flucht ins Ausland diesem Leiden nicht entgehen können.) Der Grundsatz der Familieneinheit ist nicht Bestandteil der Flüchtlingsdefinition (UNHCR 1979, Rn 183).

3.2.1.3.3 Gruppenverfolgung

Die dogmatische Figur der Gruppenverfolgung hat das BVerfG für das Asylgrund-   **54**
recht entwickelt. Sie ist aber ebenso für den Flüchtlingsschutz anwendbar (BVerwG 21.04.2009). Ein Individuum gilt danach auch dann schon als verfolgt, wenn es vor dem Verlassen des Herkunftslandes persönlich zwar noch nicht in das Fadenkreuz der Verfolger geraten ist, der Verfolger aber hinreichend zu erkennen gegeben hat, dass er alle Personen, die ein bestimmtes Verfolgungsmerkmal aufweisen (Rasse, Religion etc.), verfolgen will, so dass jedes Mitglied der durch das gemeinsame Merkmal definierten Gruppe früher oder später mit Verfolgung rechnen muss (BVerfG 23.01.1991 [232]). Ob eine auf die Gruppe gerichtete Verfolgungsabsicht des Verfolgers vorliegt, lässt sich feststellen, wenn es einen durch entsprechende Propaganda oder gar Gesetzgebung zum Ausdruck kommenden staatlichen **Verfolgungsplan** gibt. Lässt sich ein solcher Plan nicht feststellen (insb. bei Verfolgung durch Dritte oder weil er geheim gehalten wird – man denke an die Beschlüsse der Wannsee-Konferenz), muss eine gewisse **Verfolgungsdichte** belegt sein, um Gruppenverfolgung annehmen zu können (siehe 3.8.2).

3.2.1.3.4 Nachfluchttatbestände

Nach § 3 Abs. 1 AsylVfG kommt es darauf an, dass sich der Betroffene zu dem   **55**
Zeitpunkt, zu dem seine Anerkennung als Flüchtling in Rede steht, außerhalb seines Heimatlandes befindet und Furcht vor Verfolgung hat. In welcher zeitlichen Reihenfolge diese beiden Tatbestandsmerkmale eingetreten sind, ist unerheblich. Man kann erst Furcht haben und darauf sein Heimatland verlassen. Man kann aber auch erst sein Heimatland verlassen und anschließend Grund zur Furcht vor Verfolgung haben. Deshalb ist Flüchtling i.S.d. GFK auch derjenige, der unverfolgt ausgereist ist und erst nach der Ausreise ins Fadenkreuz der Verfolger geraten ist oder im Falle der Rückkehr geraten wird. Der völkerrechtliche Begriff dafür ist „**Flüchtling sur place**" (vgl. UNHCR 1979, Rn 94 ff.). Dabei wird nicht danach unterschieden, ob die Umstände, die die Furcht vor Verfolgung begründen, mit oder ohne Zutun des Betroffenen eingetreten sind.

Wird jemand verfolgt und reist deshalb aus seinem Herkunftsland aus, spricht   **56**
man von **Vorverfolgung**. Hat jemand unverfolgt sein Herkunftsland verlassen und gerät danach in begründete Furcht vor Verfolgung, kann dies auf **objektiven** oder auf **subjektiven Nachfluchtgründen** beruhen.

57   **Objektive Nachfluchtgründe** sind Ereignisse, die im Herkunftsstaat des Ausländers eingetreten sind, nachdem er diesen Staat verlassen hat (z. B.: politischer
Umsturz, neue Gesetze, Auftreten neuer Verfolgungsakteure).

58   **Subjektive Nachfluchtgründe** sind Ereignisse, die der Ausländer während seines Aufenthalts im Ausland selbst geschaffen hat (z. B. Religionswechsel, exilpolitische Aktivitäten) und durch die er sich erstmals der Verfolgung im Herkunftsstaat
aussetzt (*Literaturhinweis*: Mallmann 2011).

59   *Problem:* Es ist denkbar, dass ein besonders kaltblütiger Ausländer bewusst seine
Religion nur deshalb wechselt oder nur deshalb exilpolitisch aktiv wird, um sich so
den Flüchtlingsstatus zu verschaffen und nicht, weil dies seinen Überzeugungen entspricht und seiner religiösen oder moralisch/politischen Identität geschuldet ist. Das
BVerfG hat deshalb im Rahmen der Auslegung des Art. 16a GG entschieden, dass
subjektive Nachfluchtgründe grundsätzlich nicht anzuerkennen sind, weil anders
der Ausländer „sich durch eine risikolose Verfolgungsprovokation" ein Aufenthaltsrecht erzwingen könne (BVerfG 26.11.1986 [64]). Das soll nur dann nicht gelten,
wenn der „selbstgeschaffene Nachfluchtgrund [...] Ausdruck und Fortführung einer
schon während des Aufenthalts im Heimatland vorhandenen und erkennbar betätigten festen Überzeugung [ist], also notwendige Konsequenz einer dauernden, die
eigene Identität prägenden und nach außen kundgegebenen Lebenshaltung."

60   Es war allerdings schon immer anerkannt, dass diese Überlegungen bei der
Zuerkennung des Flüchtlingsstatus nach GFK keine Rolle spielen können. Art. 5
Abs. 2 QRL regelt ausdrücklich, dass die begründete Furcht vor Verfolgung auch
auf Aktivitäten des Betroffenen nach seiner Ausreise beruhen können. Das gilt zwar
„insbesondere" dann, „wenn die Aktivitäten ... nachweislich Ausdruck und Fortsetzung einer bereits im Herkunftsland bestehenden Überzeugung oder Ausrichtung
sind". Dies ist jedoch keine Bedingung. § 28 Abs. 1 a AsylVfG setzt Art. 5 Abs. 2
QRL in deutsches Recht um.

61   In Art. 5 Abs. 3 QRL werden die Mitgliedstaaten ermächtigt, festzulegen, dass in
sog. **Folgeverfahren** (vgl. 4.13) subjektive Nachfluchtgründe „in der Regel" nicht
anerkannt werden. Allerdings steht diese Ermächtigung unter dem Vorbehalt der
GFK („Unbeschadet der Genfer Flüchtlingskonvention ..."). Die erlaubt aber nun
eine solche Einschränkung gerade nicht. § 28 Abs. 2 AsylVfG setzt Art. 5 Abs. 3
QRL dahingehend um, dass subjektive Nachfluchtgründe nur in einem ersten Asylverfahren, „in der Regel" aber nicht in einem Asylfolgeverfahren berücksichtigt
werden. Wer also exilpolitische Aktivitäten erst aufnimmt, nachdem sein (erster)
Asylantrag erfolglos geblieben ist, kann einen Folgeantrag nur ausnahmsweise auf
diese Aktivitäten stützen. Eine solche Ausnahme dürfte nur in seltenen Fällen zu bejahen sein, z. B. wenn der Ausländer erst nachträglich beweisen kann, dass er schon
im Heimatland politisch aktiv war. Mit der GFK dürfte diese restriktive Regelung
aber nicht vereinbar sein.

62   Nach Art. 4 Abs. 3 lit. d) QRL darf bei der Prüfung des Schutzbegehrens berücksichtigt werden, ob der Betroffene Aktivitäten hauptsächlich deshalb aufgenommen
hat, um die Voraussetzungen für den Schutz herbeizuführen. Dieser Gesichtspunkt
spielt aber, wie es weiter heißt, nur im Hinblick auf die Einschätzung eine Rolle, ob

der Betroffene im Falle seiner Rückkehr verfolgt werden wird. Das bezieht sich auf den Fall, dass der Heimatstaat davon ausgeht, dass die exilpolitischen Aktivitäten den Betroffenen tatsächlich gar nicht als Regimegegner ausweisen, weil sie nur unternommen worden sind, um ein Bleiberecht im Aufnahmestaat zu erwirken, so dass der Heimatstaat keinen Anlass zur Verfolgung sieht. Dieser Gesichtspunkt ist aber ohnehin zu prüfen, wenn es um die Klärung der Frage geht, ob es vernünftige Gründe für die Verfolgungsfurcht gibt. So verlangt auch der UNHCR 1979, Rn 96, dass durch die Aktivitäten tatsächlich eine Verfolgungsgefahr ausgelöst worden sein muss.

Wer schon als **Kind** sein Heimatland verlassen hat, dem kann nicht entgegen-   **63** gehalten werden, seine exilpolitischen Aktivitäten seien keine Fortsetzung eines regimekritischen Engagements. Das gilt auch für Ausländer, die zum Zeitpunkt der ersten (ablehnenden Asylentscheidung) noch Kinder waren. Hatte der Ausländer aber zum Zeitpunkt der Erstentscheidung bereits die notwendige Reife erlangt, sich aber erst nach der Entscheidung exilpolitisch engagiert, dann greift die Miss-brauchsvermutung. Die notwendige Reife wird unterstellt für Ausländer ab dem 16. Lebensjahr (BVerwG 24.09.2009).

3.2.1.3.5 Bürgerkriegsflüchtlinge
Personen, die vor den Gefahren und Bedrohungen eines internationalen Krieges   **64** oder eines internen bewaffneten Konflikts (Bürgerkrieg) fliehen, werden nicht als Opfer von Verfolgung im Sinne der GFK betrachtet (UNHCR 1979, Rn 164). Das hat das BVerfG so begründet: Wer vor Gewalt im offenen Bürgerkrieg oder vor der Situation in einem Guerilla-Bürgerkrieg flieht, flieht nicht vor einer Situation, in der er aus der staatlichen Friedensordnung ausgeschlossen wird, denn es gibt in Bürgerkriegssituationen keine übergreifende Friedensordnung, von der man ausge-schlossen werden kann. Der Staat tritt hier nicht als Friedensordnung auf, sondern als Bürgerkriegspartei. Deshalb liegt keine politische Verfolgung i.S.d. Art. 16a GG vor und auch keine Verfolgung im Sinne der GFK. Ausnahme: Der Verfolger betreibt die physische Vernichtung von Personen, die der Gegenseite zugerechnet werden, obwohl diese nicht (mehr) aktiv kämpfen oder keinen Widerstand leisten (BVerfG 10.07.1989 [340]).

3.2.1.4 „durch wen auch immer" (Verfolgungsakteur)
Umgangssprachlich kann man zwar auch von einem Hund *verfolgt* werden. Ver-   **65** folgung im Sinne der GFK ist aber immer eine zielgerichtete, d. h. auf den Verfolg-ten abzielende **menschliche Handlung**. Da es sich um eine menschliche Handlung handeln muss, ist nicht verfolgt, wem im Herkunftsland Gefahren für Leib und Leben drohen, die nicht auf zielgerichtete menschliche Handlung zurückzuführen sind, z. B. Naturkatastrophen, Fehlen einer sozialen Infrastruktur (Gesundheitssys-tem) etc (vgl. dazu aber Kreck 2014).

Abgesehen davon, dass Verfolgung von einem oder mehreren Menschen ausge-   **66** hen muss, sagt die GFK nichts über den Verfolgungsakteur aus. In den Verhandlun-gen zur GFK war das Szenario der Verfolgung durch nichtstaatliche Akteure aus-drücklich erörtert worden, ohne dass sich hiergegen Widerspruch geregt hätte (Einarsen 2011, Rn 48). Die frühere deutsche Rechtsprechung hat unterstellt, dass hier (ebenso wie bei Art. 16a GG) nur eine Verfolgung in Betracht kommt, die dem Staat zuzurechnen ist (BVerwG 18.02.1992). Das stand im Widerspruch zur herrschenden Staatenpraxis und auch zu UNHCR 1979, Rn 65. Erst mit Art. 6 QRL wurde hier ein Wandel erzwungen, der sich im heutigen Wortlaut des § 3c AsylVfG widerspiegelt.

67   Danach kann die Verfolgung ausgehen

- vom **Staat**,
- von Parteien oder **Organisationen**, die den Staat oder wesentliche Teile des Staatsgebiets beherrschen (quasistaatliche Akteure),
- von **nichtstaatlichen Akteuren**, sofern die staatlichen oder quasistaatlichen Akteure einschließlich internationaler Organisationen nicht in der Lage oder nicht willens sind, Verfolgungsschutz zu bieten. Das gilt auch dann, wenn in einem Land überhaupt keine staatliche (oder quasistaatliche) Herrschaftsmacht vorhanden ist.
  Die GFK schützt also **auch vor nichtstaatlicher Verfolgung** (z. B. Dorfbevölkerung erzwingt Klitorisbeschneidung; „Ethnische Säuberung" durch eine Bürgerkriegspartei; Übergriffe der Nachbarn wegen abweichender Religion; etc.);
- von **Einzelpersonen** oder einzelne Familien. Bis Mitte 2006 war noch umstritten, ob auch Einzelpersonen oder einzelne Familien als Verfolger in Betracht kommen. Das OVG Schleswig 27.01.2006 verlangte von „nichtstaatlichen Akteuren" einen Organisationsgrad, der über den eines kleineren privat abgrenzbaren Personenkreises hinausgeht und dazu führt, dass der Verfolgte gesellschaftlich ausgegrenzt ist, wenn er in das Fadenkreuz der Verfolger gerät. Das wäre z. B. nicht der Fall bei einem familiären Ehrenmord. Das BVerwG hat jedoch nunmehr entschieden, dass auch Einzelpersonen als Verfolger in Betracht kommen (BVerwG 18.07.2006, Rn 23).

68   Die gesetzliche Auflistung der in Frage kommenden Verfolgungsakteure in § 3c AsylVfG ist überflüssig, weil sie keine Akteure ausschließt. Die Regelung, die der des Art. 6 QRL entspricht, erklärt sich nur historisch, nämlich als Absage an die frühere deutsche Konzeption, die nur staatliche Verfolgung anerkennen wollte.

3.2.1.5 „wegen"

69   Die Verfolgung muss „wegen" eines Verfolgungsgrundes stattfinden oder zu befürchten sein. Beginnend mit BVerwG 17.05.1983 hat das BVerwG das „wegen" im Sinne einer **Motivationstheorie** gedeutet. Eine Verfolgung erfolgt danach nicht schon dann wegen eines Verfolgungsgrundes, wenn eine bestimmte repressive Maßnahme beispielsweise faktisch zu einer Einschränkung der Religionsfreiheit oder dem Verlust der Nationalität (Staatsangehörigkeit) führt, sondern nur dann, wenn der Verfolger gerade das Ziel verfolgt, die Rasse, Religion, Nationalität, etc. seines Opfers zu treffen. Das Wort „wegen" verlangt also eine Verknüpfung zwischen der Verfolgungshandlung und einem Verfolgungsgrund im Sinne einer Motivation des Verfolgers.

Beispiele 70

a. Keine Verfolgung wegen der Rasse, wenn aserbaidschanische Staatsbürger armenischer Volkszugehörigkeit nicht deshalb ausgebürgert werden, weil sie Armenier sind, sondern deshalb, weil sie sich schon über zehn Jahre im Ausland aufhalten, ohne sich, wie es das aserbaidschanische Recht vorsieht, bei ihrer Auslandsvertretung gemeldet zu haben (BVerwG 26.02.2009).

b. Keine Verfolgung wegen der Religion, wenn ein Kriegsdienstverweigerer nicht deshalb bestraft wird, weil der Staat seine religiösen oder moralischen Überzeugungen bekämpfen will, sondern weil Wehrdienstentziehung aus ordnungspolitischen Gründen unabhängig davon bestraft wird, aus welchen Gründen sie erfolgt (BVerwG 28.02.1984– dazu näher Rn 84, 90, 100 f.).

c. Keine Verfolgung wegen der politischen Meinung, wenn ein politischer Dissident nicht deshalb bestraft wird, weil der Staat seine politische Überzeugung missbilligt, sondern weil er einer Destabilisierung der Staats- und Gesellschaftsordnung entgegenwirken will (BVerwG 18.02.1986 [44])

Das BVerfG ist für Art. 16a GG der Motivationstheorie entgegengetreten und ver- 71 tritt eine **finale Theorie**. Dieser Auffassung zufolge kommt es nicht auf die Motivation des Verfolgers an, sondern auf die „**objektive Gerichtetheit**" der Maßnahme. Wenn eine bestimmte Rasse, Religion etc. vom Verfolger als gefährlich angesehen wird für die politische Ordnung oder bestimmte politische Ziele und die repressiven Maßnahmen an diese Einschätzung anknüpfen, dann handelt es sich um eine Verfolgung wegen des entsprechenden Merkmals; auf die subjektive Motivation kommt es also nicht an (BVerfG 01.07.1987 [166]; 20.12.1989 [151]; 10.07.1989 [335]; 04.04.1991). Die objektive Gerichtetheit liegt also auch dann vor, wenn z. B. eine bestimmte Minderheitenreligion faktisch unterdrückt wird – nicht weil die Regierung was gegen diese Religion hätte, sondern weil es ihr darum geht, öffentliche Unruhen zu vermeiden, die aus der Intoleranz der Anhänger einer Mehrheitsreligion gegenüber den Anhängern einer Minderheitsreligion resultieren (BVerfG 01.07.1987 [166]). Verfolgung wegen eines Verfolgungsgrundes liegt nach der finalen Theorie auch vor, wenn z. B. Christen in einer muslimischen Mehrheitsgesellschaft nicht weil sie Christen sind, sondern weil sie reich sind, also aus kriminellen Motiven (Bereicherung), attackiert werden, sofern Christen objektiv deshalb ins Fadenkreuz der Kriminellen geraten, weil sie wegen ihrer Religion keinen staatlichen Schutz in Anspruch nehmen können (vgl. BVerwG 18.07.2006, Rn 23).

Das BVerwG hat sich bis heute nicht ausdrücklich von der Motivationstheorie 72 verabschiedet. Sie wirkt insbesondere in der ständigen Rechtsprechung nach, wonach Verfolgung wegen Wehrdienstverweigerung aus Gewissensgründen keine Verfolgung wegen eines Verfolgungsgrundes der GFK ist. (siehe 3.2.1.5.5)

§ 3a Abs. 3 AsylVfG, wonach zwischen Verfolgungshandlung und Verfolgungs- 73 grund „eine Verknüpfung bestehen" muss, entscheidet den Streit zwischen Motivationstheorie und finaler Theorie nicht. Denn es handelt sich um die wörtliche Umsetzung des Art. 9 Abs. 3 QRL, demzufolge „gemäß Artikel 2 Buchstabe d" die Verknüpfung bestehen müsse, also wegen des Wörtchens „wegen". Ob die Verknüpfung subjektiv oder objektiv gemeint ist, bleibt damit aber offen.

3.2.1.6 Verfolgungsgründe

Literaturhinweis Lübbe 2012, Lübbe 2013

74   Die GFK ist von der Idee geleitet, dass nicht jede Person Flüchtlingsschutz erhalten soll, die begründete Furcht vor Verfolgung hat, sondern nur diejenigen, die
Opfer einer Verfolgung sind, welche an bestimmte Verfolgungsgründe oder Merkmale anknüpft. Art. 1 A 2 GFK enthält den Katalog dieser Gründe. Dieser Katalog
ist wörtlich in die QRL übernommen (Art. 2 c) und durch § 3 Abs. 1 AsylVfG in
nationales Recht umgesetzt worden.

75   Eine nähere Erläuterung der einzelnen Verfolgungsgründe findet sich in Art. 10
QRL. Sie entspricht den Erläuterungen im UNHCR Handbuch 1979, macht sie jedoch rechtlich verbindlich. Diese Erläuterungen wurden durch § 3b AsylVfG in
nationales Recht umgesetzt.

76   Der Katalog der Verfolgungsgründe ist nicht zufällig. Eine genaue Analyse zeigt,
dass es sich um Gründe handelt, die jeweils auf ein Merkmal bezogen sind, das für
den Verfolgten unverfügbar ist. **Unverfügbar** sind Merkmale, die der Betroffene
nicht durch eigenes Verhalten ändern oder beseitigen kann, um damit der Verfolgung zu entgehen. Rasse und Nationalität sind in diesem Sinne **objektiv unverfügbar**. Bei der Religion oder der politischen Überzeugung handelt es sich dagegen
um Merkmale, die zwar auch unverfügbar sind, weil man eine Überzeugung nicht
beliebig und nach Bedarf wechseln kann. Die Verfolgung knüpft aber meist nicht
an die bloße Überzeugung an, denn „die Gedanken sind frei". Erst wenn der Betroffene aus religiöser oder politischer Überzeugung *handelt*, wird seine Überzeugung
sichtbar und kann Anknüpfungspunkt für Verfolgung sein. Handlungen, die die Ge-
sinnung nach außen sichtbar machen und dadurch die Verfolgung auslösen, kann
man grundsätzlich unterlassen. Wer aber stets gegen seinen religiösen Glauben oder
gegen seine politische Überzeugung handelt, gibt seine personale Identität preis.
Er kommt sich dabei immer vor wie ein Verräter an sich selbst. Er lebt gewissermaßen nicht sein eigenes Leben, sondern ein ihm fremdes. Das Flüchtlingsrecht
will die personale Identität schützen. Es mutet deshalb niemandem zu, seine identi-
tätsstiftende religiöse oder politische Überzeugung nach außen zu verbergen, um
der Verfolgung zu entgehen. Es handelt sich also um **unverfügbare Merkmale im
subjektiven Sinne**, also um Merkmale, über die man solange nicht verfügen kann,
wie man die Persönlichkeit bleibt, die man ist.

3.2.1.6.1 Rasse

Literaturhinweis Barskanmaz 2011, Göbel-Zimmermann 2012

77   Der Begriff der „Rasse" umfasst nach der Erläuterung in § 3b Abs. 1 Nr. 1
AsylVfG insbesondere die Aspekte Hautfarbe, Herkunft und Zugehörigkeit zu
einer bestimmten ethnischen Gruppe, also jene Aspekte, an die rassistische Ideo-
logien anzuknüpfen pflegen. Die Sinnhaftigkeit des Begriffs ist umstritten. Wegen
der Rasse ist auch verfolgt, wem der Verfolger unterstellt, dass er einer bestimmten
Rasse angehört, auch wenn das tatsächlich nicht der Fall ist. Das gilt auch für die
übrigen Verfolgungsgründe (§ 3b Abs. 2 AsylVfG).

Der Begriff der Rasse gilt heute, bezogen auf Menschen, als ideologisch und **78**
wird daher von vielen abgelehnt. Indessen darf nicht übersehen werden, dass das
Flüchtlingsrecht Schutz gerade vor einer Verfolgung gewähren will, die aus diesen
ideologischen Gründen erfolgt. Vielleicht würde man in einem modernen Rechtstext das Wort *Rasse* in Anführungszeichen setzen, ein „so genannte" davorsetzen
oder statt von „Verfolgung wegen der Rasse" lieber von „Verfolgung aus rassistischen Gründen" sprechen. Der Begriff Rasse ist aber in der aus dem Jahre 1951
stammenden GFK vorgegeben und daher hier als ein Rechtsbegriff zu verwenden,
dessen Gebrauch unter dem Gesichtspunkt der political correctness nicht zur Disposition steht.

3.2.1.6.2 Religion

Literaturhinweis Marx 2010, Marx 2012a, Tiedemann 2012a, Heckel 2014

Der Begriff der Religion nach § 3b Abs. 1 Nr. 2 AsylVfG umfasst auch die Teil- **79**
nahme bzw. Nichtteilnahme an religiösen Riten im **öffentlichen Bereich** und sonstige religiöse Meinungsäußerungen und Verhaltensweisen, die sich auf eine religiöse Überzeugung stützen. Dazu gehören z. B. eine aus religiösen Gründen getragene
Kleidung oder Missionierungsaktivitäten. Diese Begriffsbestimmung steht im Widerspruch zu dem Begriff der Religion, wie er früher von den deutschen Gerichten
verstanden wurde, nämlich im Sinne eines „religiösen Existenzminimums". Nach
Hailbronner ZAR 2008, 209 [211f.] sollte diese Rechtsprechung aber weiterhin zutreffend sein und auch das BVerwG 05.03.2009, Rn 14 schien dieser Auffassung
zuzuneigen. Der EuGH 05.09.2012 hat jedoch klargestellt, dass auch die öffentliche
Religionsausübung geschützt ist. Dem ist das BVerwG 20.02.2013 inzwischen gefolgt.

Unter den Begriff der Verfolgung wegen der Religion kann nach verbreiteter **80**
Auffassung auch fallen, wer wegen einer ethischen Einstellung verfolgt wird, die
für ihn religiös begründet ist. So kommt bei **Wehrdienstverweigerung** aus Gewissensgründen Verfolgung wegen der Religion in Betracht, wenn die ethische
Überzeugung von der moralischen Verwerflichkeit des Wehrdienstes auf religiösen
Gründen beruht (UNHCR 1979, Rn 170). Siehe auch 3.2.1.6.4 und 3.2.1.6.5). Dies
entspricht inzwischen auch der Spruchpraxis des UN-Menschenrechtsausschusses
(24.03.2011).

3.2.1.6.3 Nationalität

§ 3b Abs. 1 Nr. 3 AsylVfG erläutert, dass mit Nationalität im Sinne des § 3 Abs. 1 **81**
AsylVfG nicht nur die Staatsbürgerschaft gemeint ist, sondern auch die Zugehörigkeit zu einer Gruppe, die durch ihre kulturelle, ethnische und sprachliche Identität,
gemeinsame geografische oder politische Ursprünge oder ihre Verwandtschaft mit
der Bevölkerung eines anderen Staates bestimmt wird. Insoweit gibt es eine Über-
schneidung mit dem Begriff der Rasse. Rasse und Nationalität lassen sich nicht
eindeutig unterscheiden.

3.2.1.6.4 Politische Überzeugung

82   In der englischen Fassung der GFK und der QRL ist von „political opinion" die
Rede, während sowohl § 3 und § 3b Abs. 1 Nr. 5 AsylVfG als auch die deutsche
Fassung der QRL durchgehend von „politischer Überzeugung" (= engl. „convic-
tion") sprechen. § 3b Abs. 1 Nr. 5 erläutert den Begriff der politischen Überzeugung
aber als „Vertreten einer Meinung, Grundhaltung oder Überzeugung". Indessen ist
Meinung nicht identisch mit *Überzeugung*. Während Überzeugung etwas ist, das,
solange man sie hat, nicht zur Disposition steht, und insofern den übrigen unverfügbaren Merkmalen vergleichbar ist, ist eine Meinung etwas, das weit weniger eng
mit der Identität einer Person verbunden ist. Man kann auch vorläufige Meinungen
haben, also Hypothesen vertreten, die man äußert, um sie im Lichte der öffentlichen
Kritik zu testen (Probedenken), ohne sich schon damit zu identifizieren. Gleichwohl
kann das Verbot oder die Verfolgung der Äußerung einer bloßen Meinung bereits
die Identität gefährden. Denn ohne das Äußern bloßer Meinungen, also Probedenken, ist eine rationale Orientierung in der Welt nicht möglich.

83   Wegen der politischen Meinung oder Überzeugung wird auch verfolgt, wer
schon allein deshalb verfolgt wird, weil er bestimmte Fragen stellt, obwohl Fragen
ja eher Ausweis dafür sind, dass man zum Gegenstand der Frage gerade noch keine
Meinung oder Überzeugung gewonnen hat.

84   Wegen der politischen Überzeugung verfolgt ist auch, wer nicht deshalb verfolgt
wird, weil er eine bestimmte politische Überzeugung hat, sondern deshalb, weil er
sie geäußert hat. Zwar hätte er diese Verfolgung auch vermeiden können, indem
er seine Überzeugung verschwiegen hätte. Indessen wird ihm das Verschweigen
der politischen Überzeugung nicht zugemutet. Das Flüchtlingsrecht soll gerade verfolgten politischen Aktivisten Schutz gewähren.

85   Wegen der politischen Überzeugung wird auch verfolgt, wer verfolgt wird, weil
der Verfolger ihm eine politische Überzeugung unterstellt, die er gar nicht hat (§ 3b
Abs. 2 AsylVfG).

86   Verfolgung von **Wehrdienstverweigerern** aus Gewissensgründen kann auch
Verfolgung wegen der politischen Meinung sein (UNHCR 1979, Rn 170). Denn
wer es für ethisch unverantwortlich hält, im Krieg Menschen zu töten, der spricht
seiner Regierung das moralische Recht ab, Kriege zu führen. Das ist eine politische
Meinung.

3.2.1.6.5 Mitgliedschaft in einer bestimmten sozialen Gruppe

Literaturhinweis Tiedemann (2000), Musalo 2007, Hruschka/Löhr 2009, Müller
2014

87   Der Begriff der bestimmten sozialen Gruppe ist in Deutschland lange Zeit rechtlich nicht fruchtbar gemacht worden. Das lässt sich leicht damit erklären, dass
dieser Begriff äußerst dunkel ist. Dieser Verfolgungsgrund wurde in einem relativ
späten Stadium der Vertragsverhandlungen zur GFK von der schwedischen Delegation in den Konventionstext hinein verhandelt, ohne dass Schweden hierzu eine
Erläuterung der Bedeutung oder eine Begründung der Erforderlichkeit dieses Verfolgungsgrundes geliefert hätte (siehe 4.3).

Der Begriff ist heute in dem Sinne anzuwenden, wie er in § 3b Abs. 1 Nr. 4 **88**
AsylVfG bestimmt wird, mit dem Art. 10 Abs. 1 lit d) QRL in nationales Recht
umgesetzt worden ist. Diese Begriffsbestimmung ist allerdings aus der Wortbedeu-
tung von „bestimmte soziale Gruppe" intuitiv kaum ableitbar, insbesondere weil
es danach gerade nicht um eine „soziale" Gruppe geht, also um eine Gruppe, die
sich durch irgendeine Form von Gemeinschaftlichkeit auszeichnet. Es geht vielmehr eher um Gruppe im Sinne von *Menge*, also einer Zusammenfassung einzelner
Elemente zu einer Gesamtheit nach Gesichtspunkten, die von außen an die Mengen-
bildung herangetragen werden.

Man kann in § 3b Abs. 1 Nr. 4 AsylVfG drei verschiedene Begriffe der bestimm- **89**
ten sozialen Gruppe finden. Zugehörigkeit zu einer bestimmten sozialen Gruppe
liegt vor, wenn die Kriterien einer dieser drei Definitionen erfüllt sind.

Nach der **ersten Definition** ist Mitglied einer bestimmten sozialen Gruppe, **90**
(1.) wer mit anderen ein **angeborenes Merkmal** gemein hat, wenn
(2.) die Gruppe derer, die dieses Merkmal teilen, von der sie umgebenden Gesellschaft als andersartig betrachtet wird.

Nach der **zweiten Definition** ist Mitglied einer bestimmten sozialen Gruppe,
(1.) wer mit anderen einen „**gemeinsamen Hintergrund**" teilt, der nicht verändert
werden kann und
(2.) die Gruppe derer, die diesen Hintergrund teilen, von der sie umgebenden Gesellschaft als andersartig betrachtet wird.

In beiden Definitionen geht es darum, dass auf eine Person ein bestimmtes für sie **91**
unveränderliches Merkmal zutrifft, das sie mit anderen teilt, und dass alle, auf die
dieses Merkmal zutrifft, von der sie umgebenden Gesellschaft als andersartig betrachtet werden. Nach der ersten Definition handelt es sich um ein Merkmal, das
deshalb unveränderlich ist, weil es angeboren ist, während es nach der zweiten Definition um ein Merkmal geht, dass nicht angeboren, aber gleichwohl für die Person
unveränderlich ist, z. B. die Herkunft aus einem bestimmten Land.

Nach der **dritten Definition** ist Mitglied einer bestimmten sozialen Gruppe, **92**
(1.) wer „**Merkmale oder eine Glaubensüberzeugung**" mit anderen teilt, die so
bedeutsam für die Identität oder das Gewissen sind, dass der Betroffene nicht
gezwungen werden sollte, auf sie zu verzichten, und
(2.) die Gruppe derer, die diese Merkmale oder Gewissensüberzeugungen teilen,
von der sie umgebenden Gesellschaft als andersartig betrachtet wird.

Auch in der dritten Definition ist es die umgebende Gesellschaft, die bestimmt, ob **93**
jemand einer bestimmten sozialen Gruppe zugehörig ist oder nicht. Die umgebende
Gesellschaft stellt dabei aber nicht auf Merkmale ab, die für die Betroffenen unverfügbar sind, sondern auf solche, über die zu verfügen ihnen nicht zugemutet werden
soll, weil sie für die Identität oder das Gewissen der Betroffenen Bedeutung haben
und deshalb subjektiv für sie unverfügbar sind.

94   Diese Merkmale, vor allem das des *gemeinsamen Hintergrunds* und das der
Merkmale und Glaubensüberzeugungen sind sehr abstrakt und vage. Um zu verstehen, um was es geht, kann man sich an folgender Überlegung orientieren: Alle speziellen Verfolgungsgründe (Rasse, Nationalität, Religion, politische Überzeugung)
knüpfen daran an, dass sie für den Betroffenen entweder objektiv oder subjektiv
unverfügbar sind. Das Kriterium der Unverfügbarkeit ist auch das entscheidende
bei der Bestimmung einer bestimmten sozialen Gruppe. Dieser Verfolgungsgrund
unterscheidet sich von den anderen nur dadurch, dass nicht näher bestimmt wird,
was genau unverfügbar ist. Damit erweist sich der Verfolgungsgrund der Mitgliedschaft in einer bestimmten sozialen Gruppe als ein **Auffangtatbestand**, der andere,
nicht ausdrücklich kodifizierte Merkmale erfassen soll, die in diesem Sinne unverfügbar sind, wie z. B. das Geschlecht oder die sexuelle Orientierung. Folgende
Beispiele mögen das anschaulich machen:

95
> **Beispiel 1**
>
> EuGH 07.11.2013: Personen, die wegen ihrer homosexuellen Orientierung von
> der sie umgebenden Gesellschaft ausgegrenzt, als andersartig aufgefasst und
> deshalb verfolgt werden, bilden eine bestimmte soziale Gruppe. Es kann von
> Menschen homosexueller Orientierung nicht verlangt werden, dass sie zur Ver-
> meidung von Verfolgung ihre sexuelle Ausrichtung geheim halten.

> **Beispiel 2**
>
> VG Frankfurt 04.07.2012: „Personen, die verfolgt werden, weil sie anderen Per-
> sonen Hilfe leisten, die selbst wegen eines Verfolgungsmerkmals verfolgt wer-
> den, welches die helfende Person nicht teilt und welches ihr von den Verfolgern
> auch nicht unterstellt wird, bilden eine eigene bestimmte soziale Gruppe […],
> denn sie teilen eine ‚Glaubensüberzeugung‘, die so bedeutsam für die Identi-
> tät oder das Gewissen ist, dass der Betreffende nicht gezwungen werden sollte,
> auf sie zu verzichten, und sie werden von der sie umgebenden Gesellschaft als
> andersartig betrachtet, so dass diese Gruppe eine deutlich abgegrenzte Identität
> hat (‚Gruppe der Helfer‘)."

> **Beispiel 3**
>
> VG Frankfurt 04.07.2012 (a): „Frauen im Iran, die dem konkreten Risiko aus-
> gesetzt sind, gegen ihren Willen verheiratet zu werden oder die bereits zwangs-
> weise verheiratet worden sind, bilden eine bestimmte soziale Gruppe."

> **Beispiel 4**
>
> OVG Schleswig 27.01.2006: Eine Familie, deren Mitglieder im Zuge privater
> **Blutrache** von einer anderen Familie verfolgt werden, bildet keine bestimmte
> soziale Gruppe. Zwar kann der Sohn X dieser Familie nichts daran ändern, dass

er Mitglied dieser Familie ist und als solches in für ihn unverfügbarer Weise der Blutrache ausgesetzt ist, die alle Mitglieder seiner Familie trifft. Er ist aber nicht Mitglied einer bestimmten sozialen Gruppe, weil die Familie von der sie umgebenden Gesellschaft nicht ausgegrenzt und als „andersartig" wahrgenommen wird (a. A. Hruschka/Löhr a. a. O.).

Das Gesetz benennt ausdrücklich **Gewissen**süberzeugungen als solche, die für denjenigen, der sie hat, nicht verfügbar sind, bzw. nur um den Preis der Aufgabe seiner Identität aufgegeben werden könnte. Deshalb kann man **Wehrdienstverweigerer** aus Gewissensgründen auch unter den Begriff der bestimmten sozialen Gruppe subsumieren, ohne dass es darauf ankommt, ob die Gewissensüberzeugung religiös bedingt ist. **96**

Nach überwiegender Meinung sowohl der deutschen Gerichte als auch der Gerichte in anderen wichtigen Vertragsstaaten der GFK rechtfertigt die **Bestrafung der Wehrdienstentziehung** oder der Desertion nicht die Annahme von Verfolgung, weil es sich um die Strafe für die Missachtung einer allgemeinen Bürgerpflicht handelt, die mit der Pflicht vergleichbar ist, Steuern zu zahlen oder im Winter Schnee zu räumen (BVerwG 31.03.1981; 28.02.1984; kritisch dazu Marx 2012, S. 108 ff.; abweichend auch OVG Schleswig 30.10.2001). Die Bestrafung wegen Wehrpflichtentziehung oder Desertion ist als solche auch nicht diskriminierend, solange die Ahndung alle Deserteure oder Kriegsdienstverweigerer in gleicher Weise trifft, es also für bestimmte politische oder religiöse Motive oder aus rassistischen Gründen keinen **Polit-Malus** gilt (siehe Rn 99). Da dies der nahezu einhelligen **Staatenpraxis** entspricht, lässt sich vertreten, dass dies die korrekte Auslegung der GFK darstellt. Allerdings verletzt ein Vertragsstaat des Internationalen Paktes über bürgerliche und politische Rechte das Menschenrecht der Gewissensfreiheit (Art. 18 IPbürgR), wenn er einen Menschen bestraft, der aus Gewissensgründen den Wehrdienst verweigert. Das Menschenrecht der **Gewissensfreiheit** kann zwar aus notwendigen Gründen der öffentlichen Sicherheit und Ordnung, Gesundheit, Moral oder wegen der Menschenrechte Dritter durch Gesetz eingeschränkt werden. Der UN Menschenrechtsausschuss hat jedoch entschieden, dass diese Klausel nicht die Einschränkung der Wehrdienstverweigerung aus Gewissensgründen rechtfertigt (General Comment No. 22: (Art. 18), CCPR/C/21/Rev.1/Add.9(Vol. 1), S. 204 [Rn 11]). Im Übrigen ist die Anerkennung von Gewissensüberzeugungen jedenfalls europarechtlich geboten (Art. 10 Abs. 1 d QRL). **97**

Im Grunde könnte man den Katalog der Verfolgungsgründe wegstreichen und durch den einzigen Verfolgungsgrund der Zugehörigkeit zu einer bestimmten sozialen Gruppe ersetzen. Denn die Voraussetzungen, die erfüllt sein müssen, um einen dieser anderen Verfolgungsgründe zu erfüllen, erfüllen immer auch zugleich den Verfolgungsgrund der bestimmten sozialen Gruppe. Es ist bemerkenswert, dass das BVerfG dies für die Auslegung des Art. 16a GG schon sehr früh erkannt hat. Es hat nämlich den Leitgedanken des Asylrechts schon im Jahre 1987 dahin bestimmt, dass kein Staat „das Recht hat, Leib, Leben oder die persönliche Freiheit des einzelnen aus Gründen zu gefährden oder zu verletzen, die allein in seiner politischen Überzeugung, seiner religiösen Grundeinstellung oder in den für ihn **unverfüg-** **98**

baren Merkmalen liegen, die sein Anderssein prägen" (BVerfG 01.07.1987 [157]; 10.07.1989 [333]).

99   In den Zusammenhang mit den Verfolgungsgründen gehört auch die Lehre vom **Polit-Malus**. Sie betrifft die Fälle, in denen die Verfolgten auf den ersten Blick nicht anders behandelt werden wie jeder andere Bürger auch. Wenn beispielsweise ein Bankraub grundsätzlich in jedem Fall die Strafverfolgung der Täter zur Folge hat, dann kann man allein aus dem Akt der (Straf-)Verfolgung noch nicht schließen, dass es sich um Verfolgung im Sinne des Flüchtlingsrechts handelt. Wenn jedoch die betroffenen Täter stärker bestraft werden als andere, weil sie die Tat aus politischen Gründen begangen haben oder ihnen dies jedenfalls unterstellt wird, oder wenn sie im Polizeigewahrsam oder im Gefängnis mit Folter rechnen müssen, während vergleichbare „unpolitische" Straftäter nicht gefoltert werden (vgl. BVerfG 10.07.1989 [339f.]), dann handelt es sich bei diesem *Mehr* an Verfolgung um eine solche, die die Flüchtlingseigenschaft begründen kann, weil sie nicht im Zusammenhang mit dem allgemeinen Schutz privater Rechtsgüter durch Strafrecht steht, sondern im Zusammenhang mit einem flüchtlingsrechtlichen Verfolgungsgrund.

100   Der Polit-Malus führt dazu, dass eine Verfolgungshandlung, die keine Verletzung von Menschenrechten darstellt, zu einer Verfolgungshandlung im Sinne des Flüchtlingsrechts werden kann. Das kann man an dem in Rn 45 dargestellten Beispiel der unterschiedlichen Bestrafung von Steuerhinterziehung klar machen: Wenn in Nürnberg die verhängten Strafen generell von 60 auf 140 Tagessätze erhöht werden würde, wäre das menschenrechtlich unbedenklich. Wenn jedoch nur diejenigen die höhere Strafe erleiden müssten, die der Volksgruppe der Roma angehören oder sich zur Religion der Jesiden bekennen, dann läge der Tatbestand flüchtlingsrelevanter Verfolgung vor, obwohl natürlich noch immer keine Menschenrechtsverletzung zu beklagen wäre.

101   Die Lehre vom **Polit-Malus** zeigt zweierlei: Zum einen bedarf es für die Flüchtlingseigenschaft nicht zwingend einer schweren oder überhaupt einer Menschenrechtsverletzung. Es genügt vielmehr eine **Diskriminierung** wegen eines der in § 3b AsylVfG aufgeführten Verfolgungsgründe. Zum anderen zeigt sich hier, dass das Thema der Diskriminierung seine systematische Rolle nicht im Kontext der Verfolgungshandlung spielt, sondern im Kontext der Verfolgungsgründe. Deshalb ist es systematisch unrichtig und verwirrend, wenn das Gesetz (§ 3a Abs. 2 Nr. 2,3,4 AsylVfG) bzw. die Qualifikationsrichtlinie (Art. 9 Abs. 2 lit b, c und d QRL) die Diskriminierung im Zusammenhang mit der Verfolgungshandlung thematisiert (vgl. Rn 45).

102   Während Verfolgung nach strafrechtlichen Bestimmungen, die dem **Schutz privater Rechtsgüter** dienen, immer dann, wenn kein Polit-Malus festgestellt werden kann, keine Verfolgung im Sinne des Flüchtlingsrechts darstellt, weil es an einem entsprechenden Verfolgungsgrund fehlt, wird man bei strafrechtlicher Verfolgung wegen Verstößen gegen Strafvorschriften zum **Schutz des Staates** oder der staatlichen Einheit (Hochverrat, Geheimnisverrat, Separatismus etc.) grundsätzlich von Verfolgung wegen eines flüchtlingsrechtlichen Verfolgungsgrundes ausgehen müssen, so dass in solchen Fällen Verfolgung im Sinne des Flüchtlingsrechts vorliegt. Das gilt nur dann nicht, wenn die Strafverfolgung nicht der in der Tat zum Ausdruck kommenden politischen Überzeugung gilt, sondern einer zusätzlichen krimi-

nellen Komponente, deren Strafwürdigkeit der Staatenpraxis geläufig ist (BVerfG 10.07.1989 [338]). Das BVerfG hat dies in dem Fall angenommen, in dem in einer durch terroristische Aktivitäten tiefgreifend verunsicherten und aufgeheizten Situation eine politische Überzeugung, für die auch die Terroristen eintreten, demonstrativ und ohne Abgrenzung gegen den Terrorismus geäußert wird. Man wird diesen Grundsatz aber auch auf den Fall anwenden können, dass jemandem Strafverfolgung droht, weil er illegale oder moralisch verwerfliche staatliche Aktivitäten, die der Geheimhaltung unterliegen, hauptsächlich nicht deshalb verraten oder öffentlich gemacht hat, um damit eine politische Überzeugung zu realisieren, sondern deshalb, weil er damit private Vorteile erlangen wollte wie etwa eine Belohnung. Nur wer nicht aus politischen Gründen, sondern um solcher privater Ziele wegen Staatsschutzvorschriften verletzt und deshalb strafrechtlich verfolgt wird, kann deshalb keinen Flüchtlingsschutz in Anspruch nehmen. Droht die Strafverfolgung dagegen, obwohl der Täter eindeutig politische Ziele verfolgt hat (vgl. der Fall Snowden), dann ist von Verfolgung im Sinne des Flüchtlingsrechts auszugehen.

3.2.1.7 Schutzlosigkeit

Flüchtlingsschutz kann nur in Anspruch nehmen, wer den Schutz des Staates nicht **103** in Anspruch nehmen kann, dessen Staatsangehörigkeit er besitzt oder in dem er sich als Staatenloser bisher aufgehalten hatte, oder wer den Schutz dieses Staates zwar theoretisch in Anspruch nehmen könnte, z. B. weil es ihm möglich ist, zu den Behörden seines Landes in Kontakt zu treten, aber gerade wegen seiner Furcht vor Verfolgung nicht in Anspruch nehmen will (§ 3 AsylVfG = Art. 2 lit. d) QRL = Art. 1 A 2 GFK). Es kann folgende Fälle geben:

- Der Ausländer wird durch den Herkunftsstaat selbst verfolgt und kann daher des- **104** sen Schutz nicht in Anspruch nehmen.
- Der Ausländer wird durch Dritte auf dem Gebiet des Herkunftsstaates verfolgt und der Staat ist nicht willig oder nicht fähig, Schutz zu gewähren. Nach § 3d Abs. 2 AsylVfG ist der Schutz gewährleistet, wenn der Herkunftsstaat geeignete Schritte einleitet, um die Verfolgung zu verhindern, z. B. **wirksame** Rechtsvorschriften zur Ermittlung, Strafverfolgung und Ahndung von Verfolgungshandlungen, sofern der Betroffene Zugang zu diesem Schutz hat.
- Der Ausländer wird in einem Drittstaat verfolgt und kann den Schutz seines Herkunftsstaates nicht in Anspruch nehmen, z. B. weil dort weder eine Staatsgewalt existiert, noch andere quasistaatliche Herrschaftsstrukturen.
- Der fragliche Schutz ist aber auch dann gewährt, wenn er nicht vom Herkunftsstaat ausgeht, sondern von einer Partei oder Organisation, die den Staat oder einen wesentlichen Teil des Staatsgebietes beherrschen (§ 3d Abs. 1 Nr. 2 AsylVfG).
- Der fragliche Schutz kann auch von einer internationalen Organisation ausgehen, die den Staat oder wesentliche Teile des Staatsgebietes beherrscht. (§ 3d Abs. 1 Nr. 2 AsylVfG).

3.2.1.8   Interner Schutz

105   Nach der GFK ist Flüchtling nur, wer sich wegen der Furcht vor Verfolgung außerhalb des Staates befindet, dessen Staatsangehörigkeit er hat oder in dem er sich als
Staatenloser vorher aufgehalten hat. Erstreckt sich die begründete Furcht nicht auf
das gesamte Territorium des Herkunftsstaates, so befindet er sich nicht *wegen* der
Furcht vor Verfolgung im Ausland. Die Verfolgungsfurcht zwingt ihn nämlich nicht
zum Verlassen des Herkunftsstaates, wenn sie nur in bestimmten Regionen des Herkunftsstaates begründet ist und nicht auf seinem gesamten Territorium. In diesem
Fall besteht für den Verfolgten eine **inländische Fluchtalternative** (UNHCR 1979,
Rn 91; BVerfG 10.07.1989 [342]).

106   Dem entspricht die Regelung des § 3e AsylVfG. Danach benötigt ein Ausländer
keinen internationalen Schutz, wenn er in einem Teil seines Herkunftslandes keine
begründete Furcht vor Verfolgung haben muss und von ihm **vernünftigerweise** erwartet werden kann, dass er sich dort aufhält. Vernünftigerweise kann dies z. B.
nicht erwartet werden, wenn es in der Region der möglichen Fluchtalternative am
wirtschaftlichen Existenzminimum mangelt.

107   Internen Schutz kann es nicht nur dann geben, wenn die Verfolgung von nicht-
staatlichen Akteuren ausgeht, die nur in bestimmten Regionen des Staates aktiv
sind. Er ist auch in Ländern denkbar, in denen die Verfolgung vom Staat ausgeht
und der Staat die effektive Gebietsgewalt über sein gesamtes Territorium hat. Das
BVerfG hat dafür den Begriff des **mehrgesichtigen** Staates geprägt. Das ist ein
Staat, der für verschiedene Regionen unterschiedliche Ziele verfolgt. So kann es
möglich sein, dass der Staat in bestimmten Gegenden, in denen eine separatistische
Bevölkerungsgruppe massiv vertreten ist, nur mit den Mitteln politischer Verfolgung diesen Separatismus bekämpfen kann, während er Mitglieder dieser Bevölkerungsgruppe, die sich außerhalb dieser Region aufhalten, nicht mehr für gefährlich
hält und deshalb nicht verfolgt. In solchen Fällen kann es den Betroffenen zugemutet werden, nicht ins Ausland, sondern in jene Regionen des eigenen Landes zu
fliehen, in denen sie unverfolgt sind. Das gilt weiterhin auch dann, wenn der Staat
über bestimmte Regionen seines Territoriums absehbar keine Herrschaft ausübt,
weil diese z. B. von Aufständischen beherrscht werden, so dass in diesen Gebieten
auch keine staatliche Verfolgung drohen kann.

108   Auf eine inländische Fluchtalternative können Flüchtlinge aber nur dann verwiesen werden, wenn sie dort nicht nur vor politischer Verfolgung hinreichend sicher sind, sondern ihnen auch keine anderen Nachteile und Gefahren drohen, die
nach ihrer Intensität und Schwere einer asylerheblichen Rechtsgutbeeinträchtigung
gleichkommen, sofern diese Gefahren nicht landesweit bestehen. Beispiel: In der
Region einer möglichen inländischen Sicherheit herrscht eine Hungersnot, so dass
der Flüchtling dort nicht existieren könnte. Trotz Hungersnot muss er sich aber auf
diese Region verweisen lassen, wenn die Hungersnot landesweit besteht, insoweit
also keine Verschlechterung gegenüber der Situation in der Heimatregion eintritt.
(Merke: Die Hungersnot an sich ist keine Verfolgung!).

109   Der Flüchtlingsschutz kann nicht versagt werden, weil der Flüchtling zum Zeitpunkt der Flucht das Gebiet der inländischen Fluchtalternative hätte aufsuchen können statt ins Ausland zu fliehen. Es kommt vielmehr darauf an, ob er auch jetzt
noch, also zum Zeitpunkt der Entscheidung über seinen Asylantrag dorthin zurück-

kehren könnte. Wenn das nicht möglich ist, weil vom Ausland aus die Region nicht sicher und legal erreicht werden kann, dann kann er darauf auch nicht verwiesen werden (§ 3e Abs. 1 Nr. 2 AsylVfG).

3.2.1.9 Anderweitige Verfolgungssicherheit

Der Flüchtlingsstatus setzt nur voraus, dass sich der Betroffene außerhalb des Herkunftstaates befindet. Nicht erforderlich ist, dass er sich aus Furcht vor Verfolgung gerade in dem jeweiligen Aufenthaltsland befindet. Es ist deshalb unerheblich, ob er vor der Einreise in den Aufenthaltsstaat bereits anderweitig Schutz hätte erlangen können oder erlangt hat. Aber: Art. 31 Abs. 2 GFK zeigt, dass ein Flüchtling, der unerlaubt eingereist ist, in ein anderes Land verwiesen werden kann, wenn er dort Aufnahme gefunden hat. Aufnahme gefunden hat der Flüchtling in einem anderen Land jedenfalls dann, wenn ihm dort bereits ein Flüchtlingsausweis nach Art. 28 GFK ausgestellt worden ist. Art. 32 Abs. 1 GFK zeigt, dass ein Flüchtling, der sich nicht rechtmäßig aufhält, weil ihm noch kein Aufenthaltsrecht erteilt worden ist, jederzeit abgeschoben werden kann, und zwar in jedes beliebige Land, das ihn aufzunehmen bereit ist, es sei denn, er ist dort einer Verfolgung ausgesetzt (Art. 33 Abs. 1 GFK). Dies erlaubt die Verweisung auf ein Land, in dem er bereits anderweitige Verfolgungssicherheit gefunden hat. Allerdings betrifft dies nicht die Flüchtlingseigenschaft, sondern nur die Frage, ob einem Flüchtling der weitere Aufenthalt verwehrt werden kann.

110

3.2.2 Exklusionsklauseln der Flüchtlingseigenschaft

§ 3 Abs. 2 und Abs. 3 AsylVfG enthält einen Katalog von Gründen, bei deren Vorliegen der Ausländer nicht als Flüchtling gilt. Diese Ausschlusstatbestände entsprechen dem Katalog in Art. 12 QRL und Art. 1 D, E und F GFK. Danach ist **kein** Flüchtling, wer

111

- den **Schutz und Beistand einer Organisation oder Institution der Vereinten Nationen** genießt (§ 3 Abs. 3 AsylVfG);
- **Völkerrechtsverbrechen** begangen hat (§ 3 Abs. 2 S. 1 Nr. 1 AsylVfG);
- **schwere nichtpolitische Verbrechen** außerhalb des Aufnahmelandes begangen hat (§ 3 Abs. 2 S. 1 Nr. 2 AsylVfG);
- Handlungen vorgenommen hat, die **den Zielen und Grundsätzen der UN zuwiderlaufen** (§ 3 Abs. 2 S. 1 Nr. 3 AsylVfG).

3.2.2.1 Schutz und Beistand einer UN-Organisation

Heute gibt es insoweit nur die UNRWA (United Nations Relief and Works Agency). Dabei handelt es sich um das Flüchtlingshilfswerk für Palästina-Flüchtlinge. Ein staatenloser Palästinenser, der berechtigt wäre, den Schutz der UNRWA in Anspruch zu nehmen, ihn aber faktisch nicht in Anspruch genommen hat, weil er sich bei der UNRWA nicht hat registrieren lassen, fällt nicht unter die Ausschlussklausel (EuGH 17.06.2010). Ein staatenloser Palästinenser, der in einem Flüchtlingslager unter der Aufsicht der UNRWA lebte, dieses Lager aber verlassen musste, weil er

112

dort durch Dritte verfolgt wurde und die UNRWA ihn davor nichts effektiv schützen konnte, kann als Flüchtling anerkannt werden (EuGH 19.12.2012).

3.2.2.2 Völkerrechtsverbrechen

113   Eine Person erfüllt die Flüchtlingseigenschaft nicht, wenn aus schwerwiegenden Gründen die Annahme gerechtfertigt ist, dass sie ein **Verbrechen gegen den Frieden**, ein **Kriegsverbrechen** oder ein **Verbrechen gegen die Menschlichkeit** „im Sinne der internationalen Vertragswerke begangen haben, die ausgearbeitet worden sind, um Bestimmungen bezüglich dieser Verbrechen zu treffen". Diese Ausschlussklausel der GFK (Art. 1 F a), die von Art. 12 Abs. 2 lit. A) QRL übernommen und durch § 3 Abs. 2 lit a) AsylVfG in nationales Recht umgesetzt worden ist, enthält für die Definition der einzelnen Verbrechen eine **dynamische Verweisung** auf „die Vertragswerke" die entsprechende Bestimmungen treffen, so dass jeweils die aktuellste internationale Legaldefinition maßgeblich ist (BVerwG 24.11.2009). Die ursprüngliche Definition dieser Verbrechen findet sich in Art. 6 der Charta des Internationalen Nürnberger Militärtribunals von 1945. Aktuell maßgeblich ist das **Römische Statut** des Internationalen Strafgerichtshofs v. 17.07.1998 (BGBl 2000 Abs. 2 1393). Es genügt, wenn schwerwiegende Gründe die **Annahme** rechtfertigen, dass diese Taten begangen worden sind. Es bedarf also keines Beweises. Im Einzelnen handelt es sich um folgende Handlungen:

114   • **Verbrechen gegen den Frieden**
      Planung, Vorbereitung, Anstiften zu oder Führen eines Angriffskrieges und damit zusammenhängender Aktivitäten. Maßgebend ist insoweit Art. 8bis des Römischen Statuts des Internationalen Strafgerichtshofs, der von einer Überprüfungskonferenz des Statuts am 11.06.2010 angenommen worden ist (Resolution RC/Res. 6) und von Deutschland am 03.06.2013 ratifiziert worden ist.

115   • **Kriegsverbrechen**
      Verletzung von geschriebenem oder ungeschriebenem Kriegsrecht einschl. Mord, Misshandlung, Deportation der Zivilbevölkerung des besetzten Gebietes, Ermordung und Misshandlung von Kriegsgefangenen, Tötung von Geiseln, Plündern, mutwillige Verwüstungen ohne militärische Notwendigkeit. (Vgl. dazu BVerwG 16.02.2010).

116   • **Verbrechen gegen die Menschlichkeit**
      Literaturhinweis Kuschnik 2009
      Ein in einen enumerierten Straftatenkatalog (Strafgesetzbuch) fallendes mikrokriminelles Einzelverbrechen (Mord, Ausrottung, Versklavung, Deportation und andere Akte der Unmenschlichkeit), das in einem makrokriminellen Gesamtkontext steht (systematischer Angriff auf die Zivilbevölkerung), zu dem es eine spezifische Verbindung aufweist, indem es gegenüber der Zivilbevölkerung vor und während des Krieges begangen wird oder deren Verfolgung wegen Rasse, Religion oder aus politischen Gründen darstellt.

3.2.2.3 Schwere nichtpolitische Verbrechen außerhalb des Aufnahmelandes

Literaturhinweis Marx 2008

Exkludiert sind danach nur *unpolitische* Verbrecher, nicht, wer aus politischen **117**
Gründen ein schweres Verbrechen (= Kapitalverbrechen) begeht. Ein unpolitisches
Delikt liegt vor, wenn mit der Strafverfolgung private Rechtsgüter geschützt wer-
den und nicht die politische Grundordnung oder territoriale Integrität des Staates.
Politisch motivierte Verbrecher sind danach nicht von vorneherein exkludiert. Die
Motivationslage muss genau analysiert werden, um festzustellen, ob es sich um
ein politisches oder um ein unpolitisches Verbrechen handelt (UNHCR 1979, Rn
152). Der Ausschlussgrund des schweren nichtpolitischen Verbrechens ist in Rechtsprechung und Lehre noch kaum dogmatisch aufgearbeitet worden. Vor allem im
Zusammenhang mit Terrorismus fungiert dieser Ausschlusstatbestand heute als
Leerformel, aus der die Rechtsprechung beliebige Deutungen herausholt, ohne sich
verpflichtet zu sehen, eine angemessene Begründung liefern zu müssen. So kommt
es zu der kontraintuitiven These, dass es sich bei Terrorismus um nichtpolitische
Verbrechen handele.

§ 3 Abs. 2 S. 1 Nr. 2 AsylVfG (= Art. 12 Abs. 2 b QRL) bestimmt jedoch, dass **118**
nichtpolitische Straftaten auch solche sein können, mit denen „vorgeblich politische
Ziele verfolgt wurden", wenn die Handlung grausam war. Es wird diskutiert, ob
dies für **terroristische Straftaten** zutrifft.

Der EuGH 09.11.2010 hat dazu folgendes entschieden: **119**

- Terroristische Handlungen, die durch ihre Gewalt gegenüber Zivilbevölkerungen
  gekennzeichnet sind, sind auch dann schwere nichtpolitische Straftaten, wenn
  mit ihnen vorgeblich politische Ziele verfolgt werden (a.a.O, Rn 81)
- Allein der Umstand, dass eine Person vor ihrer Flucht Mitglied in einer Vereinigung war, die Terrorhandlungen verübt, schließt die Flüchtlingseigenschaft noch
  nicht aus. Hinzukommen muss vielmehr eine eigene hinreichend schwerwiegende Handlung der betreffenden Person (a.a.O, Rn 94). Eine solche liegt i.d. R vor,
  wenn die Person innerhalb der Organisation eine leitende Position eingenommen
  hat (a.a.O, Rn 98).
- Es ist unerheblich, ob von der betreffenden Person nach ihrer Flucht noch eine
  Gefahr ausgeht. Der Ausschlussgrund des schweren nichtpolitischen Verbrechens
  verfolgt nämlich keine präventiven Ziele. Wer schwere nichtpolitische Straftaten
  verübt hat, wird vielmehr wegen dieser vergangenen Taten als des Flüchtlingsschutzes unwürdig erachtet (a.a.O, Rn 104). Er bleibt auf Dauer exkludiert.
- Wer vor seiner Flucht ein schweres nichtpolitisches Verbrechen begangen hat,
  ist von der Flüchtlingseigenschaft ausgeschlossen, ohne dass Erwägungen der
  Verhältnismäßigkeit noch eine Rolle spielen können (a.a.O, Rn 109).

Wer außerhalb des Aufnahmelandes, also vor seiner Flucht, ein unpolitisches Ver- **120**
brechen begangen hat, für das er bereits eine Strafe verbüßt hat, ist nicht exkludiert,
denn dann ist er nicht geflohen, um sich der nichtpolitischen Strafverfolgung zu

entziehen (Federal Court Canada „Chan./. Canada" [2000], 4 F.C. 390– http://reports.fja.gc.ca/eng/2000/2000fc27049.html/2000fc27049.html.html; OVG Münster 27.03.2007)

3.2.2.4   Handlungen, die den Zielen und Grundsätzen der UN zuwiderlaufen

Literaturhinweis Marx 2008; Marx 2012b

121   Nach UNHCR 1979, Rn 162 enthält diese Klausel nichts spezifisch Neues gegenüber den vorausgehenden Klauseln. Die Ziele und Grundsätze der UN sind der Präambel und den Art. 1 u. 2 UN-Charta zu entnehmen. Diese verpflichten nur die Mitgliedstaaten, so dass Handlungen, die den Zielen und Grundsätzen der UN zuwiderlaufen, nur von einer Person begangen werden kann, die in einem UN-Mitgliedstaat eine entsprechende Machtposition hat und für diesen Staat handeln kann.

122   Diese Auslegung hat jedoch nach den Ereignissen des 11. September 2001 einen Wandel erfahren. Nachdem der UN Sicherheitsrat in der Res 1377 (2001) v. 12.11.2001 (http://www.ag-friedensforschung.de/themen/Terrorismus/unres-1368-1373-1377.html) festgestellt hat, dass Akte des **internationalen Terrorismus** im Widerspruch zu den Zielen und Grundsätzen der UN Charta stehen und den Weltfrieden bedrohen, neigt UNHCR (Richtlinien zum internationalen Schutz: Anwendung der Ausschlussklauseln: Artikel 1 F des Abkommens von 1951 über die Rechtsstellung der Flüchtlinge v. 04.09.2003, § 17– http://www.unhcr.de/fileadmin/rechtsinfos/fluechtlingsrecht/1_international/1_1_voelkerrecht/1_1_3/FR_int_vr_rl-Richtlinie_Zsf.pdf) nunmehr dazu, Handlungen des internationalen Terrorismus unter diese Klausel zu subsumieren (a. A. Marx a.a.O).

123   Der EuGH 09.11.2010 hat entschieden, dass Akte des internationalen Terrorismus *auch* als Handlungen anzusehen sind, die den Zielen und Grundsätzen der UN zuwiderlaufen. Das ergebe sich aus den Resolutionen des UN-Sicherheitsrates 1373 (2001) und 1377 (2001) (a.a.O, Rn 83). Allerdings genügt die Zugehörigkeit zu einer Organisation, die in der Liste der VO (EG) Nr. 881/2002 des Rates *über die Anwendung bestimmter spezifischer restriktiver Maßnahmen gegen bestimmte Personen und Organisationen, die mit Osama Bin Laden, dem Al-Qaida-Netzwerk und den Taliban in Verbindung stehen* aufgeführt ist, allein noch nicht aus, um dem Flüchtling entgegenzuhalten, er habe sich Handlungen in diesem Sinne zuschulden kommen lassen. Vielmehr bedarf es auch insoweit einer Würdigung des Einzelfalls und der Feststellung eines eigenverantwortlichen, hinreichend schweren Tatbeitrages der betroffenen Person (a.a.O, Rn 88)

124   Als Handlungen gegen die Ziele und Grundsätze der UN kommen nur Handlungen des *internationalen* Terrorismus in Betracht, nicht also Terrorstrukturen, die auf einen Staat begrenzt sind.

125   Auf der Ebene der UN gibt es keine **Definition von Terrorismus** oder des **internationalen Terrorismus**. Auf europäischer Ebene kann insoweit jedoch Art. 1 Rahmenbeschluss des Rates 2002/475/JI v. 13.06.2002 zur Terrorismusbekämpfung (ABl EG Nr. L 164/3 v. 22.6.2002) herangezogen werden. Wichtige Elemente dieser Definition finden sich auch in § 129a Abs. 2 StGB. Danach muss es sich um

bestimmte kriminelle Handlungen handeln, die dadurch besonders qualifiziert sind, dass sie dazu bestimmt und geeignet sind, die Bevölkerung auf erhebliche Weise einzuschüchtern, eine Behörde rechtswidrig zu nötigen oder die politischen, verfassungsrechtlichen, wirtschaftlichen oder sozialen Grundstrukturen eines Staates oder einer internationalen Organisation zu beseitigen oder erheblich zu beeinträchtigen.

Nach § 3 Abs. 2 Satz 2 AsylVfG (= Art. 12 Abs. 3 QRL) sind nicht nur die Tä-   **126** ter der oben aufgeführten Handlungen exkludiert, sondern auch diejenigen, die zu solchen Handlungen angestiftet haben und auch diejenigen, die „sich in sonstiger Weise daran beteiligt haben". Das können auch einfache Soldaten in einem Angriffskrieg sein. Diese Regelung ist mit der GFK jedoch nicht vereinbar, deren Exklusionsklausel deutlich enger ist und nur Täter in Kommando- und Leitungsfunktionen erfasst (s. a. OVG Münster 27.03.2007). Die bloße Mitgliedschaft in einer Vereinigung, die Terrorakte durchführt, ohne dass das betreffende Mitglied diese Akte ausgeführt, dazu angestiftet oder sich daran beteiligt hat, exkludiert nicht (so schon: OVG Bautzen 20.05.2009; jetzt auch EuGH 09.11.2010, Rn 94 ff.). Gewichtige ideologische und propagandistische Aktivitäten zugunsten einer terroristischen Organisation können jedoch zum Ausschluss führen (BVerwG 19.11.2013)

3.2.2.5 Versagung der Zuerkennung der Flüchtlingseigenschaft

Man muss zwischen den Exklusionsklauseln einerseits unterscheiden, deren Erfül-   **127** lung schon dazu führt, dass jemand kein Flüchtling im Sinne der GFK, des Unionsrechts und des § 3 Abs. 1 AsylVfG ist, und der Versagung der Zuerkennung des Flüchtlingsstatus. Es kann also Personen geben, die die Flüchtlingseigenschaft erfüllen, aber trotzdem den Flüchtlingsstatus nicht zuerkannt bekommen.

Nach § 3 Abs. 4 AsylVfG wird einem Ausländer die Zuerkennung der Flücht-   **128** lingseigenschaft versagt, wenn die Voraussetzungen des § 60 Abs. 8 S. 1 AufenthG vorliegen. Nach § 60 Abs. 8 S. 1 AufenthG gilt das Abschiebungsverbot des § 60 Abs. 1 AufenthG nicht, wenn der Ausländer aus schwerwiegenden Gründen als eine **Gefahr für die Sicherheit der BRD** oder eine **Gefahr für die Allgemeinheit** anzusehen ist, weil er wegen eines Verbrechens oder besonders schweren Vergehens rechtskräftig zu einer Freiheitsstrafe von mindestens drei Jahren verurteilt worden ist. Die Regelung bewegt sich in dem Gestaltungsspielraum, den Art. 14 Abs. 4 und Abs. 5 QRL den Mitgliedstaaten zuerkennt. Der Ausschlussgrund setzt eine Prognose der künftigen Gefährlichkeit voraus. Dafür haben vergangene Straftaten zwar eine Indizwirkung, jedoch ersetzen sie nicht die Prognose.

Die Regelung besagt nicht, dass der Betroffene kein Flüchtling sei, sondern nur,   **129** dass ihm der Flüchtlingsstatus nicht zuerkannt wird. Kann der Flüchtling nicht in ein anderes Land abgeschoben werden, so verbleibt er illegal im Inland und hat keinen Zugang zu den Vergünstigungen, die Flüchtlingen, die sich rechtmäßig im Bundesgebiet aufhalten, offen stehen. Es ist fraglich, ob dies mit Art. 31 Abs. 2 GFK vereinbar ist, wonach der Flüchtling, sofern er keine Aufnahme in einem anderen Land findet, eine Rechtsstellung erhalten muss.

3.3   Asylberechtigung

130   Nach dem Wortlaut des AsylVfG, insbesondere den §§ 2, 3 und 31 Abs. 2, ist die
Asylberechtigung so ausgestaltet, als ob es sich dabei um einen Status handelt, der
selbständig und unabhängig neben dem Status des Flüchtlings im Sinne der GFK
besteht. Das deutsche Flüchtlingsrecht scheint also über die völkerrechtliche Verpflichtung hinaus Ausländern, die Zuflucht vor Verfolgung im Bundesgebiet suchen, einen weiteren Schutzstatus anzubieten. Es ist bereits weiter oben (Rn 5 ff.)
dargelegt worden, dass dieser Eindruck täuscht und die Asylberechtigung tatsächlich keinen eigenständigen Status bezeichnet. Wer als Asylberechtigter anerkannt
wird, genießt vielmehr dieselben Rechte wie derjenige, dem die Flüchtlingseigenschaft zuerkannt worden ist. Allerdings unterscheiden sich die tatbestandlichen Voraussetzungen, die im einen und im anderen Fall erfüllt werden müssen, um den
Status zu erlangen. Die tatbestandlichen Voraussetzungen für die Asylberechtigung
sind durchgehend wesentlich enger als die, die für die Zuerkennung der Flüchtlingseigenschaft erfüllt sein müssen. Daher ist die Asylberechtigung eigentlich obsolet.
In diesem Abschnitt geht es im Wesentlichen darum, dies aufzuzeigen und zu begründen.

131   Die Asylberechtigung erhält (§ 31 Abs. 2 AsylVfG), wer als Asylberechtigter im
Sinne des Art. 16a GG anerkannt wird (vgl. § 2 Abs. 1 AsylVfG).

132   Die Anspruchsgrundlage für die Asylanerkennung ergibt sich unmittelbar aus
Art. 16a Abs. 1 GG („Politisch Verfolgte genießen Asylrecht."). Da diese Norm
aber nichts dazu aussagt, ob ein Anspruch auf Erteilung eines Status-Verwaltungs-
aktes besteht, muss man noch § 31 Abs. 2 AsylVfG hinzulesen (also: „§ 31 Abs. 2
AsylVfG i.V.m Art. 16a Abs. 1 GG"), wonach das BAMF verpflichtet ist, festzustellen, ob der Ausländer als Asylberechtigter anerkannt wird. Er ist als Asylberechtigter anzuerkennen, wenn er politisch verfolgt ist und die Ausschlusstatbestände
des Art. 16a Abs. 2 ff. GG nicht erfüllt sind.

133   Die Erfüllung des Begriffs des Asylberechtigten hängt ebenso wie die Erfüllung
des Flüchtlingsbegriffs davon ab, dass bestimmte Bedingungen erfüllt sind, die in
den einschlägigen Normen bestimmt sind. Die Regelungen über diese positiven
Bedingungen nennt man **Inklusionsklauseln**. Ebenso wie bei der Flüchtlingseigenschaft hängt die Erfüllung des Begriffs des Asylberechtigten ferner davon ab, dass
bestimmte Bedingungen *nicht* erfüllt sind. Die Regelungen über diese negativen
Bedingungen nennt man **Exklusionsklauseln**. Im Abschn. 3.3.1 werden die Inklusionsklauseln, im Abschn. 3.3.2 werden die Exklusionsklauseln der Asylberechtigung behandelt.

3.3.1   Inklusionsklauseln der Asylberechtigung

134   Nach Art. 16a GG genießen „politisch Verfolgte" Asylrecht. Weitere Regelungen zu
den positiven Voraussetzungen der Asylanerkennung gibt es nicht. Die Definition
des „politisch Verfolgten" beruht daher auf reinem Richterrecht, nämlich auf der
Rechtsprechung des BVerfG. Das BVerfG hat sich allerdings stark an dem Flüchtlingsbegriff der GFK orientiert, ist davon aber auch in wesentlichen Punkten abge-

wichen. Schon diese Abweichungen führen dazu, dass der Begriff des politisch Verfolgten i.S.d. Art. 16a GG wesentlich enger ist als der des Flüchtlings i.S.d. GFK.

Der Wortlaut des Art. 16a Abs. 1 GG schließt im Unterschied zur GFK („sich **135** außerhalb des Landes befindet …“) nicht aus, dass der Asylsuchende schon im Herkunftsland oder in einem Drittstaat bei der deutschen Auslandsvertretung um Asyl nachsucht (**diplomatisches Asyl**). Indessen wird, wie bereits dargelegt wurde (Rn 28), die Gewährung von diplomatischem Asyl von den meisten Staaten als völkerrechtswidrig betrachtet, weil es sich um einen Eingriff in die Souveränität eines fremden Staates handelt. Aus einer völkerrechtsfreundlichen Interpretation des Art. 16a Abs. 1 GG folgt deshalb, dass Asyl nur vor deutschen Inlandsbehörden beansprucht werden kann und voraussetzt, dass der Flüchtling deutschen Boden erreicht hat.

Politisch Verfolgter i.S.d. Art. 16a GG ist, wer im Falle der Rückkehr   **136**

(1.) in das Land seiner Staatsangehörigkeit oder als Staatenloser in das Land seines gewöhnlichen Aufenthalts
(2.) einem Verfolgungseingriff ausgesetzt sein wird, der
(3.) „wegen"
(4.) eines Asylmerkmals erfolgt,
(5.) und der dem Staat zugerechnet werden kann,
(6.) ohne eine inländische Fluchtalternative oder anderweitigen Schutz vor Verfolgung zu haben
(7.) wenn kein Ausschlusstatbestand erfüllt ist (dazu siehe 3.3.2).

Nachstehend werden nur jene Tatbestandsmerkmale näher erläutert, bei denen Ab- **137** weichungen zu den Voraussetzungen der Flüchtlingseigenschaft bestehen.

3.3.1.1 Verfolgung

Das BVerfG hat den **Verfolgungsbegriff rein objektiv** ausgelegt. Es kommt also **138** nicht auf die subjektive Furcht an, sondern nur auf die objektive Wahrscheinlichkeit der Verfolgung, d. h. allein darauf, ob objektiv, d. h. aus der Sicht eines verständigen Dritten, davon auszugehen ist, dass der Betroffene verfolgt wird.

Ein Akt der Verfolgung liegt vor   **139**

- bei einem Eingriff in Leib, Leben oder Freiheit (BVerfG 04.02.1959 [180f.]
- oder auch bei einer Beeinträchtigung von Rechtsgütern minderen Ranges, wenn dadurch politische Repressalien ausgeübt werden (BVerfG 14.11.1979 [398]; 02.07.1980 [356]).
- Die Rechtsverletzung muss so intensiv sein, dass der Betroffene dadurch „aus der übergreifenden staatlichen Friedensordnung" ausgeschlossen wird (BVerfG 10.07.1989 [335]).

Grundsätzlich kann nur als Asylberechtigter anerkannt werden, wer bereits vor **140** seiner Einreise nach Deutschland Verfolgung erlitten hat. Dies leitet das BVerfG aus dem Wortlaut des Art. 16a Abs. 1 GG ab. Nach Art. 16a Abs. 1 GG ist nur asylberechtigt, wer *Verfolgter* ist. „Verfolgter" kann also nur jemand sein, der bereits verfolgt worden ist, d. h. **vor der Flucht** ins Fadenkreuz der Verfolger geriet. Grundsätzlich muss also ein Kausalzusammenhang zwischen Verfolgung und Flucht bestehen (BVerfG 26.11.1986 [64]). Außerdem muss der Fluchtgrund gegenwärtig noch fortbestehen, d. h. es muss im Falle der Rückkehr weiterhin Verfolgung drohen.

141   Da Verfolgter nur jemand sein kann, der bereits verfolgt worden ist (und deshalb geflohen ist), erscheint die Anerkennung von Nachfluchtgründen dem deutschen Asylrecht als systemfremd. Gleichwohl hat das BVerfG **objektive Nachfluchtgründe** anerkannt, denn in diesem Fall sei die Verfolgungssituation wie im Falle der Vorverfolgung ohne Zutun des Betroffenen entstanden und es sei den Betroffenen nicht zumutbar, sich erst der Verfolgung auszusetzen, um die Flucht gleichsam nachholen zu können (BVerfG 26.11.1986–1 BvR 1058/85 –, BVerfGE 74, 51 [65]). Deshalb wird Asyl auch demjenigen gewährt, der wegen eines objektiven Nachfluchtgrundes im Falle der Rückkehr mit Verfolgung rechnen muss.

142   **Subjektive Nachfluchtgründe** werden dagegen grundsätzlich nicht anerkannt, weil anders der Ausländer „sich durch eine risikolose Verfolgungsprovokation" ein Aufenthaltsrecht erzwingen könne (BVerfG 26.11.1986 [64]). Allerdings akzeptiert das BVerfG auch dazu eine Ausnahme, nämlich dann, wenn der „selbstgeschaffene Nachfluchtgrund [...] Ausdruck und Fortführung einer schon während des Aufenthalts im Heimatland vorhandenen und erkennbar betätigten festen Überzeugung [ist], also notwendige Konsequenz einer dauernden, die eigene Identität prägenden und nach außen kundgegebenen Lebenshaltung." Diese Rechtsprechung ist in § 28 Abs. 1 AsylVfG kodifiziert worden (Dazu: BVerwG 18.12.2008).

143   **Gruppenverfolgung** setzt, wenn kein Verfolgungsplan erkennbar ist, eine gewisse Verfolgungsdichte voraus. Die Verfolgung muss „überwiegend wahrscheinlich" sein (BVerfG 01.07.1987 [167]). Auf die subjektive Furcht kommt es dabei nicht an (siehe 3.8.2).

3.3.1.2 „wegen"
144   Dazu siehe die Ausführungen in Abschn. 3.2.1.5. Im Rahmen des Art. 16a GG ist die Rechtsprechung des BVerfG maßgeblich, so dass auf jeden Fall der **finalen Theorie** zu folgen ist.

3.3.1.3 Asylmerkmale (Verfolgungsgründe)
145   Der Leitgedanke des Asylrechts ist, dass kein Staat „das Recht hat, Leib, Leben oder die persönliche Freiheit des einzelnen aus Gründen zu gefährden oder zu verletzen, die allein in seiner politischen Überzeugung, seiner religiösen Grundeinstellung oder in den für ihn unverfügbaren Merkmalen liegen, die sein Anderssein prägen" (BVerfG 01.07.1987 [157]; 10.07.1989 [333]).

146   **Unverfügbare Merkmale** sind etwa die ethnische Zugehörigkeit („Rasse"), die Nationalität (Volkszugehörigkeit: z. B.: Kurden, Roma, Bayern), das Geschlecht, körperliche oder geistige Behinderung, sexuelle Orientierung.

147   Das BVerfG fasst die **religiöse Überzeugung** ebenso wie die **politische Überzeugung** nicht als ein unverfügbares Merkmal auf. Im Überschied zur politischen Überzeugung erkennt das BVerfG jedoch denjenigen nicht als politisch Verfolgten

an, der nur deshalb verfolgt wird, weil er seine Religion öffentlich bekennt und demonstriert. Während das Verschweigen der politischen Meinung für das BVerfG nicht zumutbar ist, ist das Verschweigen der religiösen Überzeugung zumutbar, obwohl auch religiöse Aktivisten zu den Gruppen derer gehören, denen traditionell Asyl gewährt worden ist. Das BVerfG sieht den Tatbestand der politischen Verfolgung wegen der Religion vielmehr nur dann als erfüllt an, wenn der Verfolger das **religiöse Existenzminimum** bedroht (BVerfG 01.07.1987 [158f.]). Dieses ist erst dann verletzt, wenn eine religiöse Gruppe als solche physisch vernichtet oder vertrieben werden soll oder wenn ihre Angehörigen genötigt werden, ihre Glaubensüberzeugungen zu verleugnen oder wenn sie gehindert werden, ihren Glauben „im privaten Bereich und unter sich zu bekennen". Das religiöse Existenzminimum umfasst aber nicht das Bekenntnis oder das Praktizieren religiöser Rituale in der Öffentlichkeit. Wenn solche öffentlichen religiösen Aktivitäten verfolgt werden, um den öffentlichen Frieden unter verschiedenen, in ihrem Verhältnis zueinander aggressiv-intoleranten Glaubensrichtungen durchzusetzen, ist dies noch keine politische Verfolgung, und zwar auch dann nicht, wenn sich die Mehrheitsreligion öffentlich darstellen darf, die Minderheitsreligion aber nicht. Der religiösen Minderheit darf vielmehr mit Rücksicht auf die Mehrheit zugemutet werden, gewisse Bezeichnungen, Merkmale, Symbole oder Bekenntnisformen in der Öffentlichkeit zu unterlassen.

3.3.1.4 Staatlichkeit der Verfolgung

Wie der Ausdruck „Politisch Verfolgte" zeigt, muss die Verfolgung „politisch" sein. **148** Die Verfolgung ist politisch, wenn „sie in Zusammenhang mit Auseinandersetzungen um die Gestaltung und Eigenart der allgemeinen Ordnung des Zusammenlebens von Menschen und Menschengruppen steht" und damit einen öffentlichen Bezug hat (BVerfG 10.07.1989 [333]) und von einem Träger idR hoheitlicher Macht ausgeht, dem der Flüchtling unterworfen ist (BVerfG a.a.O [334]).

Als Verfolgungsakteure kommen also in Betracht: **149**

- der Staat und seine Organe und Amtswalter;
- quasistaatliche Organisationen, die den Staat verdrängt haben und die diesen auf einem bestimmten Territorium deshalb ersetzen;
- Dritte, sofern deren Handeln dem Staat zugerechnet werden kann, weil er es duldet und zur Schutzgewähr nicht bereit oder wegen des staatstragenden Einflusses der Dritten nicht in der Lage ist.

Verfolgung durch nichtstaatliche Akteure, die dem Staat nicht zuzurechnen ist, ist **150** keine politische Verfolgung.

3.3.1.5 Anderweitige Verfolgungssicherheit

Nicht asylberechtigt ist nicht nur derjenige, dem eine interne Fluchtalternative zur **151** Verfügung steht, sondern auch derjenige, der anderweitig Verfolgungssicherheit erlangt hat, weil es sich dann zum Zeitpunkt der Einreise in die BRD nicht mehr um

einen Verfolgten handelt (BVerfG 23.02.1983 [229]). Anderweitige Verfolgungssicherheit setzt voraus, dass

- ein Drittstaat nicht nur als Fluchtweg benutzt worden ist, sondern der Betroffene
  sich dort eine gewisse Zeit lang aufgehalten hat, so dass aus der Dauer des Aufenthalts zu schließen ist, dass für ihn die Flucht beendet war;
- dort keine Gefahr der Abschiebung in das Herkunftsland besteht
- und keine Gefahr der Abschiebung in einen unsicheren Drittstaat,
- dort die Sicherung des Existenzminimums gewährleistet ist.

152   Nach § 27 Abs. 3 AsylVfG besteht die gesetzliche Vermutung, dass ein Ausländer,
       der sich in einem Drittstaat, in dem ihm keine politische Verfolgung droht, vor der
       Einreise in das Bundesgebiet länger als drei Monate aufgehalten hat, dort vor poli-
       tischer Verfolgung sicher war. Das gilt nicht, wenn der Ausländer glaubhaft macht,
       dass eine Abschiebung in einen anderen Staat, in dem ihm politische Verfolgung
       droht, nicht mit hinreichender Sicherheit auszuschließen war. Unerheblich ist, ob
       der Drittstaat jetzt noch bereit ist, den Ausländer wieder aufzunehmen. Ist das nicht
       der Fall, wird gleichwohl die Asylberechtigung verweigert.

3.3.2   Exklusionsklauseln der Asylberechtigung

3.3.2.1   Sicherer Drittstaat

153   Auf das Asylrecht nach Art. 16a Abs. 1 GG kann sich nach der Regelung des
       Art. 16a Abs. 2 GG nicht berufen, wer aus einem Mitgliedstaat der Europäischen
       Gemeinschaften (=Europäische Union) oder aus einem anderen Drittstaat einreist,
       in dem die Anwendung der GFK und der EMRK sichergestellt ist („Sichere Dritt-
       staaten"). Die Staaten außerhalb der EU, auf die diese Voraussetzungen zutreffen,
       müssen durch Gesetz bestimmt sein.

154   In der Anlage I zu § 26a Abs. 2 AsylVfG sind diese Staaten bestimmt. Die Liste
       enthält zahlreiche Staaten, die zum Zeitpunkt des Inkrafttretens dieser Regelung
       (1.7.1993) noch keine Mitgliedstaaten der EU waren, es aber heute sind. (Finnland,
       Norwegen, Österreich, Polen, Schweden, Schweiz, Tschechien) Norwegen und die
       Schweiz sind gesetzlich als sichere Drittstaaten bestimmt, ohne zugleich Mitglied-
       staaten der EU zu sein.

155   Mit dem Protokoll Nr. 24 zum AEUV (ABl EU C 83 v. 30.03.2010, S. 306)
       haben sich alle EG Mitgliedstaaten gegenseitig als Sichere Drittstaaten anerkannt.
       Dieser Status kann jedoch nach Art. 7 EUV suspendiert werden. Welche Folge die
       Suspendierung für die Exklusionsklausel des Art. 16a GG hätte, ist bisher nicht ge-
       klärt worden.

156   Bei der Einreise über einen Sicheren Drittstaat wird das Asylbegehren nicht
       mehr geprüft. Der Ausländer kann an der Grenze ohne Durchführung eines Ver-
       waltungsverfahrens über einen Asylantrag zurückgewiesen oder zurückgeschoben
       werden (vgl. Art. 16a Abs. 2 Satz 3 GG; § 18 Abs. 2 Nr. 1, Abs. 3 AsylVfG). Sofern
       die Einreiseverweigerung oder Zurückschiebung nicht möglich ist, weil der Aus-

länder erst im Inland von den Behörden aufgegriffen wird, wird der Antrag auf Anerkennung als Asylberechtigter, sofern er zwischenzeitlich gestellt worden ist, abgelehnt (§ 26a Abs. 1 AsylVfG).

Die Sichere-Drittstaaten-Regelung greift ein, wenn feststeht, dass der Ausländer bei seiner Reise vom Herkunftsstaat in die Bundesrepublik das Territorium eines Sicheren Drittstaats berührt hat und damit Gelegenheit hatte, dort um Schutz nachzusuchen. Es muss nicht feststehen, aus welchem Sicheren Drittstaat die Einreise erfolgte. Für alle Ausländer, die über den Landweg eingereist sind, bzw. nicht nachweisen können, dass sie nicht über den Landweg eingereist sind, ist die Regelung anwendbar und der Asylanspruch damit ausgeschlossen (vgl. BVerfG 14.05.1996). Da in diesen Fällen eine Abschiebung in den Sicheren Drittstaat, über den der Ausländer tatsächlich eingereist ist oder sein soll, nicht feststeht, ist es faktisch ausgeschlossen, ihn nach dort abzuschieben. Ins Herkunftsland kann er auch nicht abgeschoben werden, weil er dort politisch verfolgt wird. Er bleibt also im Bundesgebiet, ohne als Asylberechtigter anerkannt zu werden. Er würde völlig ohne Status bleiben, wenn es nicht erforderlich wäre, ihm die Flüchtlingseigenschaft zuzuerkennen. Sofern dies erfolgt, zeigt sich allerdings deutlich, dass die Ausschlussklausel der Sicheren Drittstaaten im Ergebnis völlig leerläuft.

Das BVerfG interpretiert die Sichere-Drittstaaten-Klausel im Sinne eines „**Konzepts der normativen Vergewisserung**" über die Sicherheit im Drittstaat (BVerfG 14.05.1996 [95f.]). Als Sichere Drittstaaten hat der Gesetzgeber Staaten definiert, hinsichtlich derer er sich vergewissert hat, dass Flüchtlinge in diesen Staaten sicher sind und Schutz erhalten können. Ändert sich die Situation in einem solchen Staat derart, dass er tatsächlich nicht mehr als sicher gelten kann, dann verliert die normative Vergewisserung ihre Berechtigung und wird zu einer falschen Tatsachenfeststellung. Was daraus allerdings rechtlich folgt, ist bisher völlig ungeklärt geblieben. **157**

Das BVerfG hat sich in seinem Urteil zu der Sichere-Drittstaaten-Klausel nur mit der Frage befasst, wie mit der Klausel umzugehen sei, wenn sich die Verhältnisse in dem betreffenden Drittstaat so „schlagartig" ändern, dass dies vom Gesetz- und Verfassungsgeber nicht oder noch nicht rechtzeitig nachvollzogen werden kann (BVerfGE 14.05.1996 [99]). In einem solchen Fall darf es nach Auffassung des BVerfG nicht zu einem Ausschluss des Asylrechts kommen. Dem trägt das AsylVfG durch die Regelung Rechnung, dass die Berufung auf Art. 16a Abs. 1 GG nicht ausgeschlossen ist, wenn der Ausländer auf Grund einer Anordnung des BMI nach § 18 Abs. 4 Nr. 2 AsylVfG nicht zurückgewiesen oder zurückgeschoben worden ist (§ 26a Abs. 1 Nr. 3 AsylVfG). Das BMI kann also einem „schlagartig" eintretenden Wegfall der Sicherheit in einem durch Gesetz oder Verfassung als Sicherer Drittstaat anerkannten Staat dadurch Rechnung tragen, dass es bis zur Änderung des Gesetzes oder der Verfassung die Einreise von Asylbewerbern aus diesem Staat erlaubt. Diese Menschen können dann auf der (einfachgesetzlichen) Grundlage des § 26a Abs. 1 AsylVfG als Asylberechtigte anerkannt werden. **158**

Ungeklärt ist die Frage, was zu geschehen hat, wenn der einfache bzw. der verfassungsändernde Gesetzgeber den Wegfall der Sicherheit in dem als Sicherer Drittstaat anerkannten Staat bewusst ignoriert und auch in angemessener Zeit keinerlei Anstalten unternimmt, die Rechtslage den geänderten Umständen anzupassen. **159**

160   Diese Situation ist aktuell geworden, nachdem der EGMR 21.01.2011 und der EuGH 21.12.2011 festgestellt haben, dass die Menschenrechte von Asylbewerbern in Griechenland massiv verletzt werden, so dass Griechenland derzeit nicht als Sicherer Drittstaat angesehen werden kann.

161   Sofern es sich um einen Drittstaat handelt, der durch einfaches Gesetz als Sicherer Drittstaat bestimmt worden ist, kann das Verwaltungsgericht, das mit der die Asylanerkennung ablehnenden Entscheidung des BAMF befasst ist, nach Art. 100 GG das Verfahren aussetzen und dem BVerfG die Frage nach der Verfassungsmäßigkeit der gesetzlichen Bestimmung vorlegen. Dabei kann es den Standpunkt vertreten, dass das Gesetz mit dem Konzept der normativen Vergewisserung in Art. 16a Abs. 2 GG nicht vereinbar und daher verfassungswidrig ist.

162   Schwieriger wird es aber, wenn es sich bei dem betreffenden Staat um einen Mitgliedstaat der EU handelt. Dessen Qualifikation als Sicherer Drittstaat beruht nämlich nicht auf einem einfachen Gesetz, das verfassungswidrig sein kann, sondern unmittelbar auf der Verfassung selbst, nämlich auf Art. 16a Abs. 2 GG. Hier geht es nicht um den Konflikt zwischen einem einfachen Gesetz und der Verfassung, sondern es geht vielmehr darum, dass die Verfassungsnorm selbst in Frage steht. Eine verfassungsgerichtliche Normenkontrolle käme in einem solchen Fall nur dann in Betracht, wenn man darlegen könnte, dass es sich um verfassungswidriges Verfassungsrecht handelt. Das ist eine Figur, die das BVerfG theoretisch anerkannt, aber bisher noch nie praktisch zur Anwendung gebracht hat (BVerfG, 15.12.1970 [24]; 03.03.2004 [310]). Von verfassungswidrigem Verfassungsrecht kann jedoch nur dann die Rede sein, wenn eine Verfassungsnorm gegen jene Strukturprinzipien des Grundgesetzes verstößt, die in der sog. Ewigkeitsklausel des Art. 79 Abs. 3 GG aufgelistet sind. Ebenso wenig wie die völlige Abschaffung des Asylgrundrechts (vgl. BVerfG 14.05.1996, Rn 208 ff.) verstößt aber auch eine Einschränkung des Asylgrundrechts durch eine verfassungsrechtliche Sichere-Drittstaaten-Klausel gegen eines dieser Strukturprinzipien. In Betracht käme hier überhaupt nur der in Art. 1 GG niedergelegte Grundsatz, also das Prinzip der Menschenwürde. Aber auch dieses Prinzip fordert nach Auffassung des BVerfG kein verfassungsrechtliches Asylgrundrecht.

163   Im Falle von Griechenland führt dies zu dem Ergebnis, dass die Bestimmung dieses EU-Mitgliedstaates als Sicherer Drittstaat in Art. 16a Abs. 2 GG faktisch falsch sein mag. Normativ ist die Bestimmung aber gültig und mit rechtlichen Mitteln ist sie auch nicht angreifbar. Griechenland ist also nach wie vor ein Sicherer Drittstaat im Sinne des Grundgesetzes, so dass Asylsuchende, die über diesen Staat in die Bundesrepublik gekommen sind, sich nicht auf das Asylgrundrecht berufen können.

3.3.2.2   Sicherer Herkunftsstaat

164   Nach Art. 16a Abs. 3 GG können durch Gesetz Staaten bestimmt werden, bei denen auf Grund der Rechtslage, der Rechtsanwendung und der allgemeinen politischen Verhältnisse gewährleistet erscheint, dass dort weder politische Verfolgung noch unmenschliche oder erniedrigende Bestrafung oder Behandlung stattfindet. Es wird vermutet, dass ein Ausländer aus einem solchen Staat nicht verfolgt wird, solange er nicht Tatsachen vorträgt, die die Annahme begründen, dass er entgegen dieser Vermutung dennoch politisch verfolgt wird (**Antizipierte Tatsachen- und Beweis-**

würdigung durch den Gesetzgeber). Der Gesetzgeber hat von dieser Ermächtigung in § 29a Abs. 2 AsylVfG Gebrauch gemacht. Danach sind alle Mitgliedstaaten der Europäischen Union und die in der Anlage Abs. 2 zum AsylVfG bezeichneten Staaten *Sichere Herkunftsstaaten*. Dies sind neben Ghana und Senegal aufgrund einer Erweiterung der Liste im Jahre 2014 auch Bosnien-Herzegowina, Serbien und Mazedonien.

Im eigentlichen Sinne ist die Sichere-Herkunftsstaaten-Regelung keine Exklusionsklausel, sondern eine Beweislastregelung. Ausländer mit der Staatsangehörigkeit oder [als Staatenlose] dem gewöhnlichen Aufenthalt in einem Sicheren Herkunftsland tragen die volle Darlegungs- und Beweislast dafür, dort verfolgt zu sein. Der Untersuchungsgrundsatz ist insoweit eingeschränkt. Gelingt der Beweis nicht, wird der Asylantrag als offensichtlich unbegründet abgelehnt (§ 29a Abs. 1 AsylVfG - s.a. Rn 260). **165**

3.3.2.3 (Keine?) Exklusion von Straftätern und Ex-Terroristen

Literaturhinweis Bergmann 2005

§ 30 Abs. 4 AsylVfG sieht vor, dass ein Asylantrag als offensichtlich unbegründet abzulehnen ist, wenn entweder die Voraussetzungen des § 3 Abs. 2 AsylVfG vorliegen, also die Exklusionsklauseln der GFK erfüllt sind, oder wenn die Voraussetzungen des § 60 Abs. 8 Satz 1 AufenthG vorliegen, der Ausländer also aus schwerwiegenden Gründen als Gefahr für die Bundesrepublik Deutschland anzusehen ist oder eine Gefahr für die Allgemeinheit bedeutet, weil er wegen eines Verbrechens oder besonders schweren Vergehens zu einer Freiheitsstrafe von mindestens drei Jahren verurteilt worden ist. Ausländer, die diesen Tatbestand erfüllen, seien im Folgenden kurz *Gefährder* genannt. Da der Asylantrag sowohl den Antrag auf Zuerkennung der Flüchtlingseigenschaft nach GFK als auch den Antrag auf Anerkennung als Asylberechtigter nach Art. 16a GG umfasst (§ 13 Abs. 2 AsylVfG), bedeutet das, dass sich eine Person, die eine der Exklusionsklauseln nach GFK erfüllt oder als Gefährder anzusehen ist, nicht auf das Asylgrundrecht berufen kann. Es ist ihr vielmehr ebenso zu verweigern wie die Zuerkennung der Flüchtlingseigenschaft (vgl. Rn 113 ff.). **166**

Es ist nun aber festzustellen, dass das Asylgrundrecht einen solchen Vorbehalt nicht kennt. Art. 16a GG enthält im Unterschied zur GFK keinen Vorbehalt, der Verbrecher oder sonstige Straftäter vom Asylanspruch ausschließt. Das gilt auch für politische oder unpolitische Mörder, für Terroristen oder für die Täter von Verbrechen gegen die Menschlichkeit, von Kriegsverbrechern etc. Art. 16a GG enthält im Unterschied zu Art. 33 Abs. 2 GFK auch keine Klausel, nach der ein Asylberechtigter oder ein politisch Verfolgter in das Land seiner Verfolgung zurückgewiesen werden kann, weil er ein Gefährder ist. **167**

Das BVerfG hat in seiner Rechtsprechung zum Asylgrundrecht auch nie einen solchen Vorbehalt für die Anerkennung anerkannt. Im Gegenteil: Es hat entschieden, dass ein Ausländer, der sich vor seiner Flucht als Terrorist betätigt hat und deshalb verfolgt worden ist, grundsätzlich nicht von dem Asylgrundrecht ausgeschlossen ist. Nur der **aktive Terrorist oder Unterstützer des Terrorismus** sollte sich **168** nicht auf das Asylgrundrecht berufen können. Wer „für terroristische Aktivitäten nur einen neuen Kampfplatz sucht, um sie dort fortzusetzen oder zu unterstützen" und deshalb nach Deutschland einreist, erhält kein Asyl, auch wenn er vor Maßnahmen aus seiner Heimat geflohen ist, die über den reinen Rechtsgüterschutz hinausgehen, z. B. wahllose Erschießung von Dorfbevölkerungen, um die dort untergetauchten Terroristen zu vernichten etc. Das Asyl zeichnet sich nach Auffassung des BVerfG dadurch aus, dass dort der politische Kampf ein Ende haben soll und der Flüchtling wieder den Schutz der übergreifenden Friedensordnung findet, aus der ihn der Verfolgerstaat ausgeschlossen hat. Wer sein bisheriges terroristisches oder dem Terrorismus zuzurechnendes Tun fortsetzen will, befindet sich gewissermaßen noch im Kampf. Wer sich im Inland in Organisationen engagiert, die terroristische Aktivitäten unterstützen oder ausüben (z. B. auch Geldsammeln), begehrt deshalb kein Asyl, sondern nur eine geschützte Kampfposition (BVerfG 10.07.1989 [337]). Unter Terrorismus versteht das BVerfG Gewalt gegen Personen und Sachen unter Einsatz gemeingefährlicher Waffen und Angriffe auf das Leben Unbeteiligter (BVerfG 10.07.1989 [339]). Nach dieser Rechtsprechung wäre einem früheren Terroristen, der sich in Deutschland „zur Ruhe gesetzt" hat, also eigentlich die Asylberechtigung zu gewähren, während ihm die Zuerkennung der Flüchtlingseigenschaft zu verweigern ist.

169   Was den Ausschluss von Gefährdern angeht, so hat das BVerfG niemals eine entsprechende Einschränkung des Asylgrundrechts anerkannt. Allerdings kann sich der Gesetzgeber insoweit auf Judikate des BVerwG berufen (BVerwG 07.10.1975 [209f.]; 30.03.1999; 16.11.2000). Das BVerwG erkennt an, dass das Asylgrundrecht zunächst einmal nicht unter irgendeinem Gesetzesvorbehalt oder einem Vorbehalt des Wohlverhaltens steht. Es meint aber – und dabei kann es sich auf die Rechtsprechung des BVerfG berufen –, dass auch vorbehaltslose Grundrechte nicht schrankenlos gelten, sondern so genannten verfassungsimmanenten Schranken unterlägen. Solche verfassungsimmanente Schranken lässt das BVerfG allerdings immer nur dann gelten, wenn die Ausübung eines Grundrechts zugleich immer auch zu einer Verletzung eines anderen Grundrechts oder eines anderen verfassungsrechtlichen Grundwertes führt (BVerfGE 26.05.1970 [261]; 24.04.1985 [22]. Dieser andere verfassungsrechtliche Grundwert ist im Falle eines Verhaltens der Gefährdung im Sinne des § 60 Abs. 8 AufenthG die Sicherheit der Bundesrepublik Deutschland oder die Sicherheit der Allgemeinheit. M. E. werden diese Grundwerte aber nicht durch die Ausübung des Asylgrundrechts gefährdet. Die Gefährdung der Sicherheit beruht auf Straftaten des Ausländers und nicht darauf, dass er politisch Verfolgter ist oder in Deutschland Zuflucht gefunden hat. Deshalb gibt es schon keinen Ansatzpunkt für eine Beschränkung des Asylgrundrechts (ebenso GK AsylVfG 54. Lfg. 1998 § 30 Rn 132; anders dagegen die aktuelle Kommentierung von Funke-Kaiser in GK AsylVfG 100. Lfg. 2014, § 2 Rn 32). Das ist nicht weniger willkürlich als der gedachte Fall, jemandem das schrankenlose Grundrecht der Religionsfreiheit zu entziehen, weil er schwere Straftaten begangen und deshalb zu dreijähriger Haft verurteilt worden ist.

Selbst wenn man aber der These zustimmen wollte, dass in einem solchen Fall **170**
ein verfassungsimmanenter Konflikt zwischen dem Asylgrundrecht und dem verfassungsrechtlichen Grundwert der Sicherheit des Staates oder der Allgemeinheit
besteht, führt dies nach der Rechtsprechung des BVerfG noch nicht einfach dazu,
dass eine der beiden konfligierenden verfassungsrechtlichen Positionen einfach
vernichtet werden kann. Das BVerfG fordert vielmehr in einem solchen Konfliktfall
die Herbeiführung **praktischer Konkordanz**, also einen schonenden Ausgleich,
bei dem beide Positionen möglichst wenig eingeschränkt werden müssen, so dass
sie weitgehend unbeschadet koexistieren können (BVerfGE 26.05.1970 [261]). Ein
Nullsummenspiel, bei dem der eine Verfassungswert vollständig aufgegeben werden muss, um dem anderen ebenso vollständig zum Durchbruch zu verhelfen, ist
nur sehr ausnahmsweise zulässig, nämlich in dilemmatösen Situationen, die sich
anders nicht lösen lassen. Es ist also zunächst nach einer Lösung zu suchen, die
die staatliche und bürgerliche Sicherheit einerseits und das Asylgrundrecht des
betroffenen Ausländers andererseits möglichst weitgehend wirksam bleiben lässt.
Eine solche praktische Konkordanz lässt sich ohne weiteres erzielen, wenn man den
asylberechtigten Ausländer genauso behandelt wie jeden Inländer, der eine schwere
Straftat begangen hat und eine Gefahr für den Staat oder die Allgemeinheit darstellt:
Er muss strafrechtlich verfolgt werden. Für solche Fälle ist das Strafrecht da!

Die herkömmliche Rechtfertigung einer Einschränkung des Asylgrundrechts da- **171**
hingehend, dass sich Gefährder im Sinne des § 60 Abs. 8 AufenthG darauf nicht
mehr berufen können, bewegt sich also auf dünnem Eis. Man könnte daher geneigt
sein anzunehmen, dass die Regelung des § 30 Abs. 4 AsylVfG verfassungswidrig
ist. Das hätte zugleich zur Folge, dass es entgegen dem einfachen Gesetzesrecht,
aber aus verfassungsrechtlichen Gründen zwei Fallkonstellationen gäbe, in denen
das Asylgrundrecht tatsächlich großzügiger ist als das Flüchtlingsrecht nach der
GFK, nämlich in dem Fall, dass der Ausländer ein Kriegsverbrechen oder einen
anderen Exklusionsgrund nach der GFK verwirklicht hat, und zum anderen in dem
Fall, dass der Ausländer im Inland schwere Straftaten begangen hat und deshalb
eine Gefahr für die Sicherheit des Staates oder für die Allgemeinheit darstellt.

Zumindest für den Fall der konventionsrechtlichen Exklusionsklauseln trifft die- **172**
se Annahme aber nicht zu. Insoweit ist § 30 Abs. 4 AsylVfG deshalb auf jeden Fall
verfassungsgemäß. Das folgt aus dem Umstand, dass das nationale deutsche Recht
einschließlich des Verfassungsrechts nur insoweit zur Anwendung kommen darf,
als es mit dem Unionsrecht vereinbar ist (**Grundsatz des Anwendungsvorrangs
des Unionsrechts**: vgl. EuGH 15.07.1964; BVerfG 29.05.1974 [279ff]; BVerfG
06.07.2010).

Der EuGH 09.11.2010 hat nämlich auf eine Vorlage des BVerwG hin entschie- **173**
den, dass nicht nur die Zuerkennung des Flüchtlingsstatus, sondern auch die Zuerkennung eines diesem im Wesentlichen gleichen oder ähnlichen Status auf Grund
nationalen Rechts trotz Erfüllung einer Ausschlussklausel nach GFK bzw. Unionsrecht die „Glaubwürdigkeit des [unionsrechtlichen] Schutzsystems" (a.a.O, Rn
115) untergrabe. Die Mitgliedstaaten dürfen ehemaligen Terroristen deshalb aus

humanitären oder familiären Gründen nur einen Schutz gewähren, dessen Niveau deutlich geringer ist als der des Flüchtlingsstatus und deshalb mit diesem nicht verwechselt werden kann (a.a.O, Rn 118 ff.). Da die Rechtsfolgen der Asylberechtigung exakt dieselben sind wie die Rechtsfolgen der Flüchtlingseigenschaft (vgl. § 2 Abs. 1 AsylVfG), kommt für ehemalige Terroristen nach diesem Urteil die Asylanerkennung nicht mehr in Betracht (BVerwG 31.03.2011, Rn 50).

174   Das EuGH-Urteil dürfte für alle Ausschlusstatbestände des § 3 Abs. 2, Abs. 3 und Abs. 4 AsylVfG gelten. Die Exklusionsklauseln der GFK schließen also aus unionsrechtlichen Gründen auch die Asylanerkennung nach deutschem Verfassungsrecht aus.

175   Ob das allerdings auch für den Fall der Gefährdung der staatlichen Sicherheit und der Sicherheit der Allgemeinheit im Sinne des § 60 Abs. 8 AufenthG gilt, erscheint zweifelhaft. Zum einen räumt Art. 21 Abs. 2 und 3 QRL den Mitgliedstaaten ausdrücklich ein Ermessen hinsichtlich der Frage ein, ob Gefährdungen in diesem Sinne den Flüchtlingsstatus ausschließen sollen. Ein Ermessensgebrauch in die eine oder die andere Richtung kann also das Unionsrecht nicht unterlaufen. Zum anderen erscheint es aber in völkerrechtlicher Hinsicht fraglich, ob es zulässig ist, einem Gefährder die Zuerkennung der Flüchtlingseigenschaft zu verweigern (siehe Rn 128 f.).

176   Als Ergebnis lässt sich somit festhalten: Es gibt gute Argumente dafür, dass Personen, die nach ihrer Einreise nach Deutschland im Inland schwere Straftaten begangen haben, aus denen sich ergibt, dass sie eine Gefahr für die Sicherheit des Staates oder der Allgemeinheit darstellen, von den Wohltaten des Flüchtlingsstatus nicht ausgeschlossen sind, wenn es ihnen gelingt, als Asylberechtigte anerkannt zu werden, während die Zuerkennung der Flüchtlingseigenschaft für sie ausscheidet oder jedenfalls ihre Abschiebung in den Verfolgerstaat nicht ausschließt. Dieser „Vorteil" der Asylberechtigung existiert aber nur, wenn man der Auffassung ist, dass das Asylgrundrecht keinen verfassungsimmanenten Schranken unterliegt. Teilt man diese Meinung dagegen nicht und folgt vielmehr der heute wohl herrschenden Meinung und den Vorgaben des einfachen Gesetzes (§ 30 Abs. 4 AsylVfG), so lässt sich auch insoweit kein Unterschied zwischen Flüchtlingseigenschaft und Asylberechtigung entdecken, der die Relevanz der Letzteren noch retten könnte.

3.3.3   Vergleich Art. 16a GG/ GFK

177   Sieht man von der im vorigen Abschnitt behandelten Problematik einmal ab, die ohnehin nur eine vergleichsweise geringe Zahl von Fällen betrifft, so zeigt sich, dass die **Voraussetzungen** der Asylberechtigung und der Flüchtlingseigenschaft entweder identisch sind oder diejenigen der Asylberechtigung deutlich strenger sind und schwieriger zu erfüllen. Das zeigt Tab. 3.1.

178   Es würde deshalb im Regelfall nur dann Sinn machen, die höheren Hürden der Asylberechtigung überwinden zu wollen, wenn damit ein besserer Status verbunden wäre als dies bei der Zuerkennung des Flüchtlingseigenschaft der Fall ist.

Tab. 3.1 Vergleich Art. 16a GG/GFK

Flüchtlingseigenschaft	Asylberechtigung
subjektive (aber begründete) Furcht vor Verfolgung	objektive Verfolgungsgefahr
auch Verfolgung durch Dritte	nur staatl. u. quasistaatl. Verfolgung
Asylmerkmal Religion umfasst auch öffentliche Ausübung	Asylmerkmal Religion erfasst nur das „religiöse Existenzminimum"
subjektive Nachfluchtgründe: Ja	subjektive Nachfluchtgründe: grundsätzl. Nein
keine Sichere-Drittstaaten-Regelung	Ausschluss bei Einreise über Sicheren Drittstaat
keine Sichere-Herkunftsstaaten-Regelung	Vermutung der Unverfolgtheit von Angehörigen sicherer Herkunftsstaaten
Ausschluss aufgrund enumerativ benannter politischer oder besonders schwerer nichtpolitischer Vor-Flucht-Verbrechen	Grundsätzl. kein Ausschluss wg. Verbrechen. Das nationale Recht wird insoweit jedoch durch das Unionsrecht überlagert, welches fordert, dass der Status des Asylberechtigten verweigert werden muss, wenn eine Exklusionsklausel nach dem Unionsrecht erfüllt ist

Dem ist jedoch nicht so. Der mit der Asylberechtigung verbundene Status ist **179** exakt derselbe wie der mit der Zuerkennung der Flüchtlingseigenschaft verbundene Status. In beiden Fällen führt der Anerkennungs-, bzw. Zuerkennungsbescheid zu der Rechtsstellung, die die GFK für Flüchtlinge vorsieht. Auch darüber hinaus werden beide Gruppen von Schutzsuchenden gleich behandelt. Ein anerkannter Flüchtling erhält ebenso wie ein Asylberechtigter eine Aufenthaltserlaubnis für drei Jahre (§ 25 Abs. 1, Abs. 2, § 26 Abs. 1 AufenthG) und nach 3 Jahren eine Niederlassungserlaubnis (§ 26 Abs. 3 AufenthG). Die Aufenthaltserlaubnis nach § 25 Abs. 1 und Abs. 2 AufenthG impliziert eine Arbeitserlaubnis. Sie ermöglicht den privilegierten Zugang zu bestimmten Sozialleistungen. Die Anerkennung berechtigt zu einem Reiseausweis. Der Status des Asylberechtigten unterscheidet sich also nicht von dem des anerkannten Flüchtlings.

3.4 Subsidiärer Schutzstatus

Literaturhinweis Tiedemann 2014

Ein Flüchtling kann nur dann Schutz nach GFK oder nach Art. 16a GG bekom- **180** men, wenn er wegen eines Verfolgungsgrundes (Asylmerkmals) mit einer schwerwiegenden Verletzung seiner grundlegenden Menschenrechte bedroht wird. Es gibt jedoch auch Gefahren für elementare Menschenrechte und ein menschenwürdiges Leben, die in keinem Zusammenhang mit solchen Verfolgungsgründen oder Asylmerkmalen stehen und doch Anlass dafür sein können, dass Menschen sich genötigt sehen, ihre Heimat zu verlassen und anderswo um Schutz nachzusuchen. Einige dieser Gefahrenlagen (nicht alle!!) werden über die Regelungen zum subsidiären Schutzstatus aufgefangen.

Unter subsidiärem Schutz versteht das deutsche Flüchtlingsrecht in Anlehnung **181** an die Terminologie der QRL ausschließlich den subsidiären Schutz im Sinne der

QRL. Nach Art. 2 lit. f) QRL ist „Person mit Anspruch auf subsidiären Schutz" *ein Drittstaatangehöriger oder Staatenloser, der die Voraussetzungen für die Anerkennung als Flüchtling nicht erfüllt, der aber stichhaltige Gründe für die Annahme vorgebracht hat, dass er bei einer Rückkehr in sein Herkunftsland tatsächlich Gefahr liefe, einen ernsthaften Schaden im Sinne des Artikel 15 zu erleiden, und auf den Artikel 17 Absätze 1 und 2 keine Anwendung findet und der den Schutz dieses Landes nicht in Anspruch nehmen kann oder wegen dieser Gefahr nicht in Anspruch nehmen will.*

182   Der subsidiäre Schutz hat also nach der QRL zwei Voraussetzungen:

(1.) Die Nichterfüllung der Voraussetzungen für die Anerkennung als Flüchtling

(2.) Die tatsächliche Gefahr des Erleidens eines ernsthaften Schadens i.S.d. Art. 15 QRL.

3.4.1 Nichterfüllung der Voraussetzungen für die Anerkennung als Flüchtling

183   § 4 AsylVfG definiert die subsidiäre Schutzberechtigung allein durch den drohenden ernsthaften Schaden, also ohne die unionsrechtliche Bedingung Nr. 1. Das könnte die Annahme nahelegen, dass der Ausländer ohne Risiko auch einen isolierten Antrag auf subsidiären Schutz stellen kann.

184   Ein isolierter Antrag auf die Gewährung subsidiären Schutzes ist jedoch nicht möglich. § 13 Abs. 2 AsylVfG sieht nämlich vor, dass jeder Asylantrag sowohl den Antrag auf Anerkennung als Asylberechtigter als auch den Antrag auf internationalen Schutz umfasst. Der Ausländer kann den Asylantrag zwar auf die Zuerkennung internationalen Schutzes beschränken, nicht aber auf die Zuerkennung nur des subsidiären Schutzes. Der Wortlaut des § 13 Abs. 2 AsylVfG schließt dies zwar nicht zwingend aus, wohl aber die Motive des Gesetzgebers (BT-Drs 17/13063, S 16, rechte Spalte). Dort heißt es ausdrücklich, dass eine weitere Aufspaltung des Antrags auf internationalen Schutz nicht vorgesehen werde, weil der subsidiäre Schutz nach den Vorgaben des Unionsrechts nur gewährt werden könne, wenn die Voraussetzungen für die Anerkennung als Flüchtling nicht erfüllt seien, so dass die Prüfung des subsidiären Schutzes eine Prüfung (und Verneinung) der Flüchtlingseigenschaft voraussetze.

3.4.2 Ernsthafter Schaden

185   Als ernsthafter Schaden gilt nach § 4 Abs. 1 AsylVfG, der insoweit Art. 15 QRL übernimmt:

• die Verhängung oder Vollstreckung der Todesstrafe
• Folter oder unmenschliche oder erniedrigende Behandlung oder Bestrafung

• eine ernsthafte individuelle Bedrohung des Lebens oder der Unversehrtheit einer Zivilperson infolge willkürlicher Gewalt im Rahmen eines internationalen oder innerstaatlichen bewaffneten Konflikts

3.4.2.1 Allgemeine Voraussetzungen

Der ernsthafte Schaden muss in dem Herkunftsland des Ausländers drohen (§ 4 **186** Abs. 1 S. 1 AsylVfG).

Hinsichtlich der Akteure, von denen der ernsthafte Schaden ausgehen kann, der Akteure, die Schutz bieten können und hinsichtlich des internen Schutzes gelten die für die Flüchtlingsanerkennung maßgeblichen Vorschriften der §§ 3c bis 3e AsylVfG entsprechend (§ 4 Abs. 3 AsylVfG). Dies gilt auch hinsichtlich der Nachfluchtgründe (§ 28 Ia AsylVfG).

3.4.2.2 Inklusionsklauseln des subsidiären Schutzes
3.4.2.2.1 Todesstrafe

Nach § 4 Abs. 1 S. 2 Nr. 1 AsylVfG droht ein ernsthafter Schaden, wenn der Her-	**187** kunftsstaat den Ausländer wegen einer Straftat sucht und die Gefahr der Verhängung oder der Vollstreckung der Todesstrafe besteht. Vor Inkrafttreten des Änderungsgesetzes vom 19.08.2007 war die Abschiebung nur verboten, wenn die Todesstrafe drohte, nicht also wenn sie zwar verhängt, aber nicht vollstreckt wurde. Seither reicht schon die drohende Verhängung der Todesstrafe aus. Diese Regelung entspricht nicht nur den Vorgaben des Art. 15 lit. a) QRL, sondern auch denen der EMRK, nämlich des Protokolls Nr. 13 über die vollständige Abschaffung der Todesstrafe v. 03.05.2002 (BGBl. 2004 Abs. 2 1722).

3.4.2.2.2 Folter, erniedrigende und unmenschliche Behandlung

Literaturhinweis Nowak und McArthur 2006.

Nach § 4 Abs. 1 S. 2 Nr. 2 AsylVfG droht ein ernsthafter Schaden, wenn für den	**188** Ausländer in seinem Herkunftsland die konkrete Gefahr besteht, der Folter oder unmenschlicher oder erniedrigender Behandlung oder Bestrafung unterworfen zu werden (vgl. Art. 15 lit. b QRL). Dieses Verbot nimmt schon vom Wortlaut her Bezug auf Art. 3 EMRK, wonach niemand der Folter oder unmenschlicher oder erniedrigender Strafe oder Behandlung unterworfen werden darf. Am 07.07.1989 hatte der EGMR in der Sache Soering entschieden, dass es eine Verletzung von Art. 3 EMRK darstellt, wenn jemand in ein Land abgeschoben oder ausgeliefert wird, wo ihm eine Verletzung von Art. 3 EMRK droht. Die Unterwerfung unter Folter etc. geht in einem solchen Fall zwar von dem Zielland aus und nicht von dem Land, das den Ausländer dorthin ausliefert oder abschiebt. Der Akt wird aber dem abschiebenden oder ausliefernden Staat zugerechnet. In Deutschland ist dieses Abschiebungsverbot seit 01.01.1991 im Ausländerrecht festgeschrieben.

Was die Unterscheidung von Folter, unmenschlicher und erniedrigender Behand-	**189** lung angeht, so hat der EGMR noch keine hinreichende Klarheit gebracht. Seit seiner ersten Entscheidung zu dieser Frage (18.01.1978) folgt er folgendem Schema:

190   **Unmenschliche Behandlung**   Der Grundtatbestand ist die unmenschliche Behandlung. Das ist ein absichtlich (vorsätzlich) zugefügtes intensives physisches und/oder psychisches Leiden der betroffenen Personen, insbesondere wenn es zu akuten psychiatrischen Störungen führt. Eine unmenschliche Handlung muss nicht notwendig mit einer Körperverletzung verbunden sein. Der EGMR hat von Anfang an klar gestellt, dass es keinerlei Rechtfertigung für unmenschliche Behandlungen gibt.

Folter   Folter ist eine Form der unmenschlichen Behandlung, die sich durch den besonders hohen Grad der Intensität auszeichnet. Eine unmenschliche Behandlung ist Folter, wenn sie „besonders ernsthaft und grausam" ist.

Erniedrigende Behandlung   Erniedrigend ist eine Behandlung, die als solche kein physisches oder psychisches Leiden hervorrufen muss, aber „Gefühle von Angst, Beklemmung und Unterlegenheit hervorruft und damit geeignet ist, zu demütigen und zu erniedrigen und dadurch den physischen oder moralischen Widerstand zu brechen".

Diese an sich schon sehr vagen Begriffsbestimmungen sind im Laufe der Rechtsprechungsgeschichte des EGMR Schwankungen ausgesetzt gewesen. So ist die Androhung von Folter nach EGMR 01.06.2010, Rn 91, 103 eine unmenschliche Behandlung, obwohl durch die bloße Androhung weder psychisches noch physisches Leid zugefügt wird. Für die unmenschliche Behandlung genügt danach, dass Angst, Qual und seelisches Leiden hervorgerufen wird. Das waren nach der früheren Rechtsprechung eigentlich die Merkmale der erniedrigenden Behandlung.

Die Androhung von Folter kann übrigens auch selbst Folter sein, und zwar dann, wenn der ausgeübte seelische Druck „besonders stark" und das dadurch verursachte seelische Leid „besonders groß" ist (EGMR 01.06.2010, Rn 108).

3.4.2.2.3   Kriegs- und Bürgerkriegsgefahren

Literaturhinweis   Bank 2009, Tiedemann 2011; UNHCR 2011, Marx 2012c, Markard 2014

191   Nach § 4 Abs. 1 S. 2 Nr. 3 AsylVfG droht ein ernsthafter Schaden, wenn der Ausländer in seinem Herkunftsland als Angehöriger der Zivilbevölkerung einer ernsthaften individuellen Bedrohung des Lebens und der Unversehrtheit infolge willkürlicher Gewalt im Rahmen eines internationalen oder innerstaatlichen bewaffneten Konflikts ausgesetzt ist. Damit wurde die Vorgabe des Art. 15 lit. c QRL umgesetzt.

192   Diese Regelung ist äußerst unklar. Sie ist das Ergebnis eines Kompromisses bei den Verhandlungen zur ersten Qualifikationsrichtlinie (RL 204/83/EG v. 29.04.2004). Während einige Mitgliedstaaten auch Bürgerkriegsflüchtlingen subsidiären Schutz gewähren wollten, haben andere, insbesondere die BRD, sich heftig dagegen gewehrt. Im Ergebnis ist eine Formel herausgekommen, deren Anwendungsbereich völlig unklar ist. Einerseits sollen Menschen, die einer erheblichen Gefahr für Leib und Leben im Rahmen eines bewaffneten Konflikts ausgesetzt sind, geschützt werden. Andererseits muss die Gefahr „individuell" sein. Die deutsche Verhandlungsdelegation hat zudem in diesem Zusammenhang den 26. Erwägungsgrund der QRL durchgesetzt (35. Erwägungsgrund der RL 2011/95/EU), in dem es ursprünglich hieß, dass Gefahren, denen die Bevölkerung allgemein ausgesetzt ist, keine individuelle Bedrohung darstellen. Andere Delegationen haben erreicht, dass das mittels des Wörtchens „normalerweise" abgeschwächt, aber dadurch eben noch mehr verunklart wurde. Die erheblichen Gefahren für Leib und Leben, denen eine Zivilbevölkerung in einer Bürgerkriegs-situation typischerweise und damit generell ausgesetzt ist, sollen also nicht berücksichtigt werden. Welche Fälle bleiben dann aber für den Schutz noch übrig? Berücksichtigt man weiterhin das Merkmal der willkürlichen Gewalt, wird die Lage noch unklarer. Willkürliche Gewalt zeichnet sich doch gerade dadurch aus, dass sie gleichsam „ohne Ansehen der Person" jeden treffen kann.

Es handelt sich hier um das, was man einen *delegierenden Formelkompromiss* **193** nennen kann: Die Formulierung dient dem Zweck, alle Interessen der Verhandlungspartner, auch wenn sie gegensätzlich und unvereinbar sind, in einer Formel unterzubringen, so dass jede Delegation das Ergebnis als ihren Verhandlungserfolg feiern kann. Zugleich wird die wirkliche Entscheidung des Konflikts auf andere Instanzen delegiert, nämlich auf die Rechtsprechung. Dieser wird stillschweigend die Aufgabe übertragen, eine konsistente Lösung zu finden, die allerdings zwangsläufig nur gefunden werden kann, wenn sich das Gericht vom Wortlaut der Regelung entfernt.

Im Februar 2009 hat der EuGH (17.02.2009 – Elgafaji) sich diesen Fragen an- **194** genommen. Er hat im Ergebnis das Wort „individuell" durch „konkret" ersetzt. Eine „ernsthafte individuelle Bedrohung" setzt also nicht voraus, dass eine Person auf Grund von spezifischen ihrer persönlichen Situation innewohnenden Umständen betroffen ist, sondern dass der Grad willkürlicher Gewalt so hoch ist, dass **stichhaltige Gründe für die Annahme sprechen, dass eine Zivilperson in dem betreffenden Land allein durch ihre Anwesenheit tatsächlich Gefahr läuft, einen ernsthaften Schaden hinsichtlich Leben oder Unversehrtheit zu erleiden** (vgl. auch BVerwG 14.07.2009). Das ist auch der Maßstab, den der EGMR im Rahmen seiner Rechtsprechung zu Art. 3 EMRK zugrunde legt. Danach kommt es ausdrücklich gerade nicht darauf an, dass der Betroffene die Existenz von speziellen ihn aus der Allgemeinheit heraushebenden Aspekten seines Falles aufzeigen muss. Es genügt vielmehr, wenn er jedenfalls aufzeigen kann, dass die allgemeine Situation der Gewalt im Zielland ein ausreichendes Maß an Intensität aufweist, um eine konkrete Gefahr zu bewirken (EGMR 28.06.2011, Rn 217).

Eine weitere zunächst umstrittene Auslegungsfrage bezieht sich auf den Begriff **195** des bewaffneten Konflikts, insbesondere des **internen bewaffneten Konflikts**. Das BVerwG 24.06.2008 glaubte, diese Frage dem EuGH nicht vorlegen zu müssen, sondern selbst entscheiden zu können. Dabei ging es erkennbar darum, die Anwendungsfälle des § 4 Abs. 1 S. 2 Nr. 3 AsylVfG möglichst zu reduzieren, ohne dass die Frage der Schutzbedürftigkeit dabei die maßgebliche Rolle spielen sollte. Deshalb bediente sich das Gericht des Begriffs im Sinne des humanitären Völkerrechts, wie er sich aus den Genfer Abkommen vom 12.08.1949 und den dazu vereinbarten Zusatzprotokollen Abs. 1 und Abs. 2 vom 08.06.1977 ergibt. Dies erlaubte es, insbesondere den Begriff des internen bewaffneten Konflikts von bloßen inneren

Unruhen und Tumulten abzugrenzen. Nach Art. 1 des Zusatzprotokolls II muss es
sich bei einem internen bewaffneten Konflikt nämlich um einen solchen handeln,
der zwischen den staatlichen Streitkräften einerseits und anderen organisierten bewaffneten Gruppen andererseits stattfindet, wobei diese Gruppen unter einer ver-
antwortlichen Führung stehen müssen, die über einen Teil des Hoheitsgebietes
des Staates eine solche Kontrolle ausüben kann, dass sie anhaltende koordinierte
Kampfhandlungen durchführen kann und in der Lage ist, das Genfer Abkommen
über den Schutz der Opfer nicht internationaler bewaffneter Konflikte einzuhalten.
In einem Konflikt, an dem entweder die staatlichen Streitkräfte nicht beteiligt sind
(z. B. weil sie nicht existieren) oder in denen es um bewaffnete Auseinandersetzungen mit oder zwischen Gruppen geht, von denen keine eine durchgreifende Kontrolle über einen Teil des Hoheitsgebietes hat, kommt nach dieser Lesart subsidiärer
Schutz also nicht in Betracht, obwohl die Zivilbevölkerung natürlich auch in einer
solchen Situation schwerwiegende so genannte Kollateralschäden erleiden kann.

196   Der belgische Conseil d'Etat hat dem EuGH jedoch die Gelegenheit gegeben,
diese Auffassung zu überprüfen. Der EuGH 30.01.2014 hat nun entschieden, dass
die Definitionen des humanitären Völkerrechts im Zusammenhang mit § 4 Abs. 1
S. 2 Nr. 3 AsylVfG keine Rolle spielen, weil es hier nicht darum geht, völkerrechtliche Verantwortlichkeiten zuzuweisen und Kriegsverbrecher zur Verantwortung zu
ziehen, sondern vielmehr darum, schutzbedürftigen Menschen Schutz zu gewähren.
Ein interner bewaffneter Konflikt liegt danach schon dann vor, wenn zwei oder
mehrere bewaffnete Gruppen aufeinandertreffen und es zu bewaffneten Auseinandersetzungen kommt. Dann entscheidet allein der Grad der Gefährdung darüber, ob
subsidiärer Schutz zu gewähren ist oder nicht.

197   Das BVerwG 24.06.2008 hat im Zusammenhang mit dem Schutztatbestand des
bewaffneten Konflikts weiterhin entschieden, dass für die Beurteilung des Gefähr-
dungspotentials Bedrohungen außer Betracht bleiben, die sich daraus ergeben, dass
im Windschatten von Bürgerkriegen und bürgerkriegsähnlicher Zustände auch die
kriminelle Gewalt gedeiht. Die Bedrohung durch diese Art der Kriminalität soll
also bei der Beurteilung der Schutzbedürftigkeit unberücksichtigt bleiben. Zu dieser
Frage liegt noch keine Entscheidung des EuGH vor.

3.4.2.3 Exklusionsklauseln des subsidiären Schutzes
198   Die Zuerkennung subsidiären Schutzes ist nach § 4 Abs. 2 AsylVfG ausgeschlossen, wenn der Betroffene

- ein Verbrechen gegen den Frieden, ein Kriegsverbrechen oder ein Verbrechen
  gegen die Menschlichkeit gegangen hat (§ 4 Abs. 2 S. 1 Nr. 1 AsylVfG – dazu
  vgl. oben 3.2.2.).
- eine schwere Straftat begangen hat (§ 4 Abs. 2 S. 1 Nr. 2 AsylVfG);
  Diese Klausel umfasst nicht nur nichtpolitische im Ausland begangene Straftaten, wie dies bei den Exklusion der Flüchtlingseigenschaft der Fall ist (vgl.
  3.2.2.3), sondern schlechterdings jede schwere Straftat. Was unter einer schweren Strafe zu verstehen ist, ist nicht geregelt und bisher auch noch nicht gerichtlich geklärt. Man wird sich an § 60 Abs. 8 AufenthG orientieren können, wonach

eine schwere Straftat entweder ein **Verbrechen** oder ein **besonders schweres Vergehen** ist. Durch den Exklusionstatbestand „schwere Straftat" wird der Exklusionstatbestand des § 4 Abs. 2 S. 1 Nr. 1 AsylVfG redundant, denn der Begriff der schweren Straftat umfasst auch die in Nr. 1 aufgeführten Verbrechen gegen den Frieden, die Menschlichkeit und die Kriegsverbrechen;

- sich Handlungen zuschulden hat kommen lassen, die den Zielen und Grundsätzen der Vereinten Nationen zuwiderlaufen (§ 4 Abs. 2 S. 1 Nr. 3 AsylVfG – dazu vgl. oben 3.2.2.4).
- eine Gefahr für die Allgemeinheit oder für die Sicherheit der Bundesrepublik Deutschland darstellt (§ 4 Abs. 2 S. 1 Nr. 4 AsylVfG),
- andere zu den genannten Handlungen und Straftaten anstiftet oder sich in sonstiger Weise daran beteiligt (§ 4 Abs. 2 S. 2 AsylVfG).

Der Katalog der Ausschlusskriterien deckt sich wörtlich mit den Ausschlusstatbeständen des Art. 17 QRL.

3.4.2.4 Zuerkennung des subsidiären Schutzes ist Status-VA

Personen, denen der subsidiäre Schutz zuerkannt worden ist (vgl. § 31 Abs. 2 AsylVfG), besitzen den Status des subsidiär Schutzberechtigten. Die Funktion der Zuerkennung als Status-Verleihung ergibt sich aus § 6 Abs. 1 AsylVfG, wonach die Entscheidung über den Asylantrag in allen Angelegenheiten verbindlich ist, in denen die Zuerkennung internationalen Schutzes rechtserheblich ist.

199

3.4.2.5 Rechtsfolgen des subsidiären Schutzstatus

Subsidiär Schutzbedürftige genießen fast dieselben Rechte wie Asylberechtigte und GFK-Flüchtlinge. Unterschiede bestehen hinsichtlich der Befristung des Aufenthalts und der Zeit, die sie auf einen unbefristeten Aufenthaltstitel warten müssen. Asylberechtigte und GFK-Flüchtlinge erhalten nach ihrer Anerkennung eine Aufenthaltserlaubnis für drei Jahre (§ 26 Abs. 1 Satz 2 AufenthG). Subsidiär Schutzberechtigte erhalten die Aufenthaltserlaubnis nur für ein Jahr und anschließend eine Verlängerung für zwei Jahre (§ 26 Abs. 3 Satz 3 AufenthG). Asylberechtigte und GFK-Flüchtlinge erhalten nach drei Jahren eine Niederlassungserlaubnis, sofern das BAMF (nach entsprechender Überprüfung – vgl. § 73 Abs. 2a AsylVfG) der Ausländerbehörde mitgeteilt hat, dass die Voraussetzungen für den Widerruf oder die Rücknahme des Anerkennungs- bzw. Zuerkennungsbescheides nicht vorliegen. Subsidiär Schutzberechtigte können erst nach sieben Jahren eine Niederlassungserlaubnis bekommen, im Unterschied zu Asylberechtigten und GFK-Flüchtlingen aber nur, wenn ihr Lebensunterhalt gesichert ist und die übrigen Voraussetzungen des § 9 Abs. 2 Nr. 3 bis 9 AufenthG erfüllt sind. Die Erteilung der Niederlassungserlaubnis steht zudem im Ermessen der Ausländerbehörde (§ 26 Abs. 4 AufenthG). Im Übrigen gibt es aber keine oder nur marginale Unterschiede. Beide Gruppen erhalten eine Arbeitserlaubnis (§ 25 Abs. 2 Satz 2 i.V.m. § 25 Abs. 1 Satz 4 AufenthG). Asylberechtigte und GFK-Flüchtlinge erhalten einen Flüchtlingsausweis im Sinne des Art. 28 GFK, subsidiär Schutzberechtigte erhalten einen Reiseausweis nach § 5 AufenthVO i.V.m. Art. 25 Abs. 2 QRL. Im Hinblick auf den Status der Familienangehörigen (§ 26 Abs. 5 AsylVfG), dem Anspruch auf Elterngeld (§ 1

200

Abs. 7 Nr. 2 BEEG), Kindergeld (§ 1 Abs. 3 Nr. 2 BKGG; § 62 Abs. 2 Nr. 2 EStG),
Unterhaltsvorschuss (§ 1 Abs. 2a Nr. 2 UnterhaltsvorschussG), Grundsicherung für
Arbeitssuchende (§ 7 Abs. 1 SGB II) oder BAFöG (§ 8 Abs. 2 Nr. 1 BAFöGG) gibt
es keinen Unterschied zwischen den Status.

3.5 Nationaler subsidiärer Schutz

3.5.1 Abschiebungsschutz nach EMRK

201 Nach § 60 Abs. 5 AufenthG darf ein Ausländer nicht abgeschoben werden, soweit
sich aus der Anwendung der EMRK ergibt, dass die Abschiebung unzulässig ist.
Vom Wortlaut her fallen darunter Fälle, in denen durch die Abschiebung von Ausländers z. B. das Recht auf Privat- und Familienleben verletzt würde, weil die Ehe-
partner in Deutschland verbleiben können oder müssen, da es für sie nicht möglich
oder unzumutbar ist, Deutschland zu verlassen (z. B. weil sie Deutsche sind). Hier
muss die Behörde u. a. prüfen, ob die eheliche Lebensgemeinschaft tatsächlich gelebt wird und deshalb schutzwürdig ist oder ob die Eheleute faktisch getrennt leben.
Es geht dabei um einen Sachverhalt, der sich im Inland abspielt. Andererseits sind
aber auch Sachverhalte möglich, bei denen es um eine Menschenrechtsverletzung
im Ausland geht, z. B. wenn dem Ausländer im Herkunftsland ein unfairer Prozess droht (Art. 6 EMRK). Man unterscheidet daher zwischen **zielstaatsbezogenen**
und **inlandsbezogenen** Abschiebungsverboten aus der EMRK (erstmals BVerwG
15.04.1997; genauer begründet in BVerwG 11.11.1997).

202   Der Sinn hinter der Unterscheidung von zielstaatsbezogenen und inlandsbezo-
genen Abschiebungshindernissen ist folgender: Nach § 31 Abs. 3 AsylVfG hat das
BAMF nicht nur über die Asylanerkennung und den internationalen Schutz zu entscheiden, sondern auch darüber, ob Abschiebungshindernisse nach § 60 Abs. 5 oder
Abs. 7 AufenthG vorliegen. Andererseits muss die Ausländerbehörde nach § 60a
Abs. 2 AufenthG die Abschiebung aussetzen, wenn sie aus rechtlichen Gründen
unmöglich ist. Wenn nun das BAMF nach § 60 Abs. 5 AufenthG Probleme der
Familieneinheit unter dem Aspekt des Art. 8 EMRK prüfen würde, dann müsste
die Ausländerbehörde, wenn es später um die Abschiebung des (erfolglosen) Asylbewerbers geht, noch einmal prüfen, ob die Abschiebung deshalb aus rechtlichen
Gründen unmöglich ist, weil dem das Grundrecht aus Art. 6 GG entgegensteht.
Beide Behörden würden also denselben Sachverhalt prüfen und könnten dabei zu
gegensätzlichen Ergebnissen kommen. Hinzu kommt, dass die ortsnahen Auslän-
derbehörden besser geeignet sind, inlandsbezogene Sachverhalte wie z. B. das Bestehen einer ehelichen Lebensgemeinschaft zu prüfen, während die Kompetenz des
BAMF eher für die Klärung von Sachverhalten im Ausland gegeben ist. Aus diesen Gründen soll § 60 Abs. 5 AufenthG im Rahmen des Asylverfahrens so gelesen
werden, dass er sich nur auf zielstaatsbezogene Abschiebungshindernisse bezieht,
während die Ausländerbehörde sich um die inlandsbezogenen Abschiebungshindernisse kümmern muss. Es ist also möglich, dass das BAMF die Feststellung von
Abschiebungshindernissen nach § 60 Abs. 5 AufenthG zu Recht ablehnt, obwohl

der Betroffene wegen des Schutzes der Familieneinheit (Art. 6 GG, Art. 8 EMRK) aufgrund des § 60a Abs. 2 AufenthG nicht abgeschoben werden darf.

Die Ausländerbehörde ist an die Feststellung zielstaatsbezogener Abschiebungs-   **203** hindernisse durch das BAMF gebunden (§ 42 AsylVfG). Wenn kein Asylantrag gestellt worden ist, entscheidet die Ausländerbehörde auch über zielstaatsbezogene Abschiebungsverbote, muss dann aber das BAMF an der Entscheidung beteiligen (§ 72 Abs. 2 AufenthG).

Nach Art. 3 EMRK darf nicht abgeschoben werden, wem im Zielland der Ab-   **204** schiebung Folter oder unmenschliche oder erniedrigende Behandlung droht. Insoweit ist das Abschiebungsverbot des § 60 Abs. 5 AufenthG deckungsgleich mit dem subsidiären Schutztatbestand des § 4 Abs. 1 S. 2 Nr. 2 AsylVfG. Allerdings unterliegt § 60 Abs. 5 AufenthG nicht den Exklusionsklauseln des § 4 Abs. 2 AsylVfG. Im Ergebnis bedeutet dies, dass ein von Folter bedrohter Ausländer, der einen Exklusionstatbestand verwirklicht hat, zwar keinen subsidiären Schutzstatus und damit auch keine automatische Aufenthaltserlaubnis bekommt, aber gleichwohl im Land bleiben darf, wenn er nicht in einen für ihn sicheren Drittstaat abgeschoben werden kann.

3.5.2 Abschiebungsschutz nach § 60 Abs. 7 AufenthG

§ 60 Abs. 7 S. 1 AufenthG ermöglicht es („Soll"-Vorschrift = gebundenes Ermes-   **205** sen), auch solchen Personen Schutz zu gewähren, deren Leib, Leben oder Freiheit einer erheblichen konkreten Gefahr (BVerwG 17.11.2011) im Zielland ausgesetzt ist, ohne dass sie wegen eines Asylmerkmals (Verfolgungsgrund) verfolgt werden und auch ohne dass ihnen die Todesstrafe, Folter oder unmenschliche und erniedrigende Bestrafung oder Behandlung droht. Weil von der Abschiebung nur abgesehen werden *soll*, aber kein Rechtsanspruch auf das Absehen von der Abschiebung besteht, kann man den von § 60 Abs. 7 AufenthG begünstigten Ausländer nicht als Abschiebungsschutz*berechtigten* bezeichnen, sondern nur als Abschiebungsschutz*begünstigten*.

Das Wörtchen „soll" drückt gebundenes Ermessen aus, d. h. die Behörde muss   **206** nur *in der Regel* von der Abschiebung absehen, nicht aber dann, wenn es ausnahmsweise gute Gründe gibt, von der Abschiebung nicht abzusehen. Diese Entscheidung ist aber nicht im Rahmen des Asylverfahrens zu treffen. Das BAMF hat nur zu entscheiden, ob die Voraussetzungen des § 60 Abs. 7 AufenthG vorliegen, also ob dem Betroffenen zum Zeitpunkt der Entscheidung im Zielland Gefahren für Leib, Leben oder Freiheit drohen.

Das BVerwG ist jedoch der Auffassung, dass es auch Aufgabe des BAMF sei,   **207** festzustellen, ob es gute Gründe dafür gibt, von der Abschiebung ausnahmsweise nicht abzusehen. Einen solchen guten Grund sieht das BVerwG bei unbegleiteten Minderjährigen als gegeben an, wenn die Gefahren für den Minderjährigen darin bestehen, dass er im Falle seiner Rückkehr keine familiäre oder sonstige Betreuung zu erwarten hat. Das soll deshalb kein Grund sein, die Voraussetzungen des § 60 Abs. 7 AufenthG zu bejahen, weil die Ausländerbehörde den Minderjährigen nach § 58 Abs. 1a AufenthG ohnehin nicht abschieben darf, wenn sie sich nicht zuvor vergewissert hat, dass dieser im Rückkehrstaat seiner Familie oder einer geeigneten Aufnahmeeinrichtung übergeben wird (BVerwG 13.06.2013).

208   Gefahren nach § 60 Abs. 7 S. 1 AufenthG, denen die Bevölkerung oder die Bevölkerungsgruppe, der der Ausländer angehört, allgemein ausgesetzt ist, sind nach § 60 Abs. 7 S. 2 AufenthG bei Anordnungen nach § 60a Abs. 1 Satz 1 AufenthG „zu berücksichtigen". Nach dieser letztgenannten Norm kann die oberste Landesbehörde aus völkerrechtlichen oder humanitären Gründen oder zur Wahrung politischer Interessen der BRD anordnen, dass die Abschiebung von Ausländern aus bestimmten Staaten oder von in sonstiger Weise bestimmten Ausländergruppen allgemein oder in bestimmte Staaten für längstens sechs Monate ausgesetzt wird. Ist es erforderlich, für längere Zeiträume Schutz zu gewähren, so findet § 23 Abs. 1 AufenthG Anwendung, wonach die oberste Landesbehörde unter denselben tatbestandlichen Bedingungen anordnen kann, dass eine Aufenthaltserlaubnis erteilt wird. Diese Anordnung ist aber nur im Einvernehmen mit dem BMI zulässig.

209   Die Rechtsprechung hat aus dieser Regelung (die auch schon unter dem bis 31.12.2004 geltenden AuslG galt) abgeleitet, dass ein Ausländer, der einer Bedrohung nach § 60 Abs. 7 Satz 1 ausgesetzt ist, keinen Abschiebungsschutz erhalten kann, wenn die Bevölkerungsgruppe, der er angehört, dieser Gefahr allgemein ausgesetzt ist und die oberste Landesbehörde (noch) keine Anordnung nach Satz 2 erlassen hat (vgl. auch schon zum neuen Recht: BVerwG 19.10.2005). Sofern konkrete Gefahren für Leib, Leben oder Freiheit also nicht nur für individuelle Einzelfälle bestehen, sondern in einer Vielzahl gleichgelagerter Fälle, steht der subsidiäre Schutz somit unter einem **Politikvorbehalt**, der gerichtlich nicht überprüfbar ist.

210   Besteht hingegen mit **hoher Wahrscheinlichkeit** eine **Extremgefahr** für Leib und Leben, so dass der Betroffene im Falle seiner Abschiebung „sehenden Auges dem sicheren Tod oder schwersten Verletzungen ausgesetzt würde" (BVerwG 29.09.2011, Rn 20), dann darf dem einzelnen Ausländer im Interesse der Wahrung seiner Menschenwürde doch Abschiebungsschutz nach § 60 Abs. 7 S. 1 AufenthG gewährt werden, auch wenn sich viele andere mit ihm in einer vergleichbaren Lage befinden.

211   Es besteht seitens des BAMF und in der Rechtsprechung die Neigung, einer Person, die sehr hohen Gefahren für Leib und Leben im Herkunftsstaat ausgesetzt ist, weil sie dort mit extremer Gewalttätigkeit rechnen muss, eher den Abschiebungsschutz nach § 60 Abs. 7 S. 1 AufenthG zuzusprechen als den subsidiären Schutzstatus nach § 4 Abs. 1 S. 2 Nr. 2 AsylVfG. Dem liegt die kaum nachvollziehbare Vorstellung zugrunde, dass jemand zwar einer sehr hohen seine Menschenwürde konkret bedrohenden Gewalt ausgesetzt sein kann, ohne dass es sich dabei um eine unmenschliche Behandlung handelt. Da dieser Gedanke einer rationalen Kritik kaum standhalten kann und Fälle einer unmenschlichen Behandlung nicht nur schon unter § 4 Abs. 1 S. 2 Nr. 2 AsylVfG fallen, sondern auch unter § 60 Abs. 5 AufenthG i.V.m. Art. 3 EMRK, bleiben als Anwendungsfall des § 60 Abs. 7 S. 1 nur jene Fälle übrig, in denen es um Gefahren für Leib und Leben geht, die nicht auf einer „Behandlung", also auf menschlichem Handeln beruhen. Das sind Gefahren auf Grund des Fehlens einer minimalen sozialen Infrastruktur oder aber auf

Grund von Naturereignissen. Hauptanwendungsfall ist das Fehlen eines effizienten Gesundheitssystems im Herkunftsstaat. Das spielt allerdings nur dann eine Rolle, wenn der betroffene Ausländer sehr schwer erkrankt ist und zur Erhaltung seines Lebens oder zur Abwendung einer wesentlichen Verschlimmerung seiner Krankheit auf eine medizinische Versorgung angewiesen ist, die er im Herkunftsland mangels eines entsprechenden Gesundheitssystems nicht erhalten kann (BVerwG 17.10.2006).

3.5.3 Keine Exklusionsklauseln

Für die Abschiebungsverbote des § 60 Abs. 5 und Abs. 7 AufenthG gibt es keine Exklusionsklauseln. Auch wer z. B. ein schweres Verbrechen begangen hat, darf nicht in ein Land abgeschoben werden, in dem ihm die Todesstrafe oder Folter drohen. Die Exklusionstatbestände, wie sie in § 4 Abs. 2 AsylVfG aufgeführt werden, führen also nur dazu, dass der betroffene Ausländer nicht den subsidiären Schutzstatus erhält, nicht aber dazu, dass er abgeschoben werden darf. Allerdings finden sich die Exklusionstatbestände für diese Ausländergruppe in § 25 Abs. 3 AufenthG wieder. Dort führen sie dazu, dass einem Ausländer, der einen dieser Tatbestände verwirklicht hat, keine Aufenthaltserlaubnis erteilt werden darf. Er darf zwar nicht abgeschoben werden und sein weiterer Aufenthalt im Bundesgebiet muss hingenommen werden. Sein Aufenthalt bleibt aber mangels Aufenthaltserlaubnis illegal. Es liegt auf der Hand, dass diese Situation es ihm wesentlich schwerer machen wird, Arbeit und Wohnung zu finden und sich in die Gesellschaft zu integrieren.

212

Andererseits ist aber auch nicht erkennbar, welchen Vorteil es für die Gesellschaft haben soll, wenn man Menschen, deren Aufenthalt im Bundesgebiet ohnehin hingenommen werden muss, an der Integration hindert, nur weil sie in der Vergangenheit ein schweres Verbrechen begangen haben. Es ist eine kriminologische Binsenweisheit, dass Menschen, die ein Verbrechen begangen haben, sich nicht deshalb zu einem künftig ehrbaren Lebenswandel entschließen werden, weil man sie in einem Status der weitgehenden Rechtlosigkeit hält und ihnen die Chancen auf eine Integration in die Gesellschaft nimmt. Die feinsinnige Unterscheidung des Ausländer- und Asylrechts im Hinblick auf Abschiebungsschutz genießende Ausländer, die schwere Straftaten begangen haben, und solchen, bei denen das nicht der Fall ist, beruht also wesentlich auf einem eher naiven kriminologischen Weltbild.

213

3.5.4 Entscheidung des BAMF

Liegen die Voraussetzungen für die Abschiebungsverbote nach § 60 Abs. 5 und Abs. 7 S. 1 AufenthG vor, so wird dies durch feststellenden Verwaltungsakt des BAMF festgestellt (§ 31 Abs. 3 S. 1 AsylVfG). Von der Feststellung kann abzusehen werden, wenn der Ausländer als Asylberechtigter anerkannt wird oder einen internationalen Schutzstatus erhält (§ 31 Abs. 3 S. 2 AsylVfG).

214

3.6   Familienasyl und internationaler Familienschutz

215   Familienangehörige von Asylberechtigten und von Flüchtlingen i.S.d. GFK haben als solche weder aufgrund des Art. 16a GG noch aufgrund der GFK einen eigenen Anspruch auf Anerkennung als Asylberechtigte oder als Flüchtling.

216   In der Schlussakte der Bevollmächtigtenkonferenz der Vereinten Nationen über die Rechtsstellung von Flüchtlingen und staatenlosen Personen (UNHCR 1979, S. 67 f.) hat die Konferenz den Regierungen der Vertragsstaaten nur unverbindlich empfohlen, Maßnahmen zu ergreifen, um die Einheit der Familie des Flüchtlings aufrecht zu erhalten. Auf der Ebene des Völkerrechts sind daraus keine verbindlichen Konsequenzen gezogen worden.

217   Eine besondere Pflicht zur Wahrung der Familieneinheit ergibt sich allerdings aus Art. 6 GG und aus Art. 8 EMRK. In welcher Weise die Familieneinheit hergestellt wird, insbesondere also, welchen ausländerrechtlichen Status die Familienmitglieder haben sollen, ergibt sich allerdings auch nicht aus diesen Vorschriften. Insoweit steht jede Regelung im Gestaltungsermessen des Gesetzgebers.

218   Dieses Ermessen des nationalen Gesetzgebers ist für die EU-Mitgliedstaaten allerdings durch Art. 23 QRL beschränkt worden. Danach sind die Mitgliedstaaten dazu verpflichtet, Sorge dafür zu tragen, dass der Familienverband aufrechterhalten werden kann. Außerdem sollen Sie dafür sorgen, dass den Familienangehörigen möglichst dieselben Rechte zustehen wie dem Flüchtling selbst.

219   Auf nationaler Ebene ist der Status der Familienangehörigen von Asylberechtigten in § 26 AsylVfG geregelt.

220   Der Status des Familienasylberechtigten (§ 26 Abs. 1 AsylVfG) oder international Familienschutzberechtigten (§ 26 Abs. 5 AsylVfG) ist **akzessorisch**. Er hängt am Schutzstatus des eigentlich Berechtigten. Er wird deshalb erst verliehen, wenn die Anerkennung des Asylberechtigten oder international Schutzberechtigten unanfechtbar ist (§ 26 Abs. 1 Nr. 1 AsylVfG). Er wird aberkannt bzw. gar nicht erst erteilt, wenn die Stammberechtigung widerrufen oder zurückgenommen wird (§ 26 Abs. 1 Nr. 4, Abs. 2, Abs. 3 Nr. 4 AsylVfG).

3.6.1   Inklusionsklauseln des Familienasyls/internationalen Familienschutzes

221   Familienangehörigen von Asylberechtigten oder international Schutzberechtigten wird jeweils derselbe Status wie den Stammberechtigten verliehen, wenn es sich um eine der folgenden Familienbeziehungen handelt:

3.6.1.1   Ehegatte oder Lebenspartner (§ 26 Abs. 1 AsylVfG)

222   Die Ehe oder Lebenspartnerschaft mit dem Stammberechtigten muss schon in dem Staat bestanden haben, in dem der Stammberechtigte verfolgt wird oder in dem ihm der ernsthafte Schaden droht. Der Ehe- oder Lebenspartner muss vor der Anerkennung des Stammberechtigten eingereist sein oder seinen Asylantrag unverzüglich nach der Einreise stellen.

223   Wird die Ehe erst später geschlossen, so schließt das zwar das Familienasyl aus, nicht aber die Familienzusammenführung nach Maßgabe des § 30 Abs. 1 S. 1

Nr. 3 lit. c) AufenthG, allerdings unter erschwerten Bedingungen, wie z. B. dem Erfordernis deutscher Sprachkenntnisse des zuziehenden Ehegatten. (vgl. auch § 30 Abs. 1 S. 3 Nr. 1 AufenthG). Nach EGMR 06.11.2012 (Rn 55) ist die Differenzierung zwischen Flüchtlingen, die nach der Flucht geheiratet haben, und solchen, die vor der Flucht geheiratet haben, nicht gerechtfertigt und verstößt gegen Art. 14 i.V.m Art. 8 EMRK.

3.6.1.2 Kinder (§ 26 Abs. 2 AsylVfG)

Kinder eines Stammberechtigten erhalten den Status nur, wenn sie noch minder-   **224**
jährig und ledig sind.

3.6.1.3 Eltern und andere sorgeberechtigte Personen (§ 26 Abs. 3 S. 1 AsylVfG)

Eltern oder auch ein Elternteil erhalten den Status, wenn es sich um Eltern eines   **225**
minderjährigen ledigen Stammberechtigten handelt, die Familie schon in dem Staat bestanden hat, in dem der Stammberechtigte verfolgt wird oder ihm der ernsthafte Schaden droht, wenn sie vor Anerkennung des Stammberechtigten eingereist sind oder den Asylantrag unverzüglich nach der Einreise stellen und sie die Personensorge für den Stammberechtigten innehaben. Den Eltern gleichgestellt sind andere Erwachsene, wenn sie nach deutschem Recht oder deutscher Praxis für die stammberechtigte Person verantwortlich sind (Art. 2 lit. j QRL).

3.6.1.4 Geschwister (§ 26 Abs. 3 S. 2 AsylVfG)

Geschwister des Stammberechtigten erhalten den Status, wenn sie zum Zeitpunkt   **226**
der Antragstellung minderjährig und ledig sind.

3.6.2 Exklusionsklauseln des Familienasyls/internationalen Familienschutzes

Die aufgeführten Familienmitglieder erhalten den Schutzstatus nicht, wenn   **227**

- es sich um Kinder von Eltern handelt, die selbst nur familienasyl- oder familienschutzberechtigt sind (§ 26 Abs. 4 S. 2 AsylVfG),
- sie die Exklusionsklauseln des § 3 Abs. 2 AsylVfG (dazu siehe 3.2.2.2. und 3.2.2.3) oder des § 60 Abs. 8 S. 1 AufenthG (dazu siehe 3.2.2.5) erfüllen. Letzteres ist der Fall, wenn das Familienmitglied aus schwerwiegenden Gründen als eine Gefahr für die Sicherheit der BRD anzusehen ist oder eine Gefahr für die Allgemeinheit bedeutet, weil es wegen eines Verbrechens oder besonders schweren Vergehens rechtskräftig zu einer Freiheitsstrafe von mindestens drei Jahren verurteilt worden ist.
- Der subsidiäre Schutz als Familienangehöriger wird nicht gewährt, wenn ein Ausschlussgrund nach § 4 Abs. 2 AsylVfG vorliegt (vgl. dazu 3.4.2.3).
- Familienasyl und internationalen Familienschutz erhält ein Familienangehöriger nicht, von dem selbst die Gefahr der Verfolgung oder des ernsthaften Schadens

ausgeht oder durch den der Stammberechtigte bereits Verfolgung oder ernsthaften Schaden erlitten hat (§ 26 Abs. 6 AsylVfG).

3.6.3 Kein Schutz des Familienverbandes bei Abschiebeschutzberechtigten

228 Ein Schutz des Familienverbandes findet nicht statt, wenn dem Stammberechtigten nur Abschiebungsschutz nach § 60 Abs. 5 oder Abs. 7 AufenthG gewährt wird. Das liegt insoweit in der Logik des Systems, als sich der Abschiebungsschutzberechtigte oder Abschiebungsschutzbegünstigte illegal in Deutschland aufhält und von Rechts wegen verpflichtet ist, das Land zu verlassen. Es wird nur auf die Verwaltungsvollstreckung dieser Pflicht verzichtet. Daraus folgt, dass ihm nicht die Möglichkeit gegeben werden muss oder soll, seine Familie nach Deutschland zu holen, also etwas zu tun, was genau das Gegenteil von dem ist, was zu tun er eigentlich verpflichtet ist.

229 Die Logik des Systems hindert allerdings nicht daran, dieses System überhaupt in Frage zu stellen. Denn es zeigt, dass Menschen, die dauerhaft daran gehindert sind, in ihr Herkunftsland zurückzukehren, nicht nur daran gehindert werden, sich in die deutsche Gesellschaft zu integrieren, sondern auch, die Integrität der eigenen Familie zu wahren.

3.7 Beendigung und Aufhebung der Schutzstatus

3.7.1 Erlöschen des Asyl- und Flüchtlingsstatus

230 Nach § 72 Abs. 1 AsylVfG erlischt die Anerkennung als Asylberechtigter und die Zuerkennung der Flüchtlingseigenschaft und damit der damit verbundene Status im Falle

- der freiwilligen Unterstellung unter den Schutz des Herkunftsstaates durch Erneuerung des Nationalpasses oder sonstiger Handlungen (§ 72 Abs. 1 Nr. 1 AsylVfG = Art. 1 C 1 GFK = Art. 11 Abs. 1 a QRL).
  Die Asylberechtigung erlischt nicht schon dann, wenn der Flüchtling vor der Auslandsvertretung des Verfolgerstaates in Deutschland die Ehe schließt und zu diesem Zweck die Geltungsdauer seines Nationalpasses verlängern lässt, weil damit nicht die Wiedererlangung des vollen diplomatischen Schutzes bezweckt wird (BVerwG 02.12.1991; s. a. VG Gelsenkirchen 17.07.2009–9 K 2813/08).
- der Wiedererlangung der Staatsangehörigkeit (§ 72 Abs. 1 Nr. 2 AsylVfG = Art. 1 C 2 GFK = Art. 11 Abs. 1 b QRL)
- der Rückkehr und Niederlassung (§ 72 Abs. 1 Nr. 1a AsylVfG = Art. 1 C 4 GFK = Art. 11 Abs. 1 d QRL)

Eine heimliche Rückreise, um z. B. die sterbende Mutter zu besuchen oder noch Habseligkeiten zu holen, ist keine Rückkehr, weil nicht mit Niederlassung verbunden (VG Oldenburg 19.12.2011).

- des Erwerbs der Staatsangehörigkeit eines Drittstaates, dessen Schutz der Ausländer dadurch genießt (§ 72 Abs. 1 Nr. 3 AsylVfG = Art. 1 C 3 GFK = Art. 11 Abs. 1 c QRL)
- des Verzichts auf die Anerkennung oder der Rücknahme des Asylantrags vor bestandskräftigem Abschluss des Asylverfahrens (Nr. 4).

Der Verzicht oder die Rücknahme sind nach der GFK keine Wegfallgründe. Aller- **231** dings sieht die GFK auch keine formale Statusverleihung vor, die Gegenstand von Verzicht oder Rücknahme sein könnte.

Die Automatik des Erlöschens ist deshalb gerechtfertigt, weil es in der Hand des **232** Betroffenen liegt, ob er die Erlöschensgründe verwirklicht, und weil sich das Vorliegen dieser Gründe i.d. R relativ leicht und eindeutig feststellen lässt.

3.7.2 Widerruf

Unter Widerruf versteht man die Aufhebung eines Verwaltungsaktes, der zum Zeit- **233** punkt seines Erlasses **rechtmäßig** war. Ein rechtmäßig erlassener Verwaltungsakt bleibt für die Dauer seiner Geltung rechtmäßig. Wenn sich aber die Umstände geändert haben, auf deren Grundlage er erlassen worden ist, kann er unter bestimmten Umständen widerrufen werden.

3.7.2.1 Widerruf der Asylberechtigung und der Flüchtlingseigenschaft

Literatur Bank 2011; Marx 2012d

Die Anerkennung der Asylberechtigung und die Zuerkennung der Flüchtlings- **234** eigenschaft **sind zu** widerrufen (d. h. müssen widerrufen werden), wenn die **Voraussetzungen nicht mehr vorliegen** (§ 73 Abs. 1 S. 1 AsylVfG; vgl. dazu BVerwG 01.11.2005, Rn 17).

3.7.2.1.1 Widerruf wegen Wegfall der Umstände

§ 73 Abs. 1 Satz 2 und 3 AsylVfG geben dazu den wichtigsten Fall („insbesondere") **235** an, nämlich den „Wegfall der Umstände, die zur Anerkennung als Asylberechtigter oder zur Zuerkennung der Flüchtlingseigenschaft geführt haben".

Der Wegfall der Umstände liegt vor, wenn sich die tatsächlichen Verhältnisse im **236** Herkunftsland deutlich und wesentlich geändert haben. Das ist der Fall, wenn sich die Verhältnisse so geändert haben, dass der Ausländer „es nicht mehr ablehnen kann, den Schutz des Staates in Anspruch zu nehmen, dessen Staatsangehörigkeit er besitzt, oder wenn er als Staatenloser in der Lage ist, in das Land zurückzukehren, in dem er seinen gewöhnlichen Aufenthalt hatte" (§ 73 Abs. 1 S. 2 AsylVfG = Art. 1 C 5 GFK = Art. 11 Abs. 1 e QRL). Durch neue Tatsachen muss sich eine

signifikant und entscheidungserheblich veränderte Grundlage für die Verfolgungs-
prognose ergeben, so dass **keine beachtliche Wahrscheinlichkeit** einer Verfolgung
mehr besteht. Dauerhaft ist eine Veränderung, wenn eine Prognose ergibt, dass sich
die Änderung der Umstände als stabil erweist, d. h. der Wegfall der verfolgungs-
begründenden Faktoren auf absehbare Zeit anhält (BVerwG 01.06.2011, Rn 20, 23;
EuGH 02.03.2010).

237   Der Gesetzeswortlaut lässt sich so verstehen, dass zwei unabhängig voneinander zu betrachtende Tatbestandsmerkmale erfüllt sein müssen. Zum einen müssen
die Umstände weggefallen sein, die zum Schutzstatus geführt haben, zum anderen
muss es der Ausländer **nicht mehr ablehnen können**, den Schutz seines Herkunftsstaates in Anspruch zu nehmen. Die Nicht-Ablehnungsklausel lässt zwei Deutungen
zu:

238   **Alternative 1** Der Ausländer kann nicht ablehnen, wenn die Umstände weggefallen sind, die zur Anerkennung geführt haben und auch keine neue Verfolgung wegen
anderer Asylmerkmale oder Verfolgungsgründe droht (so: BVerwG 01.11.2005).

Alternative 2 Der Ausländer kann ablehnen, auch wenn die Umstände weggefallen
sind, die zur Anerkennung geführt haben und auch keine neue Verfolgung wegen
anderer Asylmerkmale droht, und zwar dann, wenn ihm aus anderen Gründen, z. B.
wegen einer Hungersnot oder wegen bürgerkriegsähnlicher Zustände nicht zugemutet werden kann, den Schutz seines Heimatstaates in Anspruch zu nehmen (so:
VG Köln 12.01.2007).

239   **Die Lösung** Das BVerwG 07.02.2008 hat den EuGH um Entscheidung im Vor-
abentscheidungsverfahren ersucht, welche dieser beiden Alternativen mit dem
Gemeinschaftsrecht vereinbar ist. In seinem Urteil v. 02.03.2010 hat sich der EuGH
für Alternative 1 ausgesprochen. Selbst wenn also Gründe vorliegen, die den subsidiären Schutzstatus rechtfertigen, ist der Flüchtlingsstatus erloschen (so auch
BVerwG 24.02.2011). Der Gesetzgeber hat daraus die Konsequenz gezogen und
in § 73 Abs. 3 AsylVfG geregelt, dass im Falle des Widerrufs (und der Rücknahme
– dazu siehe 3.7.3) der Anerkennung der Asylberechtigung oder der Zuerkennung
der Flüchtlingseigenschaft von Amts wegen zu prüfen ist, ob die Voraussetzungen
für den subsidiären Schutz oder für die Abschiebungsverbote aus § 60 Abs. 5 und
Abs. 7 AufenthG vorliegen.

240   Nach § 73 Abs. 1 Satz 3 AsylVfG kann der Ausländer die Rückkehr allerdings
ablehnen, wenn sie ihm **unzumutbar** ist. In diesem Fall darf der Widerruf nicht
stattfinden. Die Rückkehr in das Herkunftsland ist nicht zumutbar, wenn der Ausländer besonders schwere Verfolgungen erdulden musste und beispielsweise die
Haltung der Bevölkerung noch immer feindselig ist oder der psychische Zustand
des Flüchtlings (PTBS[2]) zu **Retraumatisierungen** und schwerem Leiden führen
würde (UNHCR 1979, Rn 136). Beispiel: Die Rückkehr jüdischer Flüchtlinge nach

---

[2] Posttraumatische Belastungsstörung; vgl. hierzu http://www.uni-duesseldorf.de/awmf/ll/051-
010.htm.

dem Ende des Zweiten Weltkrieges nach Deutschland war nicht zumutbar. Unzumutbar ist die Rückkehr, wenn der Flüchtling vor der Flucht Gewalt erlitten hat oder inhaftiert, interniert, oder Zeuge von Gewalt gegen Familienangehörigen war. Allgemeine Gefahren, wie z. B. eine offenen Bürgerkriegssituation, stehen dem Widerruf nach hM nicht entgegen (BVerwG 1.11.2005); ebenso wenig die Verfestigung der Lebensverhältnisse im Bundesgebiet oder die Entfremdung vom Herkunftsland. Selbst der Verlust der Lebensgrundlage im Heimatland, z. B. Enteignung, macht die Rückkehr nicht unzumutbar.

Nach der GFK führt auch der Wegfall der Umstände **automatisch** zum Erlö-   **241** schen der Flüchtlingseigenschaft. Eine solche Automatik ist aber untunlich, denn es handelt sich hier um eine Voraussetzung, die nicht so klar und einfach festgestellt werden kann wie beispielsweise das Faktum, das ein Flüchtling freiwillig wieder in sein Herkunftsland zurückkehrt und sich dort niederlässt. Es geht hier um Umstände, die der Flüchtling selbst nicht herbeigeführt hat und über deren Vorliegen Streit bestehen kann. Art. 11 Abs. 2 QRL fordert im Falle des Wegfalls der Verfolgungsumstände deshalb eine Untersuchung, ob die Änderung der Umstände erheblich oder nur vorübergehend ist, „so dass die Furcht des Flüchtlings vor Verfolgung nicht länger als begründet angesehen werden kann". Dem wird § 73 Abs. 1 AsylVfG dadurch gerecht, dass es den Wegfall der Anerkennung von einem **Widerruf** und damit von einem dem Widerruf vorausgehenden **Verwaltungsverfahren** abhängig macht, in dem unter Beteiligung des Betroffenen zu prüfen ist, ob die Umstände tatsächlich weggefallen sind und dem Betroffenen zugemutet werden kann, sich wieder unter den Schutz des Heimatstaates zu stellen.

Liegen die Voraussetzungen vor, dann *muss* die Anerkennung widerrufen wer-   **242** den. Die Behörde hat insoweit **kein Ermessen**. Nach § 73 Abs. 2a AsylVfG ist spätestens nach Ablauf von drei Jahren zu prüfen, ob die Anerkennung zu widerrufen ist. Führt diese Prüfung nicht zu einem Widerruf, so steht eine spätere Entscheidung über den Widerruf im Ermessen des Bundesamtes. Erfolgt die erste Prüfung erst nach Ablauf von 3 Jahren und wird dabei der Wegfall der Umstände festgestellt, ist der Widerruf ebenfalls zwingend (BVerwG 05.06.2012; a. A. VG Frankfurt/M 28.01.2010).

Der Zwang zum Widerruf ist dem Umstand geschuldet, dass der Anerkennungs-   **243** bescheid nicht konstitutiv, sondern deklaratorisch ist. Fallen die Umstände weg, die zur Anerkennung geführt haben, erzeugt der Anerkennungsbescheid einen unrichtigen Rechtsschein, der beseitigt werden soll. Nach der ersten Überprüfung, der nicht zu einem Widerruf geführt hat, wirkt der Anerkennungsbescheid dagegen konstitutiv. Jetzt *gilt* der anerkannte Flüchtling oder Asylberechtige als verfolgt, obwohl er möglicherweise tatsächlich nicht mehr verfolgt ist.

3.7.2.1.2 Widerruf wegen nachträglich erfülltem Exklusionsgrund
§ 73 Abs. 1 AsylVfG macht klar, dass der Wegfall der Umstände nur *einen* mögli-   **244** cher Fall des Tatbestandes darstellt, dass die Voraussetzungen für die Anerkennung der Asylberechtigung oder die Zuerkennung der Flüchtlingseigenschaft nicht mehr vorliegen. Es gibt noch andere Fälle. So sind die Zuerkennung der Flüchtlingseigenschaft und die Anerkennung der Asylberechtigung auch dann zu widerrufen,

wenn der Flüchtling nach seiner Anerkennung und während seines Aufenthalts in Deutschland Kriegsverbrechen oder Verbrechen gegen die Menschlichkeit begeht und damit einen Exklusionsgrund der GFK erfüllt (per Handy und Internet) – BVerwG 31.03.2011; ebenso für Unterstützer einer terroristischen Vereinigung: OVG Münster 09.03.2011). Die Exklusionsgründe der GFK sind in das Unionsrecht inkorporiert worden (Art. 12 QRL). Eine unionsrechtskonforme Auslegung des Asylgrundrechts führt deshalb zwingend zu dem Ergebnis, dass sie auch für das nationale Asylgrundrecht gelten (vgl. dazu Rn 172).

245   Nach Auffassung des VG Köln 27.08.2003 und des OVG Münster 04.12.2003 gilt das auch für den Exklusionsgrund des § 30 Abs. 4 AsylVfG, also auf den Fall, dass der Asylberechtigte nach seiner Anerkennung im Bundesgebiet aus schwerwiegenden Gründen als eine Gefahr für die Bundesrepublik Deutschland anzusehen ist oder eine Gefahr für die Allgemeinheit bedeutet, weil er wegen eines Verbrechens oder besonders schweren Vergehens rechtskräftig zu einer Freiheitsstrafe von mindestens drei Jahren verurteilt worden ist. Dieser Rechtsprechung liegt die Auffassung zugrunde, dass das Asylgrundrecht aus Art. 16a GG verfassungsimmanenten Schranken unterliegt (vgl. Rn 169).

3.7.2.1.3   Rechtsfolgen des Widerrufs

246   Nach erfolgtem Widerruf kommt die Erteilung einer Niederlassungserlaubnis nach Ablauf der dreijährigen Aufenthaltserlaubnis nach § 25 Abs. 2, Abs. 3 AufenthG nicht mehr in Betracht. Außerdem kann die Aufenthaltserlaubnis oder – sofern schon erteilt – die Niederlassungserlaubnis widerrufen werden (§ 52 Abs. 1 Nr. 4 AufenthG). Diese Entscheidung steht im Ermessen der Ausländerbehörde. Sie hat bei der Ausübung dieses Ermessens die erfolgte Integration als Ermessensgesichtspunkt zu berücksichtigen.

247   Wenn also die Umstände erst zu einem Zeitpunkt wegfallen, nach dem sich der Ausländer schon in die deutsche Gesellschaft integriert hat und als verwurzelt gelten kann und er sich auch sonst nichts hat zu Schulden kommen lassen, dann führt der Widerruf der Asylberechtigung oder der Zuerkennung der Flüchtlingseigenschaft zwar noch immer zum Wegfall des Flüchtlingsstatus, nicht aber zur Beendigung des legalen Aufenthalts in der Bundesrepublik. Der Ausländer behält vielmehr den Aufenthaltstitel, den er zu diesem Zeitpunkt besitzt und damit alle Rechte, die mit diesem Aufenthaltstitel verbunden sind.

3.7.2.2   Widerruf des subsidiären Schutzes

248   Die Zuerkennung des subsidiären Schutzes ist zu widerrufen, wenn

1. die **Umstände**, die zur Zuerkennung geführt haben, **nicht mehr bestehen** oder sich in einem Maß verändert haben, dass ein solcher Schutz nicht mehr erforderlich ist (§ 73b Abs. 1 S. 1 AsylVfG) und
2. der Ausländer die Rückkehr in den Staat nicht aus **zwingenden**, auf früheren Verfolgungen beruhenden Gründen ablehnen kann (§ 73b Abs. 1 S. 2 i.V.m. § 73 Abs. 1 S. 3 AsylVfG).

Das Kriterium zu 1 entspricht dem des Wegfalls der Umstände beim Widerruf der   **249**
Asylberechtigung und der Zuerkennung der Flüchtlingseigenschaft. Nach § 73b
Abs. 2 AsylVfG kommt es darauf an, ob sich die Umstände so wesentlich und nicht
nur vorübergehend geändert haben, dass der Ausländer tatsächlich nicht länger Gefahr läuft, einen ernsthaften Schaden zu erleiden.

3.7.2.3 Widerruf der Feststellungen zum Abschiebungsschutz nach § 60 Abs. 5 und Abs. 7 AufenthG

Die Feststellung der Voraussetzungen des § 60 Abs. 5 oder Abs. 7 AufenthG ist   **250**
zu widerrufen, wenn die Voraussetzungen nicht mehr vorliegen (§ 73c Abs. 2
AsylVfG).

§ 73c Abs. 2 AsylVfG ist nur im Rahmen der Zuständigkeit des BAMF an-   **251**
wendbar, also nur, wenn es sich bei den Entscheidungen zu § 60 Abs. 5 und Abs. 7
AufenthG um Annexentscheidungen zu einem Asylverfahren handelt. Hat der Ausländer keinen Asylantrag gestellt, so liegt es in der Zuständigkeit der Ausländer-
behörden, die Voraussetzungen des § 60 Abs. 5 und Abs. 7 AufenthG festzustellen.
In diesem Fall ergeht allerdings kein Feststellungsbescheid, sondern es erfolgt eine
befristete Aussetzung der Abschiebung nach § 60a Abs. 2 AufenthG (Duldung). Der
Widerruf der Duldung ist in § 60a Abs. 5 S. 2 AufenthG geregelt.

3.7.3 Rücknahme

Unter Rücknahme versteht man die Aufhebung eines Verwaltungsaktes, der zum   **252**
Zeitpunkt seines Erlasses **rechtswidrig** war, also gar nicht erst hätte ergehen dürfen. Die Rücknahme dient der Korrektur fehlerhaften Verwaltungshandelns.

Die gesetzlichen Bestimmungen für die Rücknahme der Anerkennung als Asyl-   **253**
berechtigter/Flüchtling (§ 73 Abs. 2 AsylVfG), der Zuerkennung von subsidiärem
Schutz (§ 73b Abs. 3 AsylVfG) und für die Rücknahme der Abschiebungsverbote
(§ 73c Abs. 1 AsylVfG) weichen in der Formulierung voneinander ab, ohne dass
diese Abweichungen sachlich geboten wären. In allen drei Fällen gilt, dass die entsprechenden Verwaltungsakte zurückzunehmen sind, wenn sie entgegen den rechtlichen Vorgaben erteilt worden sind.

Auch im Hinblick auf eine mögliche Rechtswidrigkeit und damit Rücknah-   **254**
mefähigkeit des Bescheides über die Anerkennung als Asylberechtigter bzw. die
Zuerkennung der Flüchtlingseigenschaft hat das Bundesamt nach drei Jahren den
Bescheid zu überprüfen (§ 73 Abs. 2a AsylVfG). Diese gesetzlich vorgeschriebe-
ne Regelüberprüfung, die für andere Verwaltungsakte nicht existiert, insbesondere
also auch nicht für Bescheide über die Zuerkennung des subsidiären Schutzstatus
und auch nicht für Bescheide über die Feststellung der Voraussetzungen der §§ 60
Abs. 5 und 7 AufenthG, erweckt den Anschein, dass dem BAMF bei Bescheiden,
die zum Flüchtlingsstatus führen, besonders häufig Fehler unterlaufen, so dass hier
und nur hier eine Regelüberprüfung nach drei Jahren tunlich erscheint. Tatsächlich
dürfte der Differenzierung aber eher eine Überregulierungswut einerseits und man-

gelnde Konsequenz dabei andererseits zugrunde liegen und nichts von dem, was man als ratio legis bezeichnen könnte.

3.8 Beweislast und Prognosemaßstab

3.8.1 Tatsachen im Inland/Tatsachen im Herkunftsland

255 Die vorstehende Darstellung des materiellen Flüchtlingsrechts mag bei manchen Lesern den Eindruck hervorgerufen haben, dass es sich hierbei um eine außergewöhnlich komplizierte Rechtsmaterie handelt. Dieser Eindruck ist auch durchaus zutreffend. Es ist aber vielleicht auch deutlich geworden, dass die Komplexität der Rechtsmaterie durch den Regelungsgegenstand, um den es geht, in keiner Weise gerechtfertigt ist. Das Flüchtlingsrecht ließe sich erheblich einfacher und übersichtlicher gestalten. Dass es so kompliziert ist, ist allein aus historischen Gründen zu erklären. Es hat sich in der Vergangenheit immer wieder als politisch äußerst schwierig oder riskant und deshalb im Ergebnis unmöglich erwiesen, ein einmal erreichtes Regelungssystem grundsätzlich abzuschaffen und völlig neu zu errichten. Stattdessen wird das bisherige System aufrechterhalten und schrittweise modifiziert. Dadurch wird es unübersichtlich und weist zunehmend mehr systemische Inkonsequenzen auf.

256 Der größte Nachteil, der mit dieser künstlichen, aber aus politischen Gründen offenbar nicht vermeidbaren Komplexität des Rechtssystems verbunden ist, besteht aber in etwas anderem. Sie lässt nämlich die eigentliche Schwierigkeit in den Hintergrund treten, die mit dem Flüchtlingsrecht unvermeidbar verbunden ist und ihren Grund in der Regelungsmaterie selbst hat. Das sind die Schwierigkeiten, die mit der Ermittlung des Sachverhalts verbunden sind.

257 Das Recht im Allgemeinen und das Verwaltungsrecht im Besonderen beruhen darauf, dass der rechtlichen Würdigung nur solche Sachverhalte zugrunde zu legen sind, die entweder von keinem Beteiligten bestritten werden, über deren Vorliegen also eine gemeinsame Überzeugung aller Beteiligten besteht, oder aber solche, deren Tatsächlichkeit *bewiesen* werden kann. Zwar verweist die Frage, was Beweise eigentlich beweisen schon darauf, dass das Thema der Sachverhaltsermittlung immer und überall in der Welt des Rechts zu den schwierigsten gehört. Im Flüchtlingsrecht sind die Probleme aber noch ungleich schwerwiegender, weil es hier einen in der Natur der Sache liegenden „sachtypischen Beweisnotstand" (BVerwG 29.11.1977 [86]) gibt, mit dem Anwälte, Behörden und Gerichte konfrontiert sind, und mit dem sie in angemessener Weise so umgehen müssen, dass die Rechte von Flüchtlingen nicht schon allein deshalb leer laufen, weil sich das Verfolgungsschicksal, das sie behaupten, nicht beweisen lässt. Verfolger pflegen ihren Opfern keine notariell beglaubigten Bescheinigungen über ihre Verfolgung auszustellen. Häufig verfügen Flüchtlinge nicht einmal über Ausweispapiere, mit denen sie zumindest ihre Identität beweisen könnten. Nicht selten klingen die Geschichten, die sie erzählen, für unsere Ohren so befremdlich, dass es schwer fällt, sie zu glauben. Das kann darauf beruhen, dass man mehr über die Sitten, Gebräuche, das Recht und die Kultur im

Herkunftsland des Flüchtlings wissen müsste, um seine Geschichte überhaupt in einem sinnvollen Rahmen einordnen zu können. Häufig sind die Flüchtlinge aber auch gar nicht in der Lage, eine schlüssige Geschichte zu erzählen, weil sie das Flüchtlingsrecht nicht kennen und deshalb nicht abschätzen können, worauf es für die Beurteilung ihres Vorbringens ankommt und worauf nicht. Schließlich treten auch grundlegende Verständnisschwierigkeiten auf, wo Flüchtlinge auf Grund einer geringen Sprachkompetenz und Bildung oder aber auf Grund einer schwerwiegenden Traumatisierung nicht in der Lage sind, über ihr Schicksal in nachvollziehbarer Weise zu berichten.

Auch in diesem in die Materie einführenden Buch können die Probleme der **258** Sachverhaltsermittlung, wie sie im Flüchtlingsrecht auftreten, nicht annähernd angemessen oder gar vollständig dargestellt werden. Im Folgenden geht es deshalb nur darum, die rechtlichen Standards darzustellen, die auf Grund des sachtypischen Beweisnotstandes im Flüchtlingsrecht nach Maßgabe der Gesetze und der Rechtsprechung anzuwenden sind.

Ein erster Grundsatz geht davon aus, dass der „sachtypische Beweisnotstand" **259** in der Regel nur jene Behauptungen über Tatsachen betrifft, die Ereignisse im Herkunftsland betreffen. Deshalb wird von dem Asylsuchenden nicht erwartet, dass er Beweise für diese Behauptungen beibringt. Es genügt vielmehr, wenn er sie **glaubhaft** macht. Behauptungen über Tatsachen im Inland, also nach der Einreise nach Deutschland, unterliegen jedoch der im Verwaltungsrecht üblichen Beweispflicht (BVerwG 29.11.1977 [86]). Wenn es sich um Ereignisse handelt, die sich während der Flucht in einem Drittstaat abgespielt haben sollen, so wird auch insoweit in der Regel nur Glaubhaftmachung gefordert. Das gilt aber beispielsweise nicht, wenn die Einreise über einen Flughafen behauptet wird. Diese Frage ist im Rahmen der Feststellungen von Bedeutung, die zur Anerkennung der Asylberechtigung führen sollen. Insoweit muss geklärt werden, ob der Betroffene auf seinem Fluchtweg nach Deutschland das Territorium eines Sicheren Drittstaates betreten hat und sich deshalb nicht auf das Asylgrundrecht berufen kann. Wer geltend macht, er habe das Territorium eines Sicheren Drittstaates schon deshalb nicht betreten, weil er auf dem Luftweg direkt aus dem Herkunftsland oder aus einem anderen Drittstaat in die Bundesrepublik eingereist sei, von dem wird verlangt, dass er das durch Vorlage von Tickets oder Bordkarten beweisen kann. Ist er dazu nicht in der Lage, so wird dies von den Gerichten häufig als Beweisvereitelung gewürdigt (BVerwG 29.06.1999). Dabei wird nicht berücksichtigt, dass viele Flüchtlinge nur mit Hilfe von Schleppern ihre Flugreise organisieren können und dass diese ihnen nach der Landung in Deutschland Pässe, Bordkarten und Ticket abnehmen, so dass insoweit ebenfalls ein Beweisnotstand eintritt.

Die Beweiserleichterung, die der Asylsuchende im Hinblick auf die von ihm be- **260** haupteten Ereignisse in seinem Herkunftsland in Anspruch nehmen kann, wird nicht gewährt, wenn der Herkunftsstaat als Sicherer Herkunftsstaat bestimmt worden ist (§ 29a AsylVfG). Dann gilt als bewiesen, dass das Vorbringen über eine behauptete Verfolgung in diesem Staat oder die Behauptung, dort Opfer einer unmenschlichen oder erniedrigenden Behandlung geworden zu sein oder zu werden, nicht wahr ist. Denn der Gesetzgeber hat im Wege der antizipierten Tatsachen- und Beweiswürdigung (BVerfG 14.05.1996a, Rn 65) selbst ermittelt, dass in dem betreffenden Staat aufgrund der Rechtslage, der Rechtsanwendung und der allgemeinen politischen Verhältnisse gewährleistet erscheint, dass dort weder politische Verfolgung noch unmenschliche oder erniedrigende Behandlung oder Bestrafung stattfindet (Art. 16a Abs. 3 GG). Deshalb gilt die gesetzliche Vermutung, dass der Asylbewerber dort nicht verfolgt wird. Diese Vermutung gilt nach § 29a AsylVfG nur dann als widerlegt, wenn der Asylsuchende Tatsachen und Beweismittel angeben kann, die die Annahme begründen, dass ihm abweichend von der allgemeinen Lage im Herkunftsstaat politische Verfolgung droht. Der Asylsuchende muss also beweisen (und nicht nur glaubhaft machen), dass er entgegen der gesetzlichen Vermutung tatsächlich doch verfolgt wird. Gelingt ihm das nicht, dann gilt sein Asylantrag als offensichtlich unbegründet.

261   Nach § 29a Abs. 1 AsylVfG ist der Asylantrag eines Ausländers aus einem Sicheren Herkunftsstaat komplett als offensichtlich unbegründet abzulehnen, also nicht nur der Antrag auf Anerkennung als Asylberechtigter im Sinne des Art. 16a Abs. 1 GG, sondern auch der Antrag auf Zuerkennung eines der beiden internationalen Schutzstatūs im Sinne des Unionsrechts. Die unionsrechtliche Grundlage für auf den internationalen Schutz bezogene Sichere-Drittstaaten-Regelungen sind Art. 36, 37 RL 2013/32/EU v. 26.06.2013 (ABl. EU Nr. L 180/60) zu gemeinsamen Verfahren für die Zuerkennung und Aberkennung des internationalen Schutzes (VerfahrensRL).

3.8.2 „Real Risk"-Formel oder Grundsatz der „beachtlichen Wahrscheinlichkeit"?

Literaturhinweis Hruschka und Löhr 2007

262   Sowohl die Zuerkennung eines internationalen Schutzstatus als auch die Anerkennung der Asylberechtigung hängen davon ab, was dem Asylsuchenden zum Zeitpunkt der Entscheidung über den Asylantrag im Falle seiner Rückkehr in den Herkunftsstaat widerfahren wird. Es wird also eine Prognose gefordert.

263   Hinsichtlich der Flüchtlingseigenschaft ist also zu fragen ob die Furcht vor Verfolgung zu diesem Zeitpunkt begründet ist. Beim Subsidiären Schutz ist zu fragen, ob zu diesem Zeitpunkt stichhaltige Gründe für die Annahme sprechen, dass der Betroffene **„tatsächlich Gefahr läuft"** einen ernsthaften Schaden im Sinne des Art. 15 QRL zu erleiden. Für die Asylanerkennung ist zu fragen, ob zu diesem Zeitpunkt im Herkunftsland eine objektive Verfolgungsgefahr besteht.

264   Da es sich um eine Prognose handelt und die Zukunft immer ungewiss ist, fragt es sich, an welchem Maßstab die Prognose orientiert sein soll.

265   Das BVerwG präferiert im Anschluss an die traditionelle deutsche Terminologie den Begriff der **„beachtlichen Wahrscheinlichkeit"** der Verfolgung, bzw. des ernsthaften Schadens (BVerwG 01.06.2011). Flüchtlingsstatus oder subsidiärer Schutz wird danach also nur dann gewährt, wenn der Ausländer nach Lage der Dinge zum Zeitpunkt der Entscheidung über seinen Schutzantrag im Falle der Rückkehr in sein Heimatland *mit beachtlicher Wahrscheinlichkeit* verfolgt werden wird

bzw. einen ernsthaften Schaden erleiden wird. Dieser Maßstab gilt nicht nur bei der Entscheidung über den Schutzantrag, sondern auch bei der Prüfung der Frage, ob der Schutzstatus wegen Wegfalls der Umstände widerrufen werden muss oder kann.

Das BVerfG und ihm folgend das BVerwG haben den Begriff der **beachtlichen** **266** **Wahrscheinlichkeit** mit dem Begriff der **überwiegenden Wahrscheinlichkeit** gleichgesetzt (BVerfG 01.07.1987 [167]; (BVerwG 29.11.1977 [83]). Das Adjektiv „überwiegend" legt eine statistische Betrachtungsweise nahe, wonach es darauf ankommt, ob die Wahrscheinlichkeit der Verfolgung statistisch über 50% liegt (BVerwG 21.04.2009). Ein Beispiel für diese Betrachtungsweise liefert VGH Kassel 16.02.1996:

> Insgesamt lässt die erforderliche Relationsbetrachtung [...] weder in quantitativer noch in qualitativer Hinsicht den Schluss zu, dass im Kosovo für jeden albanischen Volkszugehörigen nicht nur die Möglichkeit – objektiv gesehen und ungeachtet des menschlich verständlichen subjektiven Furchtempfindens der Gruppenangehörigen – die aktuelle Gefahr besteht, Opfer eines asylerheblichen Übergriffs der serbischen Staatsmacht zu werden. (a. a. O. Rn 68)

Ein jüngeres Beispiel für diese Rechtsprechung bietet OVG Saarlouis 12.03.2007. Es ermittelt den Grad der Bedrohung mit 0,37% (!?!).

Das BVerwG hat diesen statistisch-quantitativen Maßstab in einigen älteren Ent- **267** scheidungen allerdings mit qualitativen Elementen angereichert. Im Anschluss an den US Supreme Court 09.03.1987 (Cardoza-Fonseca) stellte es auf die subjektive Verfolgungsfurcht ab, nämlich darauf, „ob in Anbetracht der objektiven Umstände bei einem vernünftig denkenden und besonnenen Menschen in der Lage des Asylsuchenden Verfolgungsfurcht hervorgerufen werden kann (BVerwG 15.03.1988 [150f.]; BVerwG 05.11.1991). Allerdings wird diese Formel in späteren Entscheidungen (BVerwG 23.07.1991 [377]) wieder zu einer objektiven Zumutbarkeitsformel verkürzt. Nach BVerwG 05.11.1991 kommt es auch darauf an, ob nur eine Gefängnisstrafe von einem Monat oder die Todesstrafe droht (vgl. auch BVerwG 21.04.2009).

Der EGMR verlangt, dass der Betroffene im Falle seiner Rückkehr „**would face** **268** **a real risk** of being subjected to treatment ...." (EGMR 11.1.2007).

Nach der jüngeren Rechtsprechung des BVerwG (27.04.2010, Rn 22) verbergen sich hinter diesen unterschiedlichen Formulierungen keine unterschiedlichen Bedeutungen. Es lässt sich aber nicht leugnen, dass von einem „wirklichen Risiko" nicht erst die Rede sein kann, wenn die Verfolgungswahrscheinlichkeit über 50% liegt. Die Entscheidung ist auch ziemlich unklar, weil sie zum einen unter Bezugnahme auf EGMR 28.02.2008, Rn 125 auf die „real-risk"-Formel abstellt, zum anderen aber behauptet, diese entspreche dem bisherigen Maßstab der beachtlichen Wahrscheinlichkeit.

In jüngerer Zeit tendiert das BVerwG offenbar wieder zu einer eher qualitativen **269** Betrachtungsweise. So fordert es in einer jüngeren Entscheidung, die zu der Frage der Gefahr in einem Bürgerrechtsgebiet ergangen ist, zwar zunächst eine quantitative Ermittlung der Gesamtzahl der in dem Herkunftsgebiet lebenden Personen und den asylrelevanten Gewaltakten, die gegen sie verübt worden sind. Auf der Basis der so ermittelten Zahlen ist aber nun offenbar nicht mehr eine rein rechnerische Betrachtungsweise anzustellen, sondern eine „wertende Gesamtbetrachtung" (BVerwG 13.02.2014, Rn 24). Diese wertende Betrachtung schließt die Feststellung eines ausreichenden Verfolgungsschicksals auch dann nicht aus, wenn rein statistisch weit weniger als die Hälfte der Bevölkerung bereits Opfer von Gewalttaten geworden ist.

270   Folgende Argumente sprechen dafür, dass nach den Vorgaben des Unionsrechts der „real risk"-Maßstab gelten soll:

- Die QRL verlangt begründete Furcht vor Verfolgung und enthält keinen Hinweis auf den Prognosemaßstab der überwiegenden Wahrscheinlichkeit.
- Der Kommissionsentwurf COM(2001)510 zur ersten QRL sah in Art. 7b den Prognosemaßstab der „reasonable possibility" vor und betonte, dass eine „clear possibility" nicht erforderlich sein solle. Die deutsche Übersetzung dieses Entwurfs verschiebt den Maßstab, indem sie ersteren mit „hohe Wahrscheinlichkeit" und letzteren mit „Gewissheit" übersetzt.
- In den Common Law Staaten USA, UK, Kanada wurde bis in die 80er Jahre eine überwiegende Wahrscheinlichkeit gefordert („harm more likely than not"). Seit dem Urteil des US Supreme Court in Cardoza-Fonseca (09.03.1987–480 U.S. 421 [1987]) lehnen es die angelsächsischen Gerichts ab, den Begriff der Wahrscheinlichkeit (im statistischen Sinne) in den der begründeten Furcht hineinzulesen und stellen auf den der „reasonable possibility" ab. Auch bei einer Wahrscheinlichkeit von (beispielsweise) nur 10% kann jemand begründete Furcht vor Verfolgung haben. Die reale Möglichkeit („real risk") reicht aus.

3.8.3 Beweiserleichterung

271   Nach Art. 4 Abs. 4 QRL, ist die Tatsache, dass ein Antragsteller bereits verfolgt wurde oder einen ernsthaften Schaden erlitten hat, bzw. von einer solchen Verfolgung bzw. einem ernsthaften Schaden unmittelbar bedroht war (Tatbestand der Vorverfolgung), ein ernsthafter Hinweis darauf, dass die Furcht des Antragstellers vor Verfolgung, bzw. vor einem ernsthaften Schaden im Falle seiner Rückkehr begründet ist, es sei denn, es sprechen stichhaltige Gründe dagegen. Diese Regelung hatte der deutsche Gesetzgeber durch § 60 Abs. 1 S. 5 AufenthG a.F. in deutsches Recht übernommen. Im Richtlinienumsetzungsgesetz v. 28.08.2013 wurde dieser Passus mit der Begründung gestrichen, dass die Regelung in das AsylVfG übernommen werden soll (BT-Drs 17/13063 zu § 60 Doppelbuchstabe cc). Tatsächlich wurde die Regelung aber nicht in das AsylVfG übernommen. Das führt dazu, dass Art. 4 Abs. 4 QRL nunmehr unmittelbar anwendbar ist (vgl. oben 3.1.2.1).

272   Nach EuGH 02.03.2010, Rn 92 ff. – vgl. auch BVerwG 27.04.2010, Rn 23– stellt Art. 4 Abs. 4 QRL eine gesetzliche Vermutung dafür da, dass in der Vergangenheit erlittene Umstände sich in Zukunft wiederholen werden, wenn der Antragsteller zurückkehrt, es sei denn, diese Vermutung kann widerlegt werden.

Nach früherer deutscher Rechtsprechung galt im Falle der Vorverfolgung der **273** sog. **herabgesetzte Wahrscheinlichkeitsmaßstab**. Danach konnte die Verfolgung im Falle der Rückkehr nur verneint werden, wenn sie mit hinreichender Wahrscheinlichkeit ausgeschlossen werden konnte (BVerfG 01.07.1987 [167]; BVerwG 27.04.1982 [251]). Es musste also mehr als überwiegend wahrscheinlich sein, dass keine Verfolgung droht (BVerfG 02.07.1980 [361f.]; BVerwG 31.03.1981). Das BVerwG vertritt jetzt die Auffassung, dass das Kriterium des herabgesetzten Wahrscheinlichkeitsmaßstabs jedenfalls im Anwendungsbereich der QRL nicht mehr gilt, sondern durch die Beweiserleichterung des Art. 4 Abs. 4 QRL ersetzt worden ist (BVerwG 27.04.2010, Rn 23). Worin der genaue Unterschied liegt, ist allerdings unklar.

Die Beweiserleichterung des Art. 4 Abs. 4 QRL gilt in folgenden Fällen: **274**

- Der Antragsteller (Erstantrag) war zum Zeitpunkt der Flucht landesweit vorverfolgt.
- War der Antragsteller zwar regional verfolgt, bestand aber zum Zeitpunkt der Flucht eine inländische Fluchtalternative, so galt er nach früherer Rechtsprechung als unverfolgt, weil er in seinem Heimatland nicht in einer ausweglosen Lage war. Dies galt sowohl für die Flüchtlingsanerkennung nach GFK als auch für die Asylanerkennung nach Art. 16a GG (BVerwG 08.12.1998, Rn 12). Nach Inkrafttreten der QRL fällt die Beurteilung nach Art. 16a und die nach GFK auseinander, weil für letztere jetzt aus Art. 4 Abs. 4 QRL folgt, dass es nur auf die bereits erlittene Verfolgung oder unmittelbare Bedrohung ankommt und nicht darauf, ob dem Antragsteller eine inländische Fluchtalternative zur Verfügung gestanden hätte (BVerwG 27.04.1982, Rn 29).
- **Im Falle des Widerrufs** der Anerkennung/Feststellung wegen Wegfalls der Umstände (§ 73 Abs. 1 AsylVfG) gilt Folgendes:
- Für die Frage, ob der ursprüngliche Verfolgungssachverhalt nicht mehr gegeben ist, liegt die Beweislast bei der Behörde. Das ergibt sich aus Art. 14 Abs. 2 QRL. Dabei ist auch jenes ursprüngliche Vorbringen des Ausländers zu würdigen, das im Anerkennungsbescheid ausdrücklich abgelehnt worden oder nicht berücksichtigt worden ist (BVerwG 18.07.2006, Rn 28; EuGH 02.03.2010, Rn 97).
- Hinsichtlich der Frage, ob dem Ausländer aus gänzlich anderen, mit der ursprünglichen Verfolgung in keinem Zusammenhang stehenden Umständen weiterhin Verfolgung droht, ist der allgemeine Prognosemaßstab der beachtlichen Wahrscheinlichkeit anzuwenden (EuGH 02.03.2010, Rn 97; vgl. auch BVerwG 24.09.2011, Rn 18; BVerwG 01.06.2011). Die Beweiserleichterung gilt also nicht im Falle der Geltendmachung von Nachfluchtgründen.

Von der Solidarität mit Gleichgesinnten zur menschenrechtlichen Solidarität

4

Zumindest diejenigen Leser dieses Buches, die sich mit seiner Hilfe einen ersten 1
Einstieg in das Flüchtlingsrecht verschaffen wollen, dürfte das Kapitel über das
materielle Flüchtlingsrecht einigermaßen verwirrt zurückgelassen haben. Einerseits
erscheint das System überaus komplex, andererseits dürfte es schwer fallen, die
Notwendigkeit für diese Komplexität einzusehen. Wozu sollen beispielsweise die
hohen Hürden zur Erlangung des Flüchtlingsstatus gut sein, wenn am Ende doch
auch denjenigen, die diese Hürden nicht nehmen können, subsidiärer Schutz oder
wenigstens Abschiebungsschutz im Rahmen des nationalen subsidiären Schutzes
zugebilligt wird? Eine rationale Begründung für diese und andere Ausprägungen
der für das Flüchtlingsrecht charakteristischen Komplexität lässt sich im Wege
einer systematischen Betrachtung nicht gewinnen. Die Komplexität des Systems
erklärt sich nämlich nicht aus der Komplexität der Aufgaben, die es zu bewältigen
hat. Vielmehr führt nur eine historisch-psychologische Reflexion zu einem ange-
messenen Verständnis des Flüchtlingsrechts. Im Rahmen dieses Buches, das auf
Kürze und Übersichtlichkeit angelegt ist, lässt sich diese historisch-psychologische
Reflexion nicht in einem umfassenden Sinne leisten, sondern nur ausschnittsweise
und exemplarisch. Andererseits kann aber auch nicht völlig auf eine solche Darstellung des historisch sichtbaren Sinns verzichtet werden, wenn dem Leser und der
Leserin am Ende doch ein Zugang zum Verständnis des Flüchtlingsrechts eröffnet
werden soll.

Das Flüchtlingsrecht lässt sich in seiner Komplexität auf der Basis eines histori- 2
schen Musters am besten verstehen, das durch eine Entwicklung vom Flüchtlingsrecht als Ausdruck der Solidarität mit Gleichgesinnten zu einem Flüchtlingsrecht als
Ausdruck des unbedingten Respekts vor der in den grundlegenden Menschenrechten zum Ausdruck kommenden Würde der menschlichen Person gekennzeichnet ist.
Diese Entwicklung, die im Folgenden in groben Strichen nachgezeichnet werden
soll, ist noch keineswegs abgeschlossen. Der laufende historische Prozess ist durch
Bewegungen gekennzeichnet, die nicht von einem klaren und konsequenten Plan
beherrscht werden. Man kann hier keinen Weltgeist erkennen, der im Hegelschen
Sinne in einer konsequenten dialektischen Entwicklung zu sich selber kommt. Was

© Springer-Verlag Berlin Heidelberg 2015
P. Tiedemann, *Flüchtlingsrecht,* DOI 10.1007/978-3-662-43657-8_4

wir vielmehr sehen können, ist ein chaotischer Kampf zwischen unterschiedlichen und gegensätzlichen Einstellungen und Vorstellungen über den Sinn und Zweck des Flüchtlingsrechts, wobei aber doch über längere Perioden der Geschichte hinweg bestimmte an den Menschenrechten orientierte Vorstellungen immer mehr an Boden zu gewinnen scheinen, ohne gegensätzliche oder frühere Entwicklungsschritte dadurch schon zu verdrängen oder zu ersetzen.

4.1 Flüchtlingsrecht vor 1951

Literaturhinweis Skran 2011, Einarsen 2011, Tiedemann 2014

3   Große Flüchtlingswellen gab es in Europa schon seit dem 15. Jahrhundert. Am Beginn stand die Verfolgung und Vertreibung der Juden aus Spanien (Alhambra-Edikt v. 31.03.1492). Sie fanden Schutz vor allem im Osmanischen Reich, das durch eine Vielfalt von Kulturen und Religionen gekennzeichnet war und in denen weniger die Religion als vielmehr die Loyalität gegenüber dem Sultan für die persönliche Sicherheit entscheidend war. Für Sultan Bayezid II. waren die Juden aus Spanien vor allem wegen ihres Wohlstandes, aber auch wegen ihrer Bildung und ihrem großen Einfluss in der zeitgenössischen Wissenschaft von großem Wert. Diese im Eigennutz wurzende Sympathie und nicht etwa menschenrechtliche Motive eröffneten den spanischen Juden Schutz und Sicherheit durch die Hohe Pforte.

4   Nicht anders verhielt es sich mit den Hugenotten, die aufgrund des Edikts von Fontainebleau (16.10.1685) Schutz und Sicherheit in Frankreich verloren und seit dem verfolgt wurden. Sie fanden Schutz vor allem in den protestantischen Fürstentümern in Deutschland, wo sie nicht nur als Glaubensgenossen mit Solidarität rechnen konnten, sondern auch deshalb, weil die deutschen Staaten auf Grund der Katastrophe des Dreißigjährigen Krieges weitgehend entvölkert und zum eigenen Wiederaufbau auf die Immigration talentierter und wohlhabender Neubürger dringend angewiesen waren.

5   Ein flüchtlingsrechtliches Problem warfen diese Fluchtbewegungen noch nicht auf, denn es gab, wie gesagt, genug Ausweichmöglichkeiten in Staaten, die sich von der Zuwanderung einen Vorteil für die eigene Prosperität erwarteten. Man darf nicht vergessen, dass zu jenen Zeiten die Kindersterblichkeit noch sehr hoch war und die schiere Anzahl der Untertanen für jeden Herrscher daher einen großen ökonomischen Wert besaß. Das war auch noch bis ins 19. Jahrhundert der Fall. Vor allem die Vereinigten Staaten, aber auch Kanada, Australien und Südamerika standen Flüchtlingen offen und waren an Zuwanderung grundsätzlich sehr interessiert. Das änderte sich erst zu Beginn des 20. Jahrhunderts. Vor allem nachdem die USA die Einwanderung drastisch beschränkt hatten, lösten neue Flüchtlingsbewegungen in Europa ein Problem aus, dass durch Abwanderung nicht automatisch gelöst werden konnte, sondern zunehmend nach politischen Lösungen verlangte.

6   Eine erste völkerrechtliche Initiative in dieser Richtung wurde ausgelöst, nachdem die sowjetische Regierung am 15.12.1921 jenen bis dahin russischen Staatsbürgern die Staatsbürgerschaft entzogen hatte, die vor der bolschewistischen Revolution in ihrer Heimat und dem kommunistischen Regime geflohen waren. Im

Rest Europas sahen zumindest die herrschenden Eliten und die bürgerlichen Ge-
sellschaftsschichten in der bolschewistischen Revolution in Russland und dem nunmehr dort herrschende Regime eine fundamentale Bedrohung und das machte es
leicht, Solidarität mit jenen zu empfinden, die vor diesem Regime geflohen waren.
So verwundert es deshalb nicht, dass es im Juli 1922 auf Initiative des vom Völkerbund eingesetzten Hohen Flüchtlingskommissar Fridtjof Nansen zu einer ersten
Verständigung unter zahlreichen Mitgliedern des Völkerbundes gekommen ist, die
darauf abzielte, alle Personen, die früher auf russischem Territorium gelebt hatten
und sich jetzt außerhalb der Sowjetunion befanden und keine andere Staatsbürgerschaft besaßen, mit einem Flüchtlingspass auszustatten, der zum Nachweis ihrer
Identität dienen und es ihnen erlauben sollte, leichter von einem Land zu einem
anderen zu reisen, um sich dort um einen dauerhaften Aufenthaltsstatus bemühen
zu können.

Die Zahl der russischen Flüchtlinge war mit mehr als einer Million zwar absolut   7
gesehen besonders groß, aber es gab nach dem ersten Weltkrieg auch sehr große
Zahlen von Flüchtlingen aus vielen anderen Staaten. Im Jahre 1926 befanden sich
ca. 10 Mio. entwurzelter Menschen allein in Europa, darunter auch etwa eine Million Griechen, die aus der Türkei vertrieben worden waren und viele Armenier, die
ab 1915 ebenfalls vom osmanischen Reich verfolgt und vertrieben worden waren,
und von denen sich immerhin ca. 40.000 in Frankreich aufhielten, 45.000 in Griechenland, 65.000 in Syrien und dem Libanon. Im Mai 1924 konnte der Flüchtlings-
hochkommissar zwar erreichen, dass auch die armenischen Flüchtlinge in das bis
dahin nur für Russen geltende Arrangement von 1922 einbezogen wurden, aber es
waren doch deutlich weniger Staaten, die diese Erweiterung akzeptieren. Während
das Arrangement von 1922 am Ende der 1920er Jahre von insgesamt 52 Regierungen akzeptiert worden ist, wurde die Erweiterung für die Armenier nur von 39
Regierungen akzeptiert.

Im Jahre 1928 kam es zu einem weiteren Arrangement, mit dem weitere Gruppen   8
von Flüchtlingen einen Nansen-Pass erhalten konnten, nämlich assyrische Christen
und andere christliche Minderheiten aus dem ehemaligen Osmanischen Reich, nicht
aber beispielsweise die ca. 16.000 staatenlosen Juden, die aus der Sowjetunion geflohen waren und sich in Rumänien aufhielten, ohne dort einen gesicherten Status bekommen zu können. Auch hier sieht man deutlich, wie die Flüchtlingspolitik
dem Muster der Solidarität mit Gleichgesinnten gefolgt ist, nämlich mit verfolgten christlichen Minderheiten bei gleichzeitigem Ausschluss ebenso verfolgter und
Schutz bedürftiger Juden.

Während die bis dahin getroffenen Arrangements rechtlich nicht verbindlich   9
waren, sondern eher Empfehlungen an die Regierungen darstellten, kam es 1933
zu einer ersten völkerrechtlich verbindlichen Flüchtlingskonvention. Obwohl es zu
dieser Zeit bereits eine große Fluchtbewegung aus Deutschland gab und damit zu
rechnen war, dass dies in der nahen Zukunft eher zunehmen würde, spielte dieses
Phänomen für die Beratungen keinerlei Rolle. Es blieb dabei, dass die Konvention
nur für jene Flüchtlinge gelten sollte, die bereits unter die unverbindlichen Arrangements der 1920er Jahre gefallen waren.

10   Erst 1938, als sich inzwischen etwa 400.000 Flüchtlinge aus Deutschland außer-
        halb des Reiches befanden, kam es zu einer weiteren Flüchtlingskonvention, die
        sich ausschließlich auf Flüchtlinge aus Deutschland bezog. Vierzehn Staaten be-
        rieten den Entwurf der Konvention, sieben unterschrieben sie, aber nur zwei, näm-
        lich Belgien und Großbritannien, haben sie mit zahlreichen Einschränkungen und
        Vorbehalten schließlich ratifiziert. Faktisch hatte der Vertrag keinerlei Wirksamkeit
        im Hinblick auf den Schutz von Flüchtlingen aus Deutschland, weder im Hinblick
        auf Juden, Sinti, Roma und andere wegen ihrer Rasse verfolgten Gruppen, noch
        im Hinblick auf jene, die wegen ihrer politischen Opposition zu dem Regime in
        Deutschland fliehen mussten. Die Flüchtlinge aus Deutschland wurden im Rest
        Europas und der Welt nicht als Gleichgesinnte oder Brüder und Schwestern im
        Glauben oder in der politischen Überzeugung aufgefasst, mit denen man sich soli-
        darisieren konnte.

11   Nach dem Ende des Zweiten Weltkriegs befanden sich erneut etwa 10 Mio. Men-
        schen in Europa außerhalb ihres Herkunftslandes, in das sie aus den verschiedens-
        ten Gründen nicht zurückkehren konnten. In dieser Situation gründeten die Ver-
        einten Nationen gleich zu Beginn ihrer Tätigkeit eine neue Agentur, die sich dieses
        Problems annehmen sollte, die *International Refugee Organisation* (IRO) die in
        der Folgezeit etwa 80 % der Flüchtlinge, die unter ihr Mandat fiel, helfen konnte,
        insbesondere indem sie ihnen dauerhafte Bleibemöglichkeiten außerhalb des Her-
        kunftslandes vermittelte. Die Satzung der IRO definierte deren Zuständigkeit für
        sechs verschiedene Kategorien von Flüchtlingen.

12   Der gemeinsame Nenner all dieser Bestimmungen ist, dass die IRO für den
        Schutz von Personen zuständig sein sollte, die Opfer von Verfolgung, von Einwir-
        kungen des Krieges oder bestimmter politischer Regimes waren, nämlich die Opfer
        des Nazi-Regimes, der faschistischen Regime und der sie unterstützenden Regime,
        spanische Republikaner und andere Opfer des falangistischen Regimes in Spanien.
        Es ist bemerkenswert, dass hier zum ersten Mal nicht die Volkszugehörigkeit oder
        die (frühere) Staatsangehörigkeit das entscheidende Kriterium war, um Personen
        als Flüchtlinge zu qualifizieren. Vielmehr stellt die Satzung schon ganz entschei-
        dend auf die Schutzbedürftigkeit der betroffenen Menschen ab und nicht darauf, ob
        es sich um Glaubensgenossen oder sonst wie Gleichgesinnte handelt. Die Satzung
        enthält auch erstmals die Beschreibung einer bestimmten Gruppe von Flüchtlingen
        als Personen, die sich außerhalb des Landes befinden, dessen Staatsangehörigkeit
        sie besitzen und als Ergebnis der Ereignisse nach Ausbruch des zweiten Weltkriegs
        den Schutz des Herkunftsstaates nicht in Anspruch nehmen können oder wollen.
        In diesem Zusammenhang wird zumindest nicht ausdrücklich verlangt, dass sie in
        ihrem Herkunftsland verfolgt worden sind.

13   Andererseits wird das Mandat nicht mehr auf alle Personen erstreckt, die schon
        nach den früheren Arrangements und Konventionen unter den Flüchtlingsbegriff
        fielen, sondern nur noch auf jene von ihnen, die „wegen ihrer Rasse, Religion, Na-
        tionalität oder politischen Überzeugung" als Flüchtlinge angesehen wurden. Damit
        kommt ein neues Element in den Flüchtlingsbegriff, das den Schutzbereich offen-
        sichtlich wieder einschränken soll. Es reicht nicht mehr aus, einfach nur außerhalb
        des Herkunftsstaates zu sein und den Schutz des Herkunftsstaates nicht in Anspruch

nehmen zu können, sondern Flüchtling ist nur, wer verfolgt worden ist, und zwar wegen der Rasse, Religion, Nationalität oder politischen Überzeugung. Der Öffnung des Flüchtlingsbegriffs folgt also zugleich auch wieder eine Einschränkung im Hinblick auf die Erforderlichkeit bestimmter Verfolgungsgründe. Man geht sicher nicht zu weit mit der Spekulation, dass diejenigen, die diese Formulierung eingebracht haben, dabei nicht zwingend die Vorstellung verbunden haben, dass Verfolgung wegen der Rasse keineswegs den Schutz aller „Rassen" meint. Man dachte dabei wohl eher an die rassistisch Verfolgten des Nazi-Regimes, aber nicht an die Schwarzen in den USA, die zur gleichen Zeit massiv an der Wahrnehmung ihrer Bürgerrechte gehindert und wirtschaftlich und kulturell diskriminiert worden sind. Ebenso verband man mit der Verfolgung wegen der politischen Überzeugung wahrscheinlich die Vorstellung von einer Person, die wegen ihrer demokratischen und rechtsstaatlichen Überzeugungen verfolgt wird und nicht jemanden, der sich für die Diktatur des Proletariats oder gar für einen islamistischen Gottesstaat einsetzt. So dürfte hinter dem Vorhang höchst vager und mehrdeutiger Begriffe die Idee der Solidarität mit Gleichgesinnten weiterhin – bewusst oder unbewusst – die Vorstellungen vieler beherrscht haben, die an der Formulierung der IRO-Satzung beteiligt waren. Dass die IRO dem Prinzip der Solidarität mit Gleichgesinnten weiterhin verhaftet war, ergibt sich nicht zuletzt auch daraus, dass die sechs bis acht Millionen Volksdeutsche, die aufgrund der Ereignisse in Folge des zweiten Weltkriegs ihre Heimat verloren hatten und entwurzelt waren, von dem Mandat der IRO ausdrücklich ausgeschlossen waren.

4.2   Die Genfer Flüchtlingskonvention von 1951

Am Beginn der Verhandlungen, die zur Genfer Flüchtlingskonvention von 1951 **14** führen sollten, steht ein Memorandum, in dem der UN-Generalsekretär Trykve Lie die Forderung nach einem möglichst umfassenden Flüchtlingsbegriff zum Ausdruck brachte. Das entscheidende Kriterium sollte allein die Schutzbedürftigkeit der Menschen sein und sonst nichts. Der Vorschlag wurde schon bald mit dem Argument zurückgewiesen, dass ein solch umfassender Flüchtlingsbegriff ein Blankoscheck sei und niemand seriös beurteilen könne, ob er eingelöst werden kann. So einigte man sich auf einen Kompromiss. Zum einen wurde entgegen der Tradition aus der Zwischenkriegszeit darauf verzichtet, auf ganz bestimmte Volksgruppen abzustellen. Der Flüchtlingsbegriff wurde vielmehr abstrakt gefasst. Zugleich wurde aber, wie schon in der IRO-Satzung, das Definitionsmerkmal der Verfolgung eingeführt. Durch das Merkmal der Verfolgung waren automatisch große Gruppen von Menschen ausgeschlossen, die objektiv als schutzbedürftig gelten mussten, nämlich all jene, die Opfer von Umweltkatastrophen, Kriegen und Bürgerkriegen sowie desolaten sozialen Verhältnissen werden, in denen sie etwa in gesundheitlicher Hinsicht nicht die Mittel erhalten können, die sie für ein menschenwürdiges Leben brauchen. Weiterhin wurde der Flüchtlingsbegriff dadurch eingeschränkt, dass nicht jeder Mensch als Flüchtling anerkannt werden sollte, der von anderen Menschen in seinen grundlegenden Menschenrechten bedroht ist. Vielmehr sollten nur jene erfasst werden, die aus bestimmten Gründen bedroht werden, nämlich wegen der Verfolgungsgründe der Rasse, Religion, Nationalität und politischen Überzeugung.

15   Damit übernahm man die bereits aus der Satzung der IRO bekannte Formulierung, die ihrerseits in dem Urteil zum Nürnberger Kriegsverbrecherprozess vom 01.10.1946 geprägt worden war und dort auf alle diejenigen bezogen worden war, die von den Nazis verfolgt worden waren, nämlich die Juden („wegen der Rasse"), religiöse Opponenten christlicher Provenienz („wegen der Religion") und politische Gegner („wegen der politischen Überzeugung").[1] Ob und inwiefern die Begriffe eine darüber hinausgehende Bedeutung haben sollten oder könnten, blieb unerörtert.

16   Eine weitere Einschränkung wurde dadurch erreicht, dass eine zeitliche Limitierung eingeführt wurde. Unter den Schutz der Konvention sollten nur diejenigen fallen, die auf Grund von Ereignissen außerhalb ihres Herkunftslandes befanden, die vor dem 1. Januar 1951 eingetreten waren. Diese zeitliche Beschränkung stand allerdings von Anfang an in einem offensichtlichen Spannungsverhältnis zu der Präambel der Konvention, in der ein Bezug zur Allgemeinen Erklärung der Menschenrechte hergestellt und erklärt wird, dass es darum gehe, Flüchtlingen in möglichst großem Umfang die Ausübung der Menschenrechte und Grundfreiheiten zu sichern. Das Spannungsverhältnis zwischen diesem Anspruch und der zeitlichen Limitierung wurde von Anfang an deutlich empfunden und führte im Jahre 1967 schließlich zu dem Protokoll von New York, mit dem die zeitliche Bezugnahme auf Ereignisse, die vor dem 1. Januar 1951 stattgefunden hatten, aufgehoben worden ist. Dass auch die anderen Limitierungen des Flüchtlingsbegriffs, insbesondere durch das Merkmal der Verfolgung und die Verfolgungsgründe ebenfalls in einem Spannungsverhältnis zu der in der Präambel zum Ausdruck kommenden Zielsetzung stand, wurde dagegen nicht diskutiert. Indessen kommt das Bewusstsein für dieses Spannungsverhältnis in einer anderen sehr merkwürdigen Entwicklung zum Ausdruck, die zu einer Erweiterung des Katalogs der Verfolgungsgründe führte.

4.3 „Mitgliedschaft in einer bestimmten sozialen Gruppe"

17   Nachdem man sich in der Konferenz der Bevollmächtigten, welche die Konvention aushandeln sollte, auf die Definition des Flüchtlingsbegriffs bereits abschließend geeinigt hatte, brachte der schwedische Diplomat Sture Petrén einen überraschenden Vorschlag ein. Er verlangte, dass die Liste der Verfolgungsgründe um einen erweitert wird, und zwar um den Verfolgungsgrund der „Mitgliedschaft in einer bestimmten sozialen Gruppe". Zur Begründung für diesen Vorschlag machte er geltend, dass die Flüchtlingsdefinition so klar wie möglich sein sollte. Vor allem müsse sichergestellt werden, dass in dem Text der Definition jene Gedanken eindeutig und klar zum Ausdruck kommen, die in den Beratungen über die Konvention geäußert und für wichtig gehalten worden seien. Deshalb sei es wichtig, den Verfolgungs-

---

[1] Siehe dazu die Zitate in Zimmermann a. a. O; S. 55 Fn 102.

grund der Mitgliedschaft in einer bestimmten sozialen Gruppe einzufügen, denn
„solche Fälle existieren und es ist gut, sie ausdrücklich zu erwähnen".

Aus der historischen Distanz kann man diesen Vorschlag und seine Begründung   **18**
nicht ohne ein Gefühl der Verblüffung lesen. Denn im Vergleich zu den übrigen
Verfolgungsgründen zeichnet sich der Verfolgungsgrund der Mitgliedschaft in einer
bestimmten sozialen Gruppe gerade durch seine besondere Unklarheit aus, die weit
über die gewöhnliche Vagheit allgemeiner Begriffe hinausgeht und eher völlige
Inhaltsleere vermuten lässt. Einen solchen zusätzlichen Verfolgungsgrund ausge-
rechnet mit der Begründung vorzuschlagen, er sei erforderlich, um die notwendige
Klarheit zu schaffen, erscheint geradezu frech.

Es wäre nun eigentlich zu erwarten gewesen, dass die übrigen Delegationen   **19**
Herrn Petrén mit entsprechenden Nachfragen konfrontieren, um zu erfahren, was
er mit seinem Vorschlag eigentlich genau meint, und um zu entscheiden, ob man
sich seine Zielsetzung auch selbst zu Eigen machen will. Doch nun geschah etwas
Erstaunliches: Es gab keinerlei Nachfragen und keinerlei Stellungnahmen zu dem
Vorschlag. Er wurde ohne weitere Aussprache angenommen. Das ist umso erstaun-
licher als die Bevollmächtigten andererseits so große Sorgfalt und Aufmerksamkeit
darauf verwendet hatten, den Flüchtlingsbegriff nicht zu weit zu fassen, um keinen
„Blankoscheck" (das Wort wurde in den Verhandlungen häufig benutzt) auf die
Vertragsstaaten auszustellen und die Pflichten, die sie im Hinblick auf Flüchtlinge
eingehen wollten, in ihrem Umfang unkalkulierbar zu machen. Es ist geradezu ku-
rios, dass Petrén selbst in derselben Sitzung, in der er den neuen Verfolgungsgrund
vorschlug, betonte, dass Schweden nur über beschränkte Kapazitäten verfüge und
nicht in der Lage sei, große Massen von Flüchtlingen aufzunehmen.

Auch die interne Kommunikation zwischen Petrén und seiner Regierung lässt   **20**
nicht erkennen, was genau mit dem Vorschlag erreicht werden sollte. Insoweit gibt
es nur den Hinweis auf den Entwurf eines schwedischen Ausländergesetzes, in dem
eine ähnliche Formulierung vorgesehen war. Dieser Entwurf sah in der Tat einen
weiteren Verfolgungsgrund vor, nämlich den der Verfolgung eines Individuums
wegen der „Zugehörigkeit zu einigen besonderen Gruppen in der Gesellschaft".
Die von Petrén vorgeschlagene und von der Bevollmächtigtenkonferenz akzeptierte Formulierung weicht von jener, die für das schwedische Ausländergesetz vorgesehen war, allerdings in einigen entscheidenden Punkten ab und erhöht damit
im Vergleich zu dieser den Grad der Unklarheit und Unbestimmtheit. So ist in der
Konventionsformel nicht von Zugehörigkeit, sondern von Mitgliedschaft die Rede.
Die Zugehörigkeit eines Elements zu einer Gruppe kann auch von einer Beobach-
terposition aus bestimmt werden, während das Wort Mitgliedschaft eher für den
willentlichen und bewussten Anschluss einer Person zu einer Personenvereinigung
spricht. Dafür spricht auch das Wort „sozial", das in der schwedischen Formulierung fehlt.

Terje Einarsen vertritt in seiner Darstellung der Entstehungsgeschichte der Gen-   **21**
fer Flüchtlingskonvention (a. a. O Rn 56) die These, dass die beschriebenen Merk-
würdigkeiten ihren Grund möglicherweise darin haben könnten, dass einerseits den
Teilnehmern der Bevollmächtigtenkonferenz sehr wohl klar war, um was es Petrén
ging, dass sie aber andererseits auch verstanden hatten, dass man über das, was er

meinte und im Sinn hatte, nicht sprechen durfte. Das wäre verständlich, wenn die Delegierten nicht nur das Ziel im Auge gehabt hätten, Gruppen von Menschen in den Flüchtlingsbegriff einzubeziehen, die von den Nazis nicht wegen ihrer Rasse, Nationalität, Religion oder politischen Überzeugung verfolgt worden sind, sondern beispielsweise wegen ihrer (homo-)sexuellen Orientierung oder wegen ihrer Lebensweise als „fahrendes Volk". Warum aber durfte darüber nicht gesprochen werden? – Eine gute Erklärung für dieses merkwürdige Verhalten sieht Einarsen in dem Umstand, dass damit Gruppen von Verfolgten in den Fokus geraten wären, die nicht nur von den Nazis, sondern auch in westlichen Staaten verfolgt worden sind. Diese Gruppen zum ausdrücklichen Thema zu machen, hätte den Widerstand der Vertragsstaaten mobilisieren können und manche dazu bewegen können, den Katalog der Verfolgungsgründe nicht nur nicht auszuweiten, sondern vielleicht sogar, noch einzuschränken. Denn im Rahmen einer offenen Debatte wäre die Rede möglicherweise auch auf den Umstand gekommen, dass zur selben Zeit etwa in den USA Menschen wegen ihrer schwarzen Hautfarbe, also „wegen der Rasse" Verfolgung und Unterdrückung erlitten. Es wäre in dieser Debatte auch nicht unter dem Teppich geblieben, dass nicht nur die Nazis geistig behinderte Menschen zwangsweise sterilisiert, ihrer Freiheit beraubt und umgebracht hatten, sondern dass das erste staatliche rassebiologische Institut 1921 in Schweden errichtet worden war, wo man noch bis in die 1970er Jahre Zwangssterilisationen an Geisteskranken oder Menschen mit geminderter Intelligenz, sozial Unangepassten und Alkoholikern vorgenommen hat.[2] Die Wegnahme von Kindern und ihre Zwangsadoption haben nicht nur die Nazis durchgeführt, sondern auch in Australien nahm man seit Beginn des 20. Jahrhunderts bis Ende der 1960er Jahre Aborigines-Kinder ihren Eltern weg und brachte sie in weißen Pflegefamilien oder Missionsschulen unter, wo sie zu „weißen Werten" umerzogen werden sollten.

22   Wenn es den Diplomaten, die die Genfer Flüchtlingskonvention ausgehandelt haben, mit der Einfügung des Verfolgungsgrundes der „Mitgliedschaft in einer bestimmten sozialen Gruppe" darum gegangen sein sollte, genau jene Menschen zu erfassen, deren Schutzbedürftigkeit selbst von jenen Staaten missachtet wurde, die sich versammelt hatten, um eine Konvention zum Schutz von Flüchtlingen zu vereinbaren, dann hätten wir es hier mit einer klaren Abkehr von dem Prinzip der Solidarität mit Gleichgesinnten als Grundprinzip des Flüchtlingsrechts zu tun. An die Stelle dieses Prinzips wäre hier bewusst und gezielt der Schutz der Menschen um ihrer Würde und ihrer Menschenrechte willen getreten. Zugleich ständen wir aber auch vor dem Phänomen, dass dieser Wandel nicht offen ausgesprochen und thematisiert werden durfte. Er war nur im Wege einer List und mit den Mitteln des stillschweigenden Einvernehmens der Diplomaten möglich, die die Konvention ausgehandelt haben. Die Vertragsstaaten haben dies mit der Unterzeichnung und Ratifizierung der Konvention akzeptiert, ohne sich dabei mit der eigenen moralischen Zerrissenheit auseinandersetzen zu müssen, die darin bestand, dass das moralische Gewissen bereits zu einem tieferen Verständnis der Menschenrechte gefunden hatte als die eigene moralische Praxis.

---

[2] „Schweden ließ Zehntausende zwangssterilisieren", in: Berliner Zeitung v. 20.05.2014.

4.4   Der Wegfall der Verfolgungsgründe im „kleinen Asyl"

Die weitere Entwicklung des Flüchtlingsrechts in Europa ist durch die UN-Folter-   **23**
konvention vom 10.12.1984 gekennzeichnet, die im April 1990 von der Bundesrepublik ratifiziert worden ist. Diese Konvention sieht in Art. 3 ein Refoulementverbot vor. Danach darf niemand in einen Staat abgeschoben werden, in dem stichhaltige Gründe für die Annahme bestehen, dass der Betroffene Gefahr liefe, gefoltert zu
werden. Diese völkerrechtliche Verpflichtung verpflichtet allerdings nur zur Unterlassung der zwangsweisen Vollziehung der Ausreisepflicht. Der Zufluchtstaat muss
ggf. die faktische Anwesenheit des betroffenen Ausländers auf seinem Territorium
hinnehmen. Darüber hinausgehende Pflichten hat er nicht. Insbesondere muss er
den Aufenthalt des Ausländers nicht legalisieren und er ist auch nicht verpflichtet,
ihm weitergehende Rechte wie etwa den Zugang zu Arbeitsmarkt und Bildungs-
wesen, die Ausstattung mit einem Reisepass etc. einzuräumen, wie dies die Genfer
Flüchtlingskonvention für Flüchtlinge im Sinne dieses Abkommens vorsieht.

Die Bundesrepublik setzte die völkerrechtliche Verpflichtung aus der UN-Folter-   **24**
konvention in dem am 1. Januar 1991 in Kraft getretenen neuen Ausländergesetz
denn auch genau in diesem Sinne um. Vorgesehen war nur ein Abschiebungsverbot,
sonst nichts. Weitergehende Regelungen, die es erlaubt hätten, die betroffenen Ausländer ebenso wie die Flüchtlinge im Sinne der GFK in die deutsche Gesellschaft
zu integrieren, sind unterblieben. Die rechtliche Gleichstellung mit Flüchtlingen
nach der GFK bzw. mit Asylberechtigten im Sinne des Grundgesetzes wurde nicht
einmal diskutiert. Offenbar war niemand auch nur auf diesen Gedanken gekommen.

Ein zweites Ereignis auf der völkerrechtlichen Ebene führte zu einem weiteren   **25**
Abschiebungsverbot in diesem Sinne. Der EGMR hatte am 7. Juli 1989 („Soering
v. Vereinigtes Königreich") entschieden, dass ein Vertragsstaat der EMRK selbst
die Menschenrechte aus der EMRK verletzt, wenn er einen Ausländer in einen Zielstaat abschiebt, in dem ihm die Verletzung der EMRK-Menschenrechte droht. Diese
Rechtsprechung führte in Deutschland im Jahre 1990 zu einer gesetzlichen Regelung, wonach die Abschiebung in einen Staat verboten wurde, wenn sich aus der
EMRK ergibt, dass die Abschiebung unzulässig ist. Offensichtlich weil man sich
nicht sicher war, ob die Bezugnahme auf die EMRK auch die von Deutschland ratifizierten Zusatzprotokolle zur EMRK umfasste, kam es schließlich noch zu einem
dritten Abschiebungsverbot. Die Bundesrepublik hatte nämlich im Sommer 1989
das 6. Zusatzprotokoll zur EMRK ratifiziert, mit dem die Todesstrafe verboten worden war. Deshalb wurde in dem neuen Ausländergesetz nun auch die Abschiebung
für den Fall verboten, dass dem Betroffenen im Zielstaat die Todesstrafe droht.

Die neuen Regelungen dienten offensichtlich dem Schutz von Ausländern vor   **26**
der Gefahr der Verletzung grundlegender Menschenrechte in ihrem Herkunftsstaat.
Im Unterschied zur GFK kam es in diesen Fällen aber nur darauf an, dass eben eine
solche Verletzung von Menschenrechten drohte. Hingegen kam es nicht darauf an,
aus welchen Gründen diese Gefahren drohten. Es wurde nicht verlangt, dass die
drohende Verfolgung oder Behandlung im Zusammenhang mit bestimmten Verfolgungsgründen stand. Der Wegfall dieser Bedingung war ein großer Schritt hin auf
ein Flüchtlingsrecht, das allein am Schutzbedürfnis der Betroffenen orientiert ist.

Jeder Zusammenhang mit einschränkenden Bedingungen, die im Sinne des Prinzips der Solidarität mit Gleichgesinnten hätte verstanden werden können, wurde aufgegeben. Andererseits war der Begriff der Behandlung, vor der die Abschiebungsverbote schützen sollten, wesentlich präziser und strenger als der Begriff der Verfolgung im Sinne der GFK. Nicht jede relative Diskriminierung im Hinblick auf ein Strafmaß (Politmalus) konnte schon einen Schutzanspruch auslösen. Die Gefahr musste sich vielmehr auf den menschenrechtlichen Status im Sinne der EMRK in einem absoluten Sinne beziehen.

27   Dass diese neue Variante des Flüchtlingsschutzes als „kleines Asyl" bezeichnet werden konnte, hing also nicht etwa damit zusammen, dass die Gefahren, vor denen Schutz gewährt wurde, kleiner waren als jene, vor denen die GFK Schutz gewährte. Es hing vielmehr damit zusammen, dass den Betroffenen im Unterschied zu den Flüchtlingen nach GFK bzw. den Asylberechtigten nach dem GG keinerlei weitere über das Unterlassen der Abschiebung hinausgehende Rechte eingeräumt wurden. Sie erhielten meist keinen Aufenthaltstitel, so dass ihr Aufenthalt im Bundesgebiet formal illegal blieb. Soweit ihnen die Aufnahme einer Erwerbstätigkeit erlaubt wurde, hing dies von dem Ermessen der Arbeitsbehörden ab. Viele weitere Rechte eines Asylberechtigten oder Konventions-Flüchtlings erhielten sie nicht. Sie waren deshalb in vielfältiger Hinsicht gehindert, Fuß zu fassen und sich in die deutsche Gesellschaft zu integrieren.

28   Erneut zeigt sich an dieser Stelle das Spannungsverhältnis, das einerseits durch das moralische Bewusstsein gekennzeichnet ist, Menschen, deren Menschenrechte gefährdet werden, Schutz zu gewähren, andererseits aber durch die Abwehr dieser Menschen, indem man ihnen die notwendigen Entfaltungschancen für ihr Leben versagt. Es scheint fast so als wenn dieser Politik die illusionäre Vorstellung zugrunde lag, dass Menschen, deren Existenz und Entfaltungsanspruch man rechtlich nicht anerkennt, indem man sie im Stande der Illegalität festhält, auch tatsächlich nicht existieren. Illegalität wäre dann gewissermaßen die Basis faktischer Ignoranz. Eine solche Vorstellung lässt sich allerdings nur um den Preis einer tiefen Gespaltenheit des Bewusstseins aufrechterhalten.

4.5   Subsidiärer Schutzstatus nach EU-Recht

29   Für einen Teil dieser Fälle änderte sich diese prekäre Situation erst mit der Europäisierung des Flüchtlingsrechts und der Einführung des subsidiären Schutzstatus durch die Qualifikationsrichtlinie 2004. Das EU-Recht sieht vor, dass jedenfalls die Menschen, denen Folter, unmenschliche oder erniedrigende Behandlung oder die Todesstrafe drohen (zu Kriegs- und Bürgerkriegsflüchtlingen siehe Rn 31), einen rechtlichen Status erhalten müssen. Heute ist dieser Status demjenigen für Flüchtlinge weitgehend angepasst. Noch immer aber gibt es insofern einen Unterschied, als subsidiär Schutzberechtigte im Unterschied zu Flüchtlingen nach der GFK keine Aufenthaltserlaubnis für drei Jahre bekommen, sondern nur für ein Jahr mit der Möglichkeit der Verlängerung für weitere zwei Jahre (§ 26 Abs. 1 Satz 2 und 3 AufenthG). Nach insgesamt drei Jahren erhalten dann sowohl Flüchtlinge als auch

subsidiär Schutzberechtigte eine unbefristete Niederlassungserlaubnis (§ 26 Abs. 3 AufenthG). Für diese unterschiedliche, aber zugleich auch völlig funktionslose Ungleichbehandlung gibt es keinen anderen Grund als den des immer noch fort-lebenden Spannungsverhältnisses von moralischer Verantwortung und einer gleich-zeitigen Abwehrhaltung gegenüber Schutzbedürftigen. Der Umstand, dass die QRL den Mitgliedstaaten diese Ungleichbehandlung ausdrücklich erlaubt, zeigt, dass es sich hier nicht nur um ein deutsches Phänomen handelt, sondern vielmehr um ein gesamteuropäisches.

Noch deutlicher wird dies im Hinblick auf diejenigen, die schutzbedürftig sind, **30** weil ihnen im Falle der Abschiebung in ihr Herkunftsland eine schwerwiegende Verletzung eines anderen Menschenrechts aus der EMRK droht, also eines Rechts, das nicht von Art. 2 oder 3 EMRK erfasst wird. Für diesen Personenkreis hat sich durch die unionsrechtliche Einführung des subsidiären Schutzstatus nichts geän-dert. Für sie gilt nach wie vor, dass sie nur einen Anspruch darauf haben, nicht abgeschoben zu werden. Zwar sieht § 25 Abs. 3 AufenthG vor, diesen Personen auch eine Aufenthaltserlaubnis zu geben. Die Entscheidung darüber steht aber im gebundenen Ermessen der Ausländerbehörde. Bis sie eine Niederlassungserlaubnis bekommen können, müssen sie zudem sieben Jahre warten und weitere Bedingun-gen erfüllen, die von Flüchtlingen und subsidiär Schutzberechtigten nicht verlangt werden, z. B. die Sicherung des Lebensunterhalts (§ 26 Abs. 4 AufenthG).

In einem Punkt hat das EU-Recht gegenüber dem bis dahin geltenden deutschen **31** Flüchtlingsrecht eine regelrechte Revolution herbeigeführt, nämlich in Bezug auf Kriegs- und Bürgerkriegsflüchtlinge, die in Deutschland vor der Europäisierung des Flüchtlingsrechts grundsätzlich keinerlei Flüchtlingsschutz genießen konnten. Kriegs- und Bürgerkriegsflüchtlinge sind Menschen, die in dem Gebiet, aus dem sie stammen, zwar mit einer massiven Beeinträchtigung der Schutzgüter ihrer Men-schenrechte rechnen müssen. Aber diese Gefahr geht nicht darauf zurück, dass sie zielgerichtet verfolgt werden. Hier fehlt es nicht nur an bestimmten Verfolgungs-gründen, sondern am Tatbestand der Verfolgung überhaupt. Sie kommen nur des-halb zu Schaden, weil sie sich zur falschen Zeit am falschen Ort befinden. In der Sprache der Militärs nennt man so etwas einen Kollateralschaden.

Das deutsche Flüchtlingsrecht sah schon seit 1991 die Möglichkeit vor, Men-schen nicht in einen Staat abzuschieben, wenn dort für sie eine erhebliche konkrete Gefahr für Leib, Leben oder Freiheit besteht (heute: § 60 Abs. 7 AufenthG). Auf der Grundlage dieser Norm konnte Kriegs- und Bürgerkriegsflüchtlingen aber deshalb kein Schutz gewährt werden, weil der Regel ein zweiter Satz folgte, wonach Gefah-ren, denen die Bevölkerung allgemein ausgesetzt ist, bei Anordnungen der obers-ten Landesbehörde über die vorübergehende Aussetzung der Abschiebung u. a. aus humanitären Gründen „zu berücksichtigen" sind. Dieser Satz wurde seitens der Rechtsprechung von Anfang an so interpretiert, dass jeglicher Schutz ausgeschlos-sen ist, wenn Menschen vor Gefahren einer Kriegssituation geflohen sind, weil es sich dabei stets um Gefahren handelt, denen die Bevölkerung im Kriegsgebiet allge-mein ausgesetzt ist. Heute ist europarechtlich vorgegeben, dass Kriegs- und Bürger-kriegsflüchtlinge unter den Bedingungen des Art. 15 lit. c QRL (= § 4 Abs. 1 Satz 2 Nr. 3 AsylVfG) ebenfalls Anspruch auf subsidiären Schutz haben (vgl. 3.4.2.2.3).

33   Die Schutzklausel der erheblichen konkreten Gefahr für Leib, Leben und Freiheit (§ 60 Abs. 7 AufenthG) findet heute hauptsächlich noch auf jene Fälle Anwendung, in denen es um Gefahren geht, die nicht auf einer zielgerichteten Handlung von Akteuren beruht, die dem Betreffenden einen ernsthaften Schaden zufügen
wollen, sondern wenn es sich um Gefahren handelt, die aus den allgemeinen sozialen Defiziten einer Gesellschaft herrühren, etwa der Abwesenheit eines Gesundheitssystems, ohne das der Betroffene mit seinem baldigen Tode oder schwersten
Erkrankungen rechnen muss. Auch für diese Fälle gilt, dass die Betroffenen nur
einen Anspruch darauf haben, nicht abgeschoben zu werden. Zwar sieht § 25 Abs. 3
AufenthG vor, auch diesen Personen eine Aufenthaltserlaubnis zu geben. Die Entscheidung darüber steht aber im gebundenen Ermessen der Ausländerbehörde. Bis
sie eine Niederlassungserlaubnis bekommen können, müssen auch sie sieben Jahre warten und weitere Bedingungen erfüllen, die von Flüchtlingen und subsidiär
Schutzberechtigten nicht verlangt werden, z. B. die Sicherung des Lebensunterhalts
(§ 9 AufenthG).

4.6   Gegenläufige Bewegungen

34   So zeigt die heutige Rechtslage, dass die Entwicklung von der Solidarität mit
Gleichgesinnten zur menschenrechtlichen Solidarität als Grundprinzip des Flüchtlingsrechts noch nicht zu ihrem Abschluss gekommen ist. Es ist nicht einmal ein
eindeutiger Trend feststellbar. Vielmehr lassen sich immer wieder gegenläufige Bewegungen beobachten.

35   Eine solche gegenläufige Bewegung kann man in der Rechtsprechung des EuGH
sehen, wonach eine verfolgte Person auf Dauer vom Flüchtlingsschutz ausgeschlossen ist, wenn sie in der Vergangenheit terroristisch tätig war, und zwar auch dann,
wenn sie sich inzwischen davon endgültig abgewandt hat (EuGH 09.11.2010,
Rn 104). Diese Rechtsprechung beruht auf der Vorstellung, dass Personen sich
durch ihr Tun des Schutzes der Menschenrechte als unwürdig erweisen und diesen
Schutz damit auf Dauer verlieren können. Diese Vorstellung ist mit der Idee der
Menschenrechte aber unvereinbar. Sie beruht vielmehr auf dem Prinzip der Solidarität mit Gleichgesinnten oder „der Guten", die wir der Solidarität für würdig halten. Die Idee der Menschenrechte beruht indessen nicht auf einer Würde, die man
verlieren kann, indem man Verbrechen begeht, sondern auf der unveräußerlichen
und unentziehbaren Würde des Menschen.

36   Das Beispiel zeigt, wie das Recht bis zum heutigen Tage hin und her oszilliert
zwischen dem Prinzip der Solidarität mit Gleichgesinnten und der menschenrechtlichen Solidarität. Diese Ambivalenz ist die wesentliche Ursache dafür, warum das
System des Flüchtlingsrechts so komplex und schwer zu durchschauen ist. Die
Komplexität des heutigen Flüchtlingsrechts beruht nicht auf der Komplexität der
Lebenswirklichkeit, die sie regeln soll. Sie ist eher Ausdruck der psychischen Ver-
fasstheit der deutschen oder europäischen Gesellschaft, die durch einen hohen Grad
moralischer Ambivalenz gekennzeichnet ist. Wenn man dies durchschaut hat, kann
man sich mit weniger unbegründetem Respekt oder gar Angst auf dieses Rechtsgebiet einlassen.

Asylverfahren

5

5.1 Rechtsgrundlagen

Weder Art. 16a GG noch GFK enthalten einen Anerkennungsvorbehalt oder einen **1** Verfahrensvorbehalt. Denkbar wäre, dass die Asylberechtigung oder die Flüchtlingseigenschaft der Inzidentprüfung im Zusammenhang mit allen Verwaltungsverfahren unterliegt, in denen es um Ansprüche geht, die von der Asylberechtigung oder von der Flüchtlingseigenschaft abhängen. Dann müssten nicht nur die Ausländerbehörde bei der Frage der Erteilung einer Aufenthaltserlaubnis oder der Aufenthaltsbeendigung, sondern z. B. auch die BAFöG-Ämter jeweils als Vorfrage klären, ob Asylberechtigung, bzw. Flüchtlingseigenschaft vorliegt. Die einzelnen Behörden könnten dabei auch zu unterschiedlichen Ergebnissen kommen. Ein solches Vorgehen wäre für den Schutzberechtigten also kein Vorteil, sondern es wäre für ihn vielmehr mit zahlreichen Risiken und Nachteilen verbunden.

Daher darf der Gesetzgeber ein Anerkennungsverfahren etablieren, ohne dass **2** dadurch das Grundrecht bzw. der Anspruch auf Schutz irgendwie eingeschränkt oder erschwert würde. Die zentrale Entscheidung über die Anerkennung des Status dient vielmehr der Rechtssicherheit und erhöht die Effektivität des Grundrechtsschutzes. Das Anerkennungsverfahren ist also kein Eingriff in das Grundrecht, sondern bietet einen zusätzlichen Vorteil (BVerfG 25.02.1981 [236 ff.]).

Der Unionsgesetzgeber und der nationale Gesetzgeber haben sich deshalb zuläs- **3** sigerweise dafür entschieden, das Asylgrundrecht und den internationalen Schutz unter einen Verfahrensvorbehalt zu stellen. Die Rechte aus dem internationalen Schutzstatus oder aus der Asylberechtigung können nur wahrgenommen werden, wenn sie nach Durchführung eines entsprechenden Verfahrens förmlich festgestellt worden sind. Solche Verfahren „regeln" das Asylrecht, aber beschränken es nicht (BVerfG 20.04.1982 [295]).

Für den Flüchtlingsstatus (Art. 13 QRL) und für den unionsrechtlichen subsidiä- **4** ren Schutzstatus (Art. 18 QRL) sieht das Unionsrecht die Zuerkennung eines Status und die Durchführung eines entsprechenden Anerkennungsverfahrens vor (RL 2013/32/EU v. 26.06.2013 zu gemeinsamen Verfahren für die Zuerkennung und Aberkennung des internationalen Schutzes, ABl EU Nr. L 180/60 v. 29.06.2013).

© Springer-Verlag Berlin Heidelberg 2015
P. Tiedemann, *Flüchtlingsrecht*, DOI 10.1007/978-3-662-43657-8_5

5   Für die Abschiebungsverbote nach § 60 Abs. 5 und Abs. 7 AufenthG hat sich der
deutsche Gesetzgeber ebenfalls für ein entsprechendes zentrales Verfahren entschieden, allerdings nur dann, wenn ein Asylantrag gestellt worden ist. Ist ein Asylantrag
nicht gestellt worden, dann bleibt es insoweit bei der Zuständigkeit der jeweiligen
Ausländerbehörde, die das Vorliegen der Abschiebungsverbote nur prüft, wenn eine
Abschiebung konkret in Rede steht. Der Bundesrat hat bei der Beratung des Gesetzes zur Umsetzung der Richtlinie 2011/95/EU gefordert, generell ein zentralisiertes
Feststellungverfahren vor dem BAMF für zielstaatsbezogene Abschiebungsverbote
nach § 60 Abs. 5 und Abs. 7 AufenthG vorzusehen, konnte sich damit jedoch nicht
durchsetzen (vgl. BT-Drs 17/13392).

6   Die maßgeblichen Regelungen des Asylverfahrens ergeben sich aus

* VO (EU) Nr. 604/2013 v. 26.06.2013 (ABl L 180/31) – „Dublin III -VO"
* AsylVfG
* VwVfG

5.2   Asylgesuch (= um Asyl „nachsuchen")

7   Das Asylverfahrensrecht unterscheidet zwischen einem **Asylgesuch** oder Asylbegehren einerseits und dem **Asylantrag** andererseits. So spricht das AsylVfG an
vielen Stellen davon, dass ein Ausländer um Asyl *nachsucht*, während an anderen
Stellen von dem Asyl*antrag* die Rede ist. Leider wird die Unterscheidung aber nicht
systematisch strikt durchgehalten. Es gibt viele Gesetzesstellen, an denen von *Asylantrag* die Rede ist, obwohl tatsächlich das *Asylgesuch* gemeint ist. Diese Unklarheit hat dazu geführt, dass selbst vielen Fachleuten in Verwaltung und Justiz die
Unterscheidung nicht geläufig ist, was nicht selten zu fehlerhaften Entscheidungen
führt. Deshalb ist es äußerst wichtig, sich jeweils vollständige Klarheit darüber zu
verschaffen, ob es um ein Asylgesuch oder um einen Asylantrag geht.

8   Das Verfahren beginnt mit einem Asylgesuch. Das ist der schriftlich, mündlich
oder auf sonstige Weise geäußerte Wille eines Ausländers, dass er im Bundesgebiet
Schutz vor politischer Verfolgung sucht oder dass er Schutz vor Abschiebung oder
einer sonstigen Rückführung in einen Staat begehrt, in dem ihm eine Verfolgung im
Sinne des § 3 Abs. 1 AsylVfG oder ein ernsthafter Schaden im Sinne des § 4 Abs. 1
AsylVfG drohen. Das ist in § 13 Abs. 1 AsylVfG geregelt, wo wir aber bereits ein
erstes Beispiel für die beschriebene Unklarheit finden, weil hier eben nicht der Ausdruck *Asylgesuch*, sondern der Ausdruck *Asylantrag* verwendet wird.

9   Jedes Begehren in diesem Sinne wird als ein solches gedeutet, das sowohl auf
die Anerkennung als Asylberechtigter als auch auf die Zuerkennung internationalen
Schutzes gerichtet ist, sofern der Ausländer sein Begehren nicht ausdrücklich auf
die Zuerkennung internationalen Schutzes beschränkt (§ 13 Abs. 2 AsylVfG).
Ein Schutzersuchen im Sinne des § 13 Abs. 1 AsylVfG kann im Prinzip vor jeder
beliebigen Person oder jeder beliebigen Behörde oder Einrichtung geäußert werden.
Rechtlich relevant wird es aber nur, wenn es entweder vor einer **Grenzbehörde**
(§§ 13 Abs. 3, 18, 18a AsylVfG), einer **Ausländerbehörde** (§ 19 AsylVfG) oder

einer **Polizeibehörde** (§ 19 AsylVfG) geäußert wird. Für diese drei Behörden – und nur für diese drei Behörden – bestimmt das AsylVfG nämlich, dass auf Grund der Äußerung eines Asylgesuchs bestimmte Rechtsfolgen eintreten, nämlich die, dass vom Moment der Äußerung an der Aufenthalt des Asylsuchenden im Bundesgebiet gestattet ist (siehe 5.5), und dass diese und nur diese Behörden verpflichtet sind, dafür Sorge zu tragen, dass der Ausländer in Kontakt zum BAMF kommt, um dort einen Asylantrag stellen zu können (§§ 18 Abs. 1, 19 Abs. 1 AsylVfG).

5.3 Einweisung in die Aufnahmeeinrichtung

Der Asylsuchende ist von der Grenz-, Ausländer- oder Polizeibehörde, vor der er 10 sein Asylgesuch geäußert hat, an die zuständige oder nächstgelegene Erstaufnahmeeinrichtung **weiterzuleiten**. Dort befindet sich eine **Außenstelle** des BAMF, wo der Asylsuchende den förmlichen Asylantrag stellen kann. Besitzt der Asylsuchende eine Aufenthaltserlaubnis, ist er an die BAMF-Zentrale in Nürnberg zu verweisen, wo er seinen Antrag stellen muss (§ 14 Abs. 2 AsylVfG).

Die Weiterleitung findet nicht statt, wenn der Ausländer bei einer Grenzbehörde 11 vorstellig wird oder wenn er sein Asylgesuch äußert, nachdem er im grenznahen Bereich und im zeitlichen Zusammenhang mit einem gerade erfolgten illegalen Grenzübertritt aufgegriffen wird und dann sein Asylbegehren äußert, sofern eine der folgenden Voraussetzungen vorliegt:

- Einreise aus einem sicheren Drittstaat (§ 18 Abs. 2 Nr. 1 i. V. m. § 26a AsylVfG).
- Es liegen Anhaltspunkte dafür vor, dass ein anderer Staat auf Grund von Rechtsvorschriften der EU oder eines völkerrechtlichen Vertrages für die Durchführung des Asylverfahrens zuständig ist, vorbehaltlich des Erfolgs eines Aufnahmeersuchen an den zuständigen Staat (§ 18 Abs. 2 Nr. 2 AsylVfG), siehe unten 5.7
- Der Ausländer ist eine Gefahr für die Allgemeinheit wegen einer besonders schwerer Straftat (3 Jahre Haft innerhalb der letzten 3 Jahre) (§ 18 Abs. 2 Nr. 3 AsylVfG) – Zur Frage der Verfassungsmäßigkeit dieser Regelung siehe 2.3.3.

In diesen Fällen ist der Ausländer zurückzuschieben (wenn im grenznahen Raum 12 aufgegriffen) oder es ist ihm die Einreise zu verweigern (wenn Einreiseersuchen vorliegt) – § 18 Abs. 3 AsylVfG

Die **Erstaufnahmeeinrichtungen** (EAE) sind von den Ländern zu schaffen 13 und zu unterhalten (§ 44 AsylVfG). Durch Ländervereinbarung werden die auf die Länder entfallenden Aufnahmequoten festgelegt (§ 45 AsylVfG). Es ist auch die Weiterleitung an eine andere als die nächstgelegene Erstaufnahmeeinrichtung möglich. Das ist der Fall, wenn die Kapazität der nächstgelegenen EAE erschöpft ist oder wenn für den betreffenden Ausländer im Hinblick auf sein Herkunftsland eine andere BAMF-Außenstelle zuständig ist (§ 46 Abs. 1 AsylVfG). Die Verteilung erfolgt ggf. durch Zuweisung durch eine zentrale Verteilungsstelle (§ 46 Abs. 2 AsylVfG). Die Pflicht zur Aufnahme eines Asylbewerbers einschließlich des nach der Aufenthaltsrichtlinie gebotenen Unterhalts besteht bis zum Zeitpunkt der tatsächlichen Überstellung (dazu 5.7) auch dann, wenn das BAMF einen anderen EU-

Mitgliedstaat für die Durchführung des Asylverfahrens für zuständig hält (EuGH 27.09.2012).

14   Es besteht eine Aufenthaltspflicht in der Aufnahmeeinrichtung für maximal 3 Monate (§ 47 Abs. 1 AsylVfG). Ist das Verfahren bis dahin nicht rechtskräftig abgeschlossen, hat das Land, in dem der Asylbewerber sich bisher aufzuhalten hatte, die Unterbringung sicherzustellen. Zu diesem Zweck erlässt die zuständige Landesbehörde des betreffenden Landes einen Zuweisungsbescheid zu einem Landkreis (§ 50 Abs. 4 AsylVfG). Auf Grund dieses Zuweisungsbescheides ist der Asylsuchende verpflichtet, sich in den betreffenden Landkreis zu begeben und sich dort unterbringen zu lassen. Der Landkreis ist verpflichtet, den Asylsuchenden unterzubringen. Das AsylVfG sieht vor, dass dies möglichst in Gemeinschaftsunterkünften geschehen soll (§ 53 Abs. 1 AsylVfG).

15   Während des Aufenthalts in der Erstaufnahmeeinrichtung ist **Erwerbstätigkeit verboten** (§ 61 Abs. 1 AsylVfG), danach kann die Erwerbstätigkeit frühestens nach neun, künftig nach drei Monaten erlaubt werden (§ 61 Abs. 2 AsylVfG). Die Liste der Erstaufnahmeeinrichtungen in Deutschland findet man auf der Website des BAMF (http://www.bamf.de > Das BAMF > Außenstellen)

5.4 Erkennungsdienstliche Maßnahmen

16   Nach der Äußerung eines Asylbegehrens werden von einer der in Nr. 5.2 genannten Behörden oder der EAE oder nach der Antragstellung vom BAMF (§ 16 Abs. 2 AsylVfG) folgende erkennungsdienstliche Maßnahmen durchgeführt:

- Personenbezogene Daten (§ 7)
- Lichtbilder, Fingerabdrücke, Sprachaufzeichnung (§ 16 Abs. 1)
- Fingerabdrücke in Zentralcomputer nach EURODAC (VO (EG) Nr. 2725/2000; ab 20.07.2015: VO (EU) Nr. 603/2013).

5.5 Aufenthaltsstatus während des Verfahrens

17   Mit dem Asylgesuch ist der Aufenthalt automatisch gestattet (§ 55 AsylVfG) sofern nicht eine der in 5.3 genannten Ausnahmefälle vorliegt. Die Aufenthaltsgestattung ist räumlich auf den Bezirk der zuständigen Ausländerbehörde beschränkt (§ 56 AsylVfG). Der Ausländer erhält eine Bescheinigung über die Aufenthaltsgestattung, mit der er sich ausweisen kann (§ 63 AsylVfG).

5.6 Asylantrag

18   Die Leitung der Erstaufnahmeeinrichtung informiert die dieser Einrichtung zugeordnete Außenstelle des BAMF über die Ankunft des betreffenden Asylbewerbers. Das BAMF gibt dem Asylbewerber darauf einen Termin, zu dem er bei dem zuständigen Beamten des BAMF vorzusprechen und seinen förmlichen Asylantrag zu stellen hat (§ 23 AsylVfG). Erst mit dieser Antragstellung wird das Verwaltungsverfahren in Gang gesetzt, das mit einer Entscheidung über den Asylantrag abzuschließen ist, wenn der Antrag nicht zuvor zurückgenommen worden ist oder als zurückgenommen gilt (§ 14 Abs. 1 AsylVfG).

Stellt der Ausländer den förmlichen Asylantrag nicht innerhalb von zwei Wochen nach der Äußerung des Asylgesuchs, so erlischt die gesetzliche Aufenthaltsgestattung. Der Ausländer gilt dann nicht mehr als Asylsuchender, sondern als ein gewöhnlicher Ausländer. Ist ihm die Einreise nur deshalb gestattet worden, weil er ein Asylgesuch geäußert hat, so handelt es sich jetzt um einen Ausländer, der sich illegal im Bundesgebiet aufhält. Es ist dann Sache der zuständigen Ausländerbehörde, diesen illegalen Aufenthalt zu beenden.   **19**

Der Asylantrag erstreckt sich automatisch auch auf die eigenen Kinder unter 16   **20**
Jahren, die zusammen mit dem asylsuchenden Erwachsenen in die Bundesrepublik geflohen sind (§ 14a AsylVfG). Haben die Kinder jedoch bereits das 16. Lebensjahr vollendet, so gelten Sie im Asylverfahren selbst als handlungsfähig und müssen deshalb selbst einen Asylantrag stellen (§ 12 Abs. 1 AsylVfG).

Die asylverfahrensrechtliche **Handlungsfähigkeit ab 16 Jahren** begegnet ins   **21**
besondere in dem Fall, dass es sich um **unbegleitete Minderjährige** handelt, völkerrechtlichen Bedenken. Es ist nämlich fraglich, ob diese Regel mit der UN-Kinderrechtskonvention vereinbar ist, wonach alle Menschen bis zum Erreichen der Volljährigkeit als Kinder anzusehen sind. Die Bundesregierung hatte zwar bei der Ratifizierung der Konvention eine Vorbehaltserklärung zugunsten des deutschen Ausländerrechts abgegeben, diese Erklärung im Juli 2010 aber zurückgezogen. Deshalb muss auch für 16 und 17jährige unbegleitete Antragsteller ein Vormund bestellt werden – und sofern dieser auf dem Gebiet des Asylrechts keine Kompetenz hat – ein Verfahrenspfleger (a. A. BGH, Beschl. v. 29.05.2013 – XII ZB 124/12 –, juris). *Literaturhinweis* zu dieser Thematik: Hocks 2014.

Der Asylantrag erstreckt sich, sofern er nicht ausdrücklich eingeschränkt wird   **22**
auf die Anerkennung als Asylberechtigter sowie auf den internationalen Schutz (§ 13 Abs. 2 AsylVfG)[1]. Theoretisch kann der Asylantragsteller den Antrag aber auf den internationalen Schutz beschränken. Praktisch gibt es dafür aber kein Bedürfnis. Denn die Ablehnung des Antrags auf Anerkennung als Asylberechtigter bei gleichzeitiger Zuerkennung der Flüchtlingseigenschaft hat für den Asylantragsteller keinerlei Nachteile. Wird der Asylantrag vollständig abgelehnt, dann neigen viele Rechtsanwälte dazu, im Verwaltungsprozess nur noch zu beantragen, das Bundesamt zu verpflichten, den internationalen Schutz zuzuerkennen. Das tun sie, wenn der Asylkläger über einen Sicheren Drittstaat eingereist ist oder das Gegenteil sich jedenfalls nicht beweisen lässt. Das Motiv für diese Reduzierung des Klagziels ist es meist, dass sie glauben, dass der Asylkläger im Falle der teilweisen Abweisung der Klage einen Teil der Kosten (Anwaltskosten) tragen muss. Da aber das Klage-

---

[1] Diese Regelung betrifft nun tatsächlich den Asylantrag und nicht das Asylgesuch. Der Begriff Asylantrag ist in § 13 AsylVfG also mehrdeutig gebraucht. In Absatz 1 meint er das Asylgesuch, in Absatz 2 meint er den Asylantrag.

ziel die Erlangung des Flüchtlingsstatus ist und die Anerkennung der Asylberechtigung neben der Zuerkennung der Flüchtlingseigenschaft nur eine andere Rechtsgrundlage darstellt, auf der dieses Klageziel erreicht werden kann, nicht aber einen anderen Streitgegenstand, dürfte sich die Teilabweisung der Klage im Hinblick auf die Asylberechtigung kostenrechtlich nicht auswirken. Offenbar ist dies aber nicht bei allen Verwaltungsgerichten Praxis.

23   Der Antrag auf internationalen Schutz ist **unteilbar**. Es ist daher nicht möglich, einen isolierten Antrag auf subsidiären Schutz zu stellen. Denn subsidiärer Schutz kann nur gewährt werden, wenn zunächst festgestellt worden ist, dass der Asylantragsteller nicht die Flüchtlingseigenschaft besitzt (siehe 3.4.1). Selbst wenn man aber die Ansicht vertreten wollte, dass die isolierte Beantragung des subsidiären Schutzstatus gleichwohl zulässig ist, wäre es höchst gefährlich, so zu verfahren. Denn das BAMF müsste ja gleichwohl zunächst prüfen, ob die Voraussetzungen für die Flüchtlingseigenschaft vorliegen. Wenn es dabei zu dem Ergebnis kommen sollte, dass die Flüchtlingseigenschaft vorliegt, könnte es den subsidiären Schutz nicht zusprechen. Es könnte aber auch die Flüchtlingseigenschaft nicht zusprechen, weil das nicht beantragt wäre.

5.7   EU-Zuständigkeit (Dublin III)

24   Sobald ein Antrag auf internationalen Schutz gestellt ist (vgl. 5.6), ist zunächst zu klären, ob die BRD für diesen Antrag zuständig ist: VO (EU) Nr. 604/2013 („DublinVO").[2] Diese Frage kann sich allerdings in bestimmten Fällen auch schon stellen, bevor ein Asylantrag gestellt worden ist, nämlich dann, wenn die Grenzbehörde (Bundespolizei) vor der Frage steht, ob sie einem Asylsuchenden die Einreise verweigern soll, weil Anhaltspunkte dafür vorliegen, dass ein anderer Dublin-Staat für die Durchführung des Asylverfahrens zuständig ist (§ 18 Abs. 2 Nr. 2 AsylVfG). In diesem Fall kann die Verweigerung der Einreise (Zurückweisung) nur dann erfolgen, wenn geklärt ist, ob tatsächlich ein anderer Staat und ggf. welcher zuständig ist.

---

[2] Auf der EG-Ratstagung im Dezember 1989 wurde die Harmonisierung der Asylpolitiken beschlossen. Dafür gab es damals aber keine EG-Zuständigkeit. [In der EU (damals EG) gilt das Prinzip der begrenzten Einzelermächtigung, nicht das der Kompetenz-Kompetenz.] Deshalb schlossen 12 EG-Staaten am 15.06.1990 (in Kraft seit 1.9.1997) zusammen mit Island und Norwegen einen völkerrechtlichen Vertrag, mit dem erreicht werden sollte, dass stets nur ein einziger Vertragsstaat für ein Asylbegehren zuständig ist und es daher ausgeschlossen ist, dass Asylsuchende so lange durch Europa reisen und Asylanträge stellen, bis sie irgendwo erfolgreich sind. Dieser Vertrag wurde in Dublin vereinbart („Dublin I") Im Vertrag von Amsterdam v. 02.10.1997 (in Kraft seit 01.05.1999) wurde die Asylpolitik vergemeinschaftet, also in die Zuständigkeit der EU überführt. Deshalb konnte jetzt die EU supranationale Regelungen zum Asylrecht erlassen. Der Vertrag von Dublin wurde darauf durch die VO (EG) Nr. 343/2003 v. 18.02.2003 ersetzt. Da Dänemark sich dem EU-Regime zum Asylrecht nicht unterworfen hatte, wurde mit diesem Staat in einem Vertrag die Geltung der VO vereinbart. In diesem Vertrag wird die VO „Dublin II" genannt. Die VO (EG) Nr. 343/2003 wurde im Jahre 2013 durch die VO (EU) Nr. 604/2013 ersetzt, die deshalb „Dublin III" genannt wird.

Das BAMF hat für die Klärung dieser Frage eine eigene Außenstelle eingerichtet   **25**
(Referat M 26 in Dortmund). Die Bundespolizei muss in einem solchen Fall also im
Wege der Amtshilfe dieses Referat des BAMF um Klärung der Zuständigkeitsfrage
ersuchen. Erst wenn diese Frage geklärt und die Überstellung in das betreffende
Land erfolgen kann, darf die Zurückweisung durch die Bundespolizei erfolgen.

Durch das Amtshilfeersuchen der Bundespolizei wird selbstverständlich kein   **26**
Asylantrag in die Welt gesetzt. Es gibt auch keine Vorschrift, die für diesen Fall
die Fiktion eines Asylantrags vorsieht. Die Rechtslage ist vielmehr die, dass der die
Einreise begehrende Asylsuchende im Falle der Dublin-Zuständigkeit eines anderen Staates schon gar keine Gelegenheit erhält, vor dem BAMF einen Asylantrag zu
stellen. Dennoch entspricht es der Verwaltungspraxis des BAMF, in diesen Fällen
Bescheide zu erlassen, mit dem sie Asylanträge ablehnt, die nie gestellt worden
sind. Werden seitens des Asylsuchenden gegen diese Bescheide Klage und/oder ein
Antrag auf vorläufigen Rechtsschutz gestellt, so lässt sich beobachten, dass es in
der Verwaltungsgerichtsbarkeit weit verbreitet ist, die Rechtmäßigkeit dieses Bescheides ernsthaft inhaltlich zu prüfen, obwohl doch auf der Hand liegt, dass ein ab-
lehnender Asylbescheid schon deshalb rechtswidrig sein muss, weil gar kein Asylantrag gestellt worden ist und das BAMF nicht befugt ist, von Amts wegen, also
ohne Antrag über ein Asylbegehren zu entscheiden.

5.7.1   Kriterien der Zuständigkeit

Welcher Dublin-Staat für das Asylgesuch des betreffenden Asylsuchenden zustän-   **27**
dig ist, ergibt sich aus dem Kriterienkatalog der DublinVO. Danach ist der Mitgliedstaat zuständig,

- dessen Grenzen der Asylbewerber aus einem Drittland kommend illegal überschritten hat. Die dadurch begründete Zuständigkeit ist auf 12 Monate seit Einreise befristet (Art. 13 Abs. 1 DublinVO). Sind die 12 Monate abgelaufen, dann
  ist der Staat zuständig,
- in dem sich der Asylsuchende zuvor mindestens 5 Monate illegal aufgehalten hat
  (Art. 13 Abs. 2 DublinVO);
- hat sich der Asylsuchende zuvor in keinem anderen Staat 5 Monate aufgehalten,
  so ist der erste Mitgliedstaat zuständig, in dem ein Antrag auf internationalen
  Schutz gestellt wurde (Art. 3 Abs. 2 DublinVO).

Spezielle Regelungen bestehen in folgenden Fällen:

- Einreise über Transitbereich eines Flughafens, egal woher: der Staat des Flughafens (Art. 15 DublinVO);
- bei unbegleiteten Minderjährigen der Staat, in dem sich ein Angehöriger rechtmäßig aufhält (Art. 8 Abs. 1 DublinVO), andernfalls der Staat der Antragstellung (Art. 8 Abs. 4 DublinVO); hat er in mehreren Staaten Asylanträge gestellt:
  der Staat, in dem er sich aufhält, nachdem er dort einen Asylantrag gestellt hat
  (EuGH 06.06.2013).

- der Staat, in dem bereits ein Familienangehöriger anerkannt worden ist (Art. 9 DublinVO)
- auf Wunsch der Betroffenen: der Staat, in dem bereits ein Antrag auf internationalen Schutz eines Familienangehörigen anhängig ist (Art. 10 DublinVO)
- der Staat, der dem Asylsuchenden einen Aufenthaltstitel ausgestellt hat (Art. 12 DublinVO)
- der Staat, der dem Ausländer die visafreie Einreise erlaubt (Art. 14 DublinVO)

Art. 17 Abs. 1 DublinVO sieht den **Selbsteintritt** vor. Danach kann jeder Mitgliedstaat einen Antrag auf internationalen Schutz prüfen, auch wenn er nach den in der DublinVO festgelegten Kriterien nicht für die Prüfung zuständig ist. Der Asylsuchende hat grundsätzlich keinen subjektiv öffentlichen Anspruch auf ermessensfehlerfreie Entscheidung über den Selbsteintritt. Das gilt allerdings dann nicht, wenn er geltend machen kann, dass die Verweigerung des Selbsteintritts zu einer Verletzung seiner Menschenrechte führt (EuGH 14.11.2013).

28   Erweist es sich als unmöglich, einen Asylsuchenden an den zunächst als zuständig bestimmten Mitgliedstaat zu überstellen, da es wesentliche Gründe für die Annahme gibt, dass das Asylverfahren und die Aufnahmebedingungen für Asylsuchende in diesem Mitgliedstaat **systemische Schwachstellen** aufweisen, die die Gefahr einer unmenschlichen oder entwürdigenden Behandlung im Sinne des Artikels 4 der EU-Grundrechtecharta mit sich bringen, so setzt der die Zuständigkeit prüfende Mitgliedstaat die Prüfung der vorgesehenen Kriterien fort, um festzustellen, ob ein anderer Mitgliedstaat als zuständig bestimmt werden kann (Literaturhinweis: Lübbe 2014). Lässt sich danach nicht die Zuständigkeit eines anderen Mitgliedstaates feststellen, so wird der die Zuständigkeit prüfende Mitgliedstaat der zuständige Mitgliedstaat (Art. 3 Abs. 2 S. 2 DublinVO).

29   Diese Regelung ist insofern bemerkenswert als damit offiziell eingeräumt wird, dass es EU-Mitgliedstaaten gibt oder geben kann, welche entgegen ihren vertraglichen Pflichten das Unionsrecht in ihrem Hoheitsgebiet nicht beachten und sogar schwerwiegend verletzen.

30   Gegenwärtig ist die Zurückführung von Asylsuchenden nach Griechenland unzulässig, weil durch internationale und supranationale Gerichte festgestellt worden ist, dass Griechenland nicht die EU-Standards im Hinblick auf die Versorgung und das Verfahren der Antragsteller erfüllt. (EGMR 21.01.2011; EuGH 21.12.2011).

31   Einzelne Gerichte haben das ebenso auch schon für andere Staaten so gesehen, etwa für Italien (u. a. VG Frankfurt/M 09.07.2013, Malta (u. a. VG Regensburg 07.02.2012) und Ungarn (u. a. VG Trier 30.05.2012). Eine gefestigte Rechtsprechung hat sich zu diesen oder anderen EU-Mitgliedstaaten aber bisher nicht herausgebildet.

5.7.2   Das Dublin-Verfahren

32   Der Antragsteller ist bereits zu Beginn des Verfahrens u. a. zu informieren über die Ziele der DublinVO, die Kriterien für die Bestimmung des zuständigen Mitglied-

staates, über das Recht auf ein persönliches Gespräch, über die Möglichkeit der Einlegung von Rechtsbehelfen, über das Auskunftsrecht bezüglich ihn betreffender Daten und ggf. über das Recht auf deren Berichtigung (Art. 4 DublinVO).

Der Antragsteller muss i. d. R Gelegenheit haben, in einem persönlichen Gespräch zur Ermittlung des Sachverhalts, der für die Bestimmung des zuständigen Mitgliedstaates erforderlich ist, beizutragen (Art. 5 DublinVO). **33**

Eine wesentliche Quelle der Ermittlungen ist die EURODAC Datenbank. Sie wird als erstes konsultiert, um festzustellen, ob der Asylsuchende bereits in einem anderen Dublin-Staat erkennungsdienstlich behandelt worden ist. In diesem Fall spricht im Regelfall eine starke Vermutung dafür, dass dieser Staat für das Asylbegehren auch zuständig ist. **34**

Innerhalb von drei Monaten muss das BAMF seine Ermittlungen abgeschlossen haben und in dem Fall, dass es zu dem Ergebnis gekommen ist, dass ein anderer Staat für das Asylgesuch zuständig ist, ein Aufnahmegesuch an diesen Staat gestellt haben. Diese Frist beginnt mit dem Zeitpunkt der Stellung des förmlichen Asylantrags. Lässt sich die Zuständigkeit schon durch eine EURODAC-Treffermeldung feststellen, dann ist das Aufnahmegesuch innerhalb von zwei Monaten nach Erhalt der Treffermeldung zu stellen (Art. 21 Abs. 1 DublinVO). Verstreicht die Frist, ohne dass ein Aufnahmegesuch gestellt worden ist, so wird die BRD für das Verfahren zuständig (Art. 21 Abs. 1 Satz 3 DublinVO). **35**

Wird das Aufnahmegesuch rechtzeitig gestellt, so hat der ersuchte Staat ab Erhalt des Gesuchs zwei Monate Zeit, eine eigene Überprüfung vorzunehmen und zu entscheiden, ob es dem Gesuch zustimmt oder nicht (Art. 22 DublinVO). Lässt der ersuchte Staat die Frist verstreichen, ohne zu antworten, dann gilt er als zuständig (Art. 22 Abs. 7 DublinVO). **36**

Sobald der ersuchte Staat dem Aufnahmegesuch zugestimmt hat oder seine Zustimmung als erteilt gilt, hat das BAMF eine Entscheidung in Form eines Verwaltungsaktes zu erlassen, worin sie den Asylantrag als unzulässig ablehnt (§§ 27a, 31 Abs. 6 AsylVfG). Außerdem hat sie dem Asylsuchenden mitzuteilen, welcher andere Staat für die Durchführung des Asylverfahrens zuständig ist. Zugleich ordnet es die Abschiebung des Betroffenen in den zuständigen Staat an (§ 34a Abs. 1 AsylVfG). Hat der Asylsuchende keinen förmlichen Asylantrag gestellt, so ist ihm gleichwohl mitzuteilen, dass ein anderer Staat für sein Asylbegehren zuständig ist. Auch in diesem Fall ist die Abschiebung anzuordnen (§ 34a Abs. 1 Satz 2 AsylVfG). Der Bescheid ist mit einer Rechtsbehelfsbelehrung zu versehen in der auch auf die Möglichkeit des vorläufigen gerichtlichen Rechtsschutzes hinzuweisen ist. **37**

Das Verwaltungsgericht kann auf Antrag im Wege des vorläufigen Rechtsschutzes die Abschiebung stoppen. Der Antrag muss innerhalb einer Woche nach Mitteilung der Überstellungsentscheidung gestellt werden (§ 34a Abs. 2 AsylVfG). **38**

Falls der Asylsuchende bereits einen förmlichen Asylantrag beim BAMF gestellt hat, muss das BAMF, wenn es den Asylantrag wegen anderweitiger Dublin-Zuständigkeit als unzulässig ablehnt, gleichwohl über das Vorliegen der Voraussetzungen des § 60 Abs. 5 und 7 AufenthG entscheiden (§ 31 Abs. 3 AufenthG). Denn dabei handelt es sich um Entscheidungen, die auf nationalen Rechtsgrundlagen beruhen und vom Dublin-Regime nicht erfasst sind (BVerwG 13.02.2014, Rn 14). Unter- **39** lässt das BAMF diese Entscheidung, so kann der Asylsuchende die Abschiebung in den zuständigen Dublin-Staat im Wege gerichtlichen vorläufigen Rechtsschutzes solange aufhalten, bis die Entscheidung nachgeholt worden ist. Indessen ist die Entscheidung relativ einfach zu treffen. Da die Abschiebung im Rahmen des Dublin-Regimes nicht in den Herkunftsstaat erfolgen soll, sondern in einen Dublin-Staat, werden die Voraussetzungen des § 60 Abs. 5 und 7 AufenthG i.d. R zu verneinen sein.

40   Falls die Prüfung ergeben hat, dass Deutschland für die Durchführung des Asylverfahrens zuständig ist, dann ist der Asylsuchende, sofern er bereits einen Asylantrag gestellt hat, zur persönlichen Anhörung zu laden (siehe Nr. 5.8). Ist ihm bis dahin die Einreise noch nicht gestattet worden, dann hat die Bundespolizei die Einreise zu gestatten und ihn an die zuständige Erstaufnahmeeinrichtung weiterzuleiten.

5.8   Durchführung des Asylverfahrens

41   Der Asylantragsteller ist zu seinem Verfolgungsschicksal persönlich anzuhören (§ 24 Abs. 1 Satz 3 AsylVfG). Dabei hat er das Recht auf einen Sprachmittler (§ 17 AsylVfG).

42   Der Asylantragsteller muss selbst die Tatsachen vortragen, die seine Furcht vor politischer Verfolgung begründen (§ 25 Abs. 1 AsylVfG) und seiner Abschiebung entgegenstehen könnten (§ 35 Abs. 2 AsylVfG). Er hat Angaben zu machen über Wohnsitze, Reiseweg, Aufenthalte in anderen Staaten und ggf. über anderweitige Asylanträge (§ 25 Abs. 1 AsylVfG). Ein späteres Vorbringen kann u. U. unberücksichtigt bleiben (§ 25 Abs. 3 AsylVfG). Was nicht oder verspätet vorgebracht wird, braucht auch das VG u. U. im Eilverfahren nicht zu berücksichtigen (§ 36 Abs. 4 Satz 3 AsylVfG).

43   Die Anhörung ist nicht öffentlich. Vertreter des Bundes, eines Landes oder des UNHCR dürfen teilnehmen. Anderen Personen kann die Anwesenheit gestattet werden (§ 25 Abs. 6 AsylVfG). Von dem Anwesenheitsrecht eines Rechtsbeistandes ist nicht ausdrücklich die Rede. Dieses Recht folgt aber bereits aus dem allgemeinen Rechtsstaatsprinzip.

44   Über die Anhörung ist eine Niederschrift anzufertigen. (§ 25 Abs. 7 AsylVfG). Diese Niederschrift ist eine wesentliche Grundlage für die Entscheidungsfindung des BAMF. Allerdings erscheint es äußerst problematisch, die Niederschrift von dem unmittelbaren Eindruck der Anhörung dadurch zu trennen, dass diejenigen, die die Anhörung durchgeführt haben, nicht immer identisch mit jenen Bediensteten des BAMF sind, die die Entscheidung treffen. Denn aus der Niederschrift gehen natürlich keine averbalen Mitteilungen des Asylsuchenden hervor. Schwierigkeiten bei der Übersetzung sind nicht oder viel zu knapp dokumentiert. Eine gerichtliche Überprüfung dieser Trennung zwischen der Person der Anhörung und der der Entscheidungsperson ist allerdings nicht möglich. Denn das Verwaltungsgericht muss den Sachverhalt ohnehin selbst noch einmal prüfen und feststellen. Dabei ist die Anhörungsniederschrift des BAMF zwar eine Grundlage, aber keine entscheidende. Denn das Gericht wird den Asylkläger im Regelfall stets selbst anhören müssen.

In der Anhörung des Asylantragstellers erschöpft sich die Tätigkeit der Klärung **45** des Sachverhalts seitens des BAMF allerdings nicht. Die Behörde hat vielmehr den Sachverhalt von Amts wegen so weit wie möglich aufzuklären und dabei erforderliche Beweise zu erheben (§ 24 Abs. 1 AsylVfG). Sie hat sich insbesondere die erforderlichen Kenntnisse über die Lage im Herkunftsland des Asylantragstellers zu beschaffen und sich aus unabhängigen Quellen um eine Bestätigung oder auch eine Widerlegung der Angaben des Antragstellers zu bemühen.

5.9 Flughafenverfahren (§ 18a AsylVfG)

Bei Asylersuchen vor der Grenzbehörde eines Flughafens ist das Asylverfahren, **46** sofern die Dublin-Zuständigkeit der Bundesrepublik zu bejahen ist, vor der Einreise durchzuführen, wenn der Antragsteller aus einem sicheren Herkunftsland kommt oder über keinen gültigen Pass verfügt. Flughafenverfahren finden an den Flughäfen Hamburg, Düsseldorf, München und Berlin statt. Am Flughafen Frankfurt, der größten Schengen-Außengrenze Deutschlands, unterhält das BAMF für diesen Zweck eigens eine Außenstelle. Die Bundespolizei leitet die betroffenen Asylsuchenden deshalb innerhalb des Transitbereichs des Flughafens der Außenstelle des BAMF, bzw. den Mitarbeitern des BAMF zu, die den förmlichen Asylantrag aufnehmen, die Anhörung durchführen und die Entscheidung über den Asylantrag erlassen können.

Lässt sich der Asylantrag nicht als offensichtlich unbegründet (dazu siehe **47** Rn 68 ff.) ablehnen, teilt das BAMF der Bundespolizei mit, dass innerhalb der in § 18a AsylVfG vorgesehenen Frist von zwei Tagen nicht entschieden werden kann. Der Asylsuchende oder Asylantragsteller darf dann einreisen und muss sich zur Erstaufnahmeeinrichtung begeben. Theoretisch wäre es auch möglich, den Antrag einfach abzulehnen. Wenn dann Klage erhoben wird, muss der Antragsteller aber ohnehin einreisen dürfen.

Lehnt das BAMF innerhalb von zwei Tagen den Asylantrag als offensichtlich **48** unbegründet ab, wird die Einreise verweigert. Diese Entscheidung ist ebenso wie der Asylbescheid sofort vollziehbar.

Der Asylantragsteller muss aber Gelegenheit haben, innerhalb von drei Tagen **49** beim zuständigen Verwaltungsgericht Klage zu erheben und um vorläufigen Rechtsschutz nachzusuchen. Der Antrag kann bei der Bundespolizei gestellt werden, die ihn an das Verwaltungsgericht weiterleitet. Mit der Antragstellung darf die Einreiseverweigerung nicht vollzogen werden bis das Gericht entschieden hat. (§ 18a Abs. 4 S 7 AsylVfG).

Das Verwaltungsgericht entscheidet im Eilverfahren, ob die Einreise zu gestatten **50** ist. Das impliziert zugleich die Anordnung der aufschiebenden Wirkung der Klage gegen den Asylbescheid.

§ 18a Abs. 6 Nr. 3 AsylVfG impliziert die Erwartung des Gesetzgebers, dass es **51** dem Verwaltungsgericht gelingt, innerhalb von 14 Tagen über den Eilantrag zu entscheiden. Entscheidet das Verwaltungsgericht nicht innerhalb dieses Zeitrahmens, so ist dem Asylantragsteller (Asylkläger) die Einreise zu gestatten.

5.10 Entscheidung

5.10.1 Gegenstand

52   Jedes Asylverfahren wird durch einen Verwaltungsakt abgeschlossen, in dem i.d. R eine Entscheidung darüber getroffen wird,

- ob die Flüchtlingseigenschaft zuerkannt wird (§ 31 Abs. 2 AsylVfG) *oder*
- ob subsidiärer Schutz zuerkannt wird (§ 31 Abs. 2 AsylVfG) *und*
- ob der Ausländer als Asylberechtigter anerkannt wird (§ 31 Abs. 2 AsylVfG) – außer der Antrag ist beschränkt *und*
- ob die Voraussetzungen des § 60 Abs. 5 oder Abs. 7 AufenthG vorliegen (§ 31 Abs. 3 AsylVfG).

53   Die Entscheidung zu §§ 60 Abs. 5 und 7 AufenthG ist auch zu treffen, wenn der Asylantrag zurückgenommen wird (§ 32 AsylVfG).

54   Die Zuständigkeit des BAMF für die Entscheidung zu §§ 60 Abs. 5 und 7 AufenthG ist eine Annexkompetenz, die der Behörde in dem Moment zuwächst, in dem ein Asylantrag gestellt ist (§ 24 Abs. 2 AsylVfG). Daraus folgt, dass der Ausländer vor dem BAMF keinen isolierten Antrag auf Feststellung der Voraussetzungen der §§ 60 Abs. 5 und 7 AufenthG stellen kann. Für einen solchen Antrag wäre das BAMF mangels Vorliegens eines Asylantrags nicht zuständig.

55   Die Feststellungen zu § 60 Abs. 5 und Abs. 7 AufenthG erfolgen von Amts wegen. Davon kann abgesehen werden, wenn der Asylantrag erfolgreich ist. Einer ausdrücklichen Antragstellung bedarf es aber nicht.

56   Schließlich hat das BAMF in dem Fall, dass der Asylantrag abgelehnt und auch nicht das Vorliegen der Voraussetzungen der §§ 60 Abs. 5 und 7 AufenthG festgestellt wird, im Rahmen des Asylbescheides auch eine Abschiebungsandrohung zu erlassen (§§ 34, 35 AsylVfG).

5.10.2 Rechtsnatur

57   Der Bescheid des BAMF, mit dem die Anerkennung der Asylberechtigung und/oder die Zuerkennung internationalen Schutzes erfolgt, ist ein feststellender Status-Verwaltungsakt.

58   Nach Erwägungsgrund 21 QRL soll der Anerkennungsbescheid deklaratorisch sein. Er soll also die Flüchtlingseigenschaft oder die subsidiäre Schutzberechtigung nicht begründen, sondern nur feststellen.

59   Das BVerfG hat im Hinblick auf das Asylgrundrecht dagegen die Auffassung vertreten, dass der Anerkennungsbescheid „gleichsam (??) konstitutiv" sei (BVerfG 20.04.1982 [295]).

60   M.E. ist der Anerkennungs- oder Zuerkennungsbescheid in seinen Auswirkungen konstitutiv, denn ohne den Status-VA können die materiellen Rechte nicht geltend gemacht werden, die der Status enthält.

5.10.3 Inhalt

5.10.3.1 Ablehnende Entscheidungen

Das AsylVfG sieht seinem Wortlaut nach vier Formen der Ablehnung eines Asyl-   **61**
antrags vor, nämlich als unbeachtlich, als unzulässig, als offensichtlich unbegründet
und als (einfach) unbegründet. Die drei erstgenannten Formen der Ablehnung kann
man zusammenfassend als **qualifizierte Ablehnungen** bezeichnen.

Im Falle einer qualifizierten Ablehnung treten verfahrensrechtliche Rechtsfolgen   **62**
ein, die für den Asylantragsteller wesentlich ungünstiger sind als die, die im Falle
der nicht qualifizierten Ablehnung eintreten. Diese bestehen darin, dass die Ausreisefrist nur eine Woche beträgt (§ 36 Abs. 1 AsylVfG), die Klagefrist ebenfalls nur
eine Woche beträgt (§ 74 Abs. 1 AsylVfG) und die Erhebung der Klage keine aufschiebende Wirkung hat (§ 75 Abs. 1 AsylVfG). Um die Vollziehung der Abschiebung während des Klageverfahrens zu verhindern, muss der Asylkläger innerhalb
der Klagefrist einen Antrag auf Anordnung der aufschiebenden Wirkung der Klage
nach § 80 Abs. 5 VwGO beim Verwaltungsgericht stellen. Das Gericht ist gehalten,
innerhalb einer Woche über diesen Eilantrag zu entscheiden (§ 36 Abs. 3 Satz 5
AsylVfG). Wird dem Antrag nicht stattgegeben, muss der Asylkläger noch vor der
Entscheidung über seine Klage das Bundesgebiet verlassen.

Wird der Asylantrag dagegen unqualifiziert, also als (einfach) unbegründet ab-   **63**
gelehnt, so beträgt die Ausreisefrist, die dem Asylantragsteller zu setzen ist, 30 Tage
(§ 38 Abs. 1 AsylVfG). Die Klagefrist beträgt zwei Wochen (§ 74 Abs. 1 AsylVfG).
Die Klageerhebung löst automatisch die aufschiebende Wirkung aus, so dass die
Abschiebungsandrohung bis zum rechtskräftigen Abschluss des Klageverfahrens
nicht vollzogen werden darf (§ 75 Abs. 1 AsylVfG).

5.10.3.1.1 Ablehnung als unbeachtlich

Nach § 29 AsylVfG ist ein Asylantrag unbeachtlich, wenn offensichtlich ist, dass   **64**
der Ausländer bereits in einem anderen Drittstaat vor politischer Verfolgung sicher
war und die Rückführung in diesen Staat oder in einen anderen Staat, in dem er vor
Verfolgung sicher ist, innerhalb von drei Monaten möglich ist. Der Wortlaut des
§ 29 Abs. 1 AsylVfG legt nahe („unbeachtlich"), dass der Ausländer seitens des
BAMF so zu behandeln ist, als hätte er nie einen Asylantrag gestellt, so dass das
BAMF den unbeachtlichen Antrag nicht beachten und folglich auch in keinerlei
Weise darauf reagieren müsste. Diese Auslegung des § 29 Abs. 1 AsylVfG ist aber
schon deshalb nicht haltbar, weil in § 37 Abs. 1 AsylVfG ausdrücklich von einer
„Entscheidung des Bundesamtes über die Unbeachtlichkeit" die Rede ist. Wenn
aber ein Asylantrag auch in dem Fall, dass der Ausländer in einem sonstigen Drittstaat vor Verfolgung sicher war, eine Entscheidung des BAMF erforderlich macht,
dann ist er offensichtlich nicht unbeachtlich.

Das BVerwG liest die Norm des § 29 AsylVfG deshalb auch so, dass das BAMF   **65**
in einem solchen Fall nicht in die Sachprüfung einsteigen muss, also ungeprüft bleiben darf, ob der Asylantragsteller in seinem Herkunftsland tatsächlich verfolgt wird
oder nicht (BVerwG 04.09.2012). Die Ablehnung des Asylantrags als unbeachtlich
bedeutet also nichts anderes als die Ablehnung des Asylantrags als unzulässig. Das

AsylVfG bedient sich in § 29 mit dem Begriff der Unbeachtlichkeit einer Terminologie, die der üblichen verfahrensrechtlichen Terminologie in Deutschland fremd ist, weil diese nur unzulässige und unbegründete, nicht aber unbeachtliche Anträge kennt. Diese Abweichung von der üblichen Terminologie ist zudem sachlich in keiner Weise gerechtfertigt und stiftet nur Verwirrung. In diesem Zusammenhang sei auch auf die seltsame und völlig inkonsequente Regelung des § 30 Abs. 5 AsylVfG hingewiesen, wonach ein beim Bundesamt gestellter Antrag als „offensichtlich unbegründet" abzulehnen ist, wenn es sich seinem Inhalt nach gar nicht um einen Asylantrag im Sinne des § 13 Abs. 1 AsylVfG handelt. Wenn also beispielsweise ein Bayer beim BAMF den Antrag auf Genehmigung der Eheschließung mit einer Hamburgerin stellt, dann ist dieser Antrag als „offensichtlich unbegründet" abzulehnen (!), obwohl er doch nach allen denkbaren Gesichtspunkten offensichtlich unzulässig ist.

66   Die Ablehnung des Asylantrags als unbeachtlich findet nicht nur im Hinblick auf die Anerkennung der Asylberechtigung statt, sondern auch im Hinblick auf die Zuerkennung der Flüchtlingseigenschaft. Hinsichtlich der Asylberechtigung ergibt sich das aus § 27 AsylVfG, wonach ein Ausländer, der bereits in einem sonstigen Drittstaat vor politischer Verfolgung sicher war, nicht als Asylberechtigter anerkannt wird (vgl. 3.3.1.5). Für die Zuerkennung der Flüchtlingseigenschaft gibt es im AsylVfG allerdings keine dem § 27 entsprechende Regelung. Dass § 29 AsylVfG aber auch auf die Frage der Zuerkennung der Flüchtlingseigenschaft anzuwenden ist, ergibt sich aus dem **Konzept des ersten Asylstaates**, das in der Asylverfahrensrichtlinie der Union niedergelegt ist.[3]

5.10.3.1.2   Ablehnung als unzulässig

67   Als unzulässig abzulehnen ist der Asylantrag, wenn ein anderer Staat auf Grund von Rechtsvorschriften der Europäischen Union oder eines völkerrechtlichen Vertrages für die Durchführung des Asylverfahrens zuständig ist (§§ 27a, 31 Abs. 6 AsylVfG). Das sind die Fälle, in denen auf Grund der DublinVO oder des Dublin-Vertrages ein anderer Staat für die Durchführung des Asylverfahrens zuständig ist (vgl. 5.7). Hier bedient sich das Gesetz korrekterweise des Begriffs der Unzulässigkeit.

5.10.3.1.3   Ablehnung als offensichtlich unbegründet

68   Das Gesetz sieht sechs Sachverhaltsvarianten vor, die zu einer Ablehnung des Asylantrags als offensichtlich unbegründet führen.

69   Nach der ersten Sachverhaltsvariante ist ein Asylantrag als offensichtlich unbegründet abzulehnen, wenn die **Voraussetzungen** für die Anerkennung als Asylberechtigter und für die Zuerkennung der Flüchtlingseigenschaft **offensichtlich nicht**

---

[3] Maßgeblich ist insoweit bis spätestens 19.07.2015 Art. 25 Abs. 2 lit b) und Art. 26 der Richtlinie 2005/85/EG des Rates vom 01.12.2005 über Mindestnormen für Verfahren in den Mitgliedstaaten zur Zuerkennung und Aberkennung der Flüchtlingseigenschaft (ABl. L 326/13 v. 13.12.2005). Spätestens ab dem 20.07.2015 gilt insoweit Art. 33 Abs. 2 lit b und Art. 35 der Richtlinie 2013/32/ EU des Europäischen Parlaments und des Rates vom 26. Juni 2013 (ABl L 180/60 v. 29.06.2013), die bis zu diesem Datum in nationales Recht umzusetzen ist.

vorliegen (§ 30 Abs. 1 AsylVfG). Das ist der Fall, wenn an der Richtigkeit der tatsächlichen Feststellungen, auf denen die Entscheidung beruht, vernünftigerweise kein Zweifel bestehen kann und sich bei einem solchen Sachverhalt nach allgemein anerkannter Rechtsauffassung (nach dem Stand von Rechtsprechung und Lehre) die Abweisung des Antrages geradezu aufdrängt. Das Vorliegen dieser Bedingungen ist in der schriftlichen Begründung des Bescheides im Einzelnen darzulegen (BVerfG 19.07.1990).

Der Antrag ist insbesondere dann offensichtlich unbegründet, wenn der Auslän- **70** der offensichtlich aus wirtschaftlichen Gründen oder um einer allgemeinen Notsituation zu entgehen, nach Deutschland gekommen ist (§ 30 Abs. 2 AsylVfG). Die Feststellung der offensichtlichen Unbegründetheit aus diesem Grunde unterliegt besonders strengen Voraussetzungen (vgl. BVerfG 20.12.2006; 22.10.2008; 27.09.2007). Es genügt deshalb nicht, dem Asylantragsteller diese Motivation für seine Einreise nach Deutschland einfach zu unterstellen.

Nach der zweiten Sachverhaltsvariante ist ein Asylantrag dann als offensichtlich **71** unbegründet abzulehnen, wenn die Prüfung zu dem Ergebnis geführt hat, dass der Asylantrag unbegründet ist, aber doch nicht gesagt werden kann, dass an diesem Ergebnis kein vernünftiger Zweifel möglich sei. Insofern liegt bei dieser Sachverhaltsvariante also zunächst einmal eine Situation vor, die zu einer unqualifizierten Ablehnung führen müsste. Der Asylantrag wird in diesen Fällen gleichwohl als offensichtlich unbegründet abgelehnt, wenn der Asylantragsteller sich im Rahmen seiner Beteiligung an dem Asylverfahren nicht an bestimmte Regeln gehalten hat, deren Beachtung das Asylverfahrensgesetz von ihm fordert und über die er zu Beginn des Verfahrens auch aufgeklärt wird. In diesen Fällen ist der Ausspruch der offensichtlichen Unbegründetheit also eine **Sanktion für unbotmäßiges Verhalten** des Asylantragstellers während des Asylverfahrens.

Im Einzelnen führt die Verletzung folgender Mitwirkungspflichten zu einer Qua- **72** lifikation der Ablehnung des Asylantrags als offensichtlich unbegründet:

- Unsubstantiiertes und widersprüchliches Vorbringen, das offenkundig nicht den Tatsachen entspricht oder auf gefälschte oder verfälschte Beweismittel gestützt wird (§ 30 Abs. 3 Nr. 1 AsylVfG);
- Täuschung über die Identität oder Staatsangehörigkeit oder Verweigerung von Angaben dazu (§ 30 Abs. 3 Nr. 2 AsylVfG);
- Stellung eines weiteren Asylantrags oder Äußerung eines weiteren Asylbegehrens unter Angabe anderer Personalien (§ 30 Abs. 3 Nr. 3 AsylVfG);
- Stellung des Asylantrags, um eine drohende Aufenthaltsbeendigung abzuwenden, obwohl zuvor ausreichend Gelegenheit bestand, einen Asylantrag zu stellen (§ 30 Abs. 3 Nr. 4 AsylVfG);
- gröbliche Verletzung der Pflicht, sich unverzüglich nach der unerlaubten Einreise bei einer Erstaufnahmeeinrichtung, einer Ausländerbehörde oder der Polizei zu melden, der Pflicht, sich auf Anordnung bei bestimmten Behörden oder Einrichtungen zu melden oder dort persönlich zu erscheinen, der Pflicht, seinen Pass oder Passersatz sowie aller erforderlichen Urkunden und sonstigen Unterlagen, die in seinem Besitz sind, den mit der Durchführung des AsylVfG betrauten Be-

hörden vorzulegen, auszuhändigen und zu überlassen, der Pflicht, im Rahmen seiner Anhörung die Tatsachen vorzutragen, die seine Furcht vor Verfolgung oder die Gefahr des ernsthaften Schadens begründen sowie der Pflicht, über Wohnsitze, Reisewege, Aufenthalte in anderen Staaten und darüber, ob in einem anderen Staat bereits ein Asylantrag gestellt worden ist, Auskunft zu geben (§ 30 Abs. 3 Nr. 5 AsylVfG).

73   Nach der dritten Sachverhaltsvariante ist ein Asylantrag als offensichtlich unbegründet abzulehnen, wenn der Asylantragsteller wegen zwingender Ausweisungsgründe (§ 53 AufenthG) oder wegen Regelausweisungsgründen (§ 54 AufenthG) vollziehbar ausgewiesen ist (§ 30 Abs. 3 Nr. 6 AsylVfG). Dasselbe gilt, wenn der Asylantragsteller aus schwerwiegenden Gründen als eine Gefahr für die Sicherheit der Bundesrepublik anzusehen ist oder wegen eines Verbrechens oder besonders schweren Vergehens rechtskräftig zu einer Freiheitsstrafe von mindestens drei Jahren verurteilt worden ist (§ 60 Abs. 8 AufenthG), ohne deshalb bereits vollziehbar ausgewiesen zu sein, sowie für den Fall, dass der Asylantragsteller die kriminellen Exklusionsgründe des § 3 Abs. 2 AsylVfG erfüllt. Auch dann kommt es nicht darauf an, ob er deshalb bereits vollziehbar ausgewiesen ist (§ 30 Abs. 4 AsylVfG). Es ist zu beachten, dass ein Ausländer, der die Inklusionsklauseln der Flüchtlingseigenschaft erfüllt und die Exklusionsklauseln der Flüchtlingseigenschaft nicht erfüllt und dessen Asylantrag wegen der Ausweisung aus den Gründen der §§ 53, 54 AufenthG als offensichtlich unbegründet abgelehnt worden ist, gleichwohl nicht in den Verfolgerstaat abgeschoben werden darf (§ 60 AufenthG). Das beschleunigte Verfahren, das im Anschluss an eine Ablehnung wegen offensichtlicher Unbegründetheit stattfindet, führt in diesem Fall also jedenfalls nicht zu dem erstrebten Ergebnis, den Ausländer möglichst bald loszuwerden.

74   Nach der vierten Sachverhaltsvariante ist ein Asylantrag als offensichtlich unbegründet abzulehnen, wenn er für einen handlungsunfähigen minderjährigen Ausländer (d. h. unter 16 Jahren) gestellt worden ist, nachdem zuvor Asylanträge der Eltern oder des allein personensorgeberechtigten Elternteils unanfechtbar abgelehnt worden sind (§ 30 Abs. 3 Nr. 7 AsylVfG). Diese Norm ist im Wege der teleologischen Reduktion dahin auszulegen, dass die Rechtsfolge nur in den Fällen eintreten soll, in denen für die minderjährigen Ausländer Familienasyl in Anspruch genommen werden sollte. Denn dann ist die Unbegründetheit des Asylantrags in der Tat offensichtlich, wenn der Asylantrag des Stammberechtigten unanfechtbar abgelehnt worden ist. Anders verhält es sich aber, wenn für die minderjährigen Ausländer eigene Verfolgungsgründe geltend gemacht worden sind.

75   Nach der fünften Sachverhaltsvariante ist ein Asylantrag als offensichtlich unbegründet abzulehnen, wenn der Asylantragsteller aus einem Sicheren Herkunftsstaat im Sinne des Art. 16a Abs. 3 GG (vgl. 3.3.2.2) stammt. Das gilt aber dann nicht, wenn der Antragsteller die antizipierte Tatsachen- und Beweiswürdigung des Gesetzgebers hinsichtlich der Sicherheit in diesem Herkunftsstaat widerlegen kann (§ 29a AsylVfG). Es ist nicht recht nachzuvollziehen, warum der Asylantrag im Falle des Sicheren Herkunftsstaats als offensichtlich unbegründet abgelehnt werden soll, während er im Falle der anderweitigen Sicherheit in einem sonstigen Drittstaat als unbeachtlich (unzulässig) abgelehnt werden soll (§ 29 AsylVfG). In beiden Fällen besteht ja die Möglichkeit der Wiederlegung der vermuteten Sicherheit.

Nach der sechsten Sachverhaltsvariante soll ein Antrag, der beim BAMF gestellt **76** worden ist, aber seinem Inhalt nach gar kein Asylantrag ist, ebenfalls als offensichtlich unbegründet abgelehnt werden (§ 30 Abs. 5 AsylVfG). Vgl. dazu Rn 65.

5.10.3.1.4 Ablehnung als (einfach) unbegründet

Der Asylantrag ist unqualifiziert abzulehnen, wenn er einfach nur unbegründet ist **77** und kein Qualifizierungskriterium erfüllt wird. Das ist der Fall, wenn sich feststellen lässt, dass der Asylantragsteller in einem Drittstaat eine anderweitige (aber nicht offensichtliche – § 29 Abs. 1 AsylVfG – Verfolgungssicherheit erlangt hat, die noch immer besteht, oder wenn sich nach dem maßgeblichen Prognosemaßstab weder eine Verfolgungsgefahr noch die Gefahr eines ernsthaften Schadens im Sinne des subsidiären Schutzstatus im Falle der Rückkehr in den Herkunftsstaat feststellen lässt. In diesem Fall muss auf jeden Fall eine Entscheidung zu den Voraussetzungen des § 60 Abs. 5 und § 60 Abs. 7 AufenthG ergehen. Sofern auch diese Voraussetzungen nicht gegeben sind, ist der Antrag vollständig abzulehnen.

5.10.3.2 Stattgebende Entscheidungen

Bei den stattgebenden Entscheidungen ist zwischen der vollständigen Stattgabe und **78** der teilweisen Stattgabe zu unterscheiden.

Einem Asylantrag ist vollständig stattzugeben, wenn die Voraussetzungen für **79** die Asylberechtigung und die Zuerkennung der Flüchtlingseigenschaft vorliegen. In diesem Fall hat das BAMF wie folgt zu tenorieren: „Der Antragsteller wird als Asylberechtigter anerkannt. Die Flüchtlingseigenschaft wird ihm zuerkannt." Weitere Entscheidungen ergehen nicht. Insbesondere ist in diesem Fall keine Entscheidung über den subsidiären Schutz zu treffen und auch nicht über die Abschiebungsverbote nach § 60 Abs. 5 und Abs. 7 AufenthG zu befinden (§ 31 Abs. 3 AsylVfG).

Zu einer teilweisen Stattgabe kommt es, wenn der Antrag auf Anerkennung der **80** Asylberechtigung abzulehnen und dem Antrag auf Zuerkennung der Flüchtlingseigenschaft stattzugeben ist. Das ist meistens dann der Fall, wenn der Asylantragsteller über einen Sicheren Drittstaat eingereist ist und sich deshalb nicht auf das Asylgrundrecht berufen kann (§ 26a AsylVfG). Eine solche Teilstattgabe kommt auch in Betracht, wenn sich der Asylantragsteller auf subjektive Nachfluchtgründe stützten kann (§ 28 AsylVfG), die zwar die Zuerkennung der Flüchtlingseigenschaft, nicht aber die Anerkennung der Asylberechtigung rechtfertigen können. Auch in diesem Fall sind weitere Entscheidungen nicht zu treffen.

Eine andere Variante der teilweisen Stattgabe liegt vor, wenn sowohl der Antrag auf Anerkennung der Asylberechtigung als auch der Antrag auf Zuerkennung **81** der Flüchtlingseigenschaft abzulehnen sind, aber dem im Rahmen des Antrags auf internationalen Schutz immer zugleich mitbeantragten subsidiären Schutz stattzugeben ist. Dies ist der Fall, wenn die Gefahren, die dem Asylantragsteller drohen, in keinem Zusammenhang mit Asylmerkmalen bzw. Verfolgungsgründen stehen, aber der Asylantragsteller im Falle seiner Rückkehr der Gefahr eines ernsthaften Schadens ausgesetzt ist. Weitere Entscheidungen sind auch in diesem Fall nicht zu treffen.

82   Schließlich ist noch eine Variante der teilweisen Stattgabe möglich, die darin besteht, dass sowohl die Anerkennung der Asylberechtigung als auch die Zuerkennung von internationalem Schutz (sowohl Flüchtlingseigenschaft als auch subsidiärer Schutz) abgelehnt wird. In diesen Fällen hat das BAMF Feststellungen über das Vorliegen der Voraussetzungen der § 60 Abs. 5 und Abs. 7 AufenthG zu treffen. Dabei ist es möglich, dass sie beispielsweise das Vorliegen der Voraussetzungen des § 60 Abs. 5 AufenthG verneint und die des § 60 Abs. 7 AufenthG bejaht.

5.10.4 Form

83   Die Entscheidung des BAMF unterliegt sowohl im Hinblick auf den Tenor als auch im Hinblick auf die Gründe der Schriftform (§ 31 Abs. 1 Satz 1 und 2 AsylVfG). Der Sachverhalt sollte eine Darstellung der Identität und Staatsangehörigkeit des Antragstellers, des Reiseweges, des Vorbringens hinsichtlich des Verfolgungsschicksals, der durchgeführten Beweise und der beigezogenen Informationen umfassen.

84   In einem eigenen Abschnitt sind dann die rechtlichen Erwägungen darzustellen, also die Entscheidungsgründe. Schließlich ist der Bescheid mit einer Rechtsbehelfsbelehrung zu versehen (§ 31 Abs. 1 Satz 2 AsylVfG). Falls die Klage keine aufschiebende Wirkung hat, muss auf die Möglichkeit des vorläufigen Rechtsschutzes hingewiesen werden (§ 36 Abs. 3 Satz 2, 3 AsylVfG).

5.10.5 Frist

85   Für die Dauer des Asylverfahrens vom Zeitpunkt der Antragstellung bis zur Entscheidung gibt es derzeit keine Regelung. Das wird sich aber mit der Umsetzung der Verfahrensrichtlinie 2013 ändern müssen, die bis zum 20.07.2015 umgesetzt sein muss. Nach Art. 31 Abs. 3 RL 2013/32/EU muss die Entscheidung über den Asylantrag innerhalb von sechs Monaten getroffen werden. Eine Verlängerung der Frist auf höchstens 15 Monate ist nur zulässig, wenn in tatsächlicher oder rechtlicher Hinsicht komplexe Fragen zu beantworten sind, eine große Zahl von Asylsuchenden gleichzeitig um internationalen Schutz nachsuchen und die behördlichen Kapazitäten damit überfordern sind, oder wenn die Verzögerung vom Antragsteller verschuldet ist. Diese Frist darf aber um weitere drei Monate überschritten werden, wenn dies erforderlich ist, um eine angemessene und vollständige Prüfung vorzunehmen.

5.11 Rechtsschutz

86   Im Asylverfahren gibt es nicht den Rechtsbehelf des Widerspruchs. Ein Widerspruchsverfahren findet also nicht statt (§ 11 AsylVfG). Der Asylantragsteller, der sich gegen den abgelehnten oder teilweise ablehnenden Bescheid des BAMF wehren will, muss direkt Klage vor dem zuständigen Verwaltungsgericht erheben. Zuständig ist das Verwaltungsgericht, in dessen Bezirk der Ausländer nach §§ 46 ff. AsylVfG seinen Aufenthalt zu nehmen hat (§ 52 Nr. 2 VwGO).

Die **Klagefrist** beträgt im Falle einer Ablehnung als einfach unbegründet zwei   **87**
Wochen. Im Falle einer Qualifizierung der Ablehnung (Rn 63 f.) beträgt die Klagefrist eine Woche.

Der Asylkläger hat die zur Begründung dienenden Tatsachen und Beweismittel   **88**
binnen einer Frist von einem Monat nach Zustellung der Entscheidung des BAMF anzugeben. Tut er das nicht, so läuft er Gefahr, dass das Verwaltungsgericht nach § 87b Abs. 3 VwGO Erklärungen und Beweismittel, die erst nach Ablauf der Frist vorgebracht werden, zurückweist und ohne weitere Ermittlungen entscheidet (**Präklusion**). Das ist allerdings nur zulässig, wenn die verspätete Zulassung des Vorbringens und der Beweismittel die Erledigung des Rechtsstreits verzögern würde, der Asylkläger die Verspätung nicht genügend entschuldigt und er seitens des Gerichts über die Folgen der Fristversäumung belehrt worden ist.

5.12   Besonderheiten des Verwaltungsprozesses

Das Verwaltungsgericht kann die Klage als offensichtlich unzulässig oder offen-   **89**
sichtlich unbegründet abweisen. In diesem Falle ist das Urteil unanfechtbar. Der Asylkläger kann sich dagegen nur noch mit der Verfassungsbeschwerde vor dem Bundesverfassungsgericht wehren. Gegen andere Urteile, mit denen die Klage ganz oder teilweise ohne Qualifikation abgelehnt worden ist, kann der Asylkläger, im Falle des Erfolgs der Klage aber auch das BAMF Berufung vor dem Oberverwaltungsgericht einlegen, wenn dieses Rechtsmittel vom Oberverwaltungsgericht zugelassen worden ist (§ 78 Abs. 2 AsylVfG.)

Nach § 83 AsylVfG sollen Asylrechtsstreitigkeiten in besonderen Spruchkörpern   **90**
zusammengefasst werden, also in Kammern (1. Instanz) und Senaten (2. Instanz), die auf das Asylrecht spezialisiert sind und keine anderen Verwaltungsstreitverfahren zu bearbeiten haben. Die Landesregierungen sind ermächtigt, bei den Verwaltungsgerichten durch Rechtsverordnung solche Spruchkörper zu bilden. Diese Regelung ist in Deutschland aber weitgehend nicht umgesetzt worden (*Literaturhinweis*: Ruge 1995)

5.13   Folgeantrag (§ 71 AsylVfG)

Literaturhinweis GK-AsylVfG § 71 Rn 226 ff.

Nach Rücknahme oder unanfechtbarer Ablehnung des Asylantrages kann ein   **91**
neuer Asylantrag gestellt werden. Er löst die Entscheidung aus, ob ein weiteres Asylverfahren durchgeführt werden soll oder nicht. (§ 71 Abs. 1 AsylVfG).

Ein weiteres Asylverfahren wird nur durchgeführt, wenn die Voraussetzungen   **92**
des § 51 Abs. 1–3 VwVfG vorliegen, also wenn

- die Sach- oder Rechtslage sich nachträglich zugunsten des Betroffenen geändert hat; eine Änderung der Sachlage kann auch insofern vorliegen, als eine bestimmte Bedrohung zwar schon im ersten Asylverfahren geltend gemacht wurde oder hätte geltend gemacht werden können, damals aber noch nicht jene Intensität und Wahrscheinlichkeit erreicht hatte, die sie auf Grund der weiteren Entwicklung inzwischen erlangt hat;
- neue Beweismittel vorliegen, die im ersten Asylverfahren noch nicht existierten oder nicht verfügbar waren;
- Wiederaufnahmegründe nach § 580 ZPO (korrupte Beweismittel wg. Falschaussage, Fälschung, Prozessbetrug, etc.) vorliegen.

93   Lehnt das BAMF das Wiederaufgreifen des Verfahrens ab, muss sich die dagegen gerichtete Klage nicht nur gegen die Weigerung des BAMF richten, ein weiteres Verfahren durchzuführen, sondern auch darauf, den ablehnenden Erstbescheid aufzuheben und das BAMF zu verpflichten, den Kläger als Asylberechtigten anzuerkennen und/oder ihm die Flüchtlingseigenschaft zuzuerkennen (BVerwG 10.02.1998). Eine Klage, die darauf beschränkt ist, das BAMF zu verpflichten, das Verfahren wiederaufzugreifen und nicht schon auf die Verpflichtung gerichtet ist, dem neuen Asylantrag stattzugeben, wird nach dieser Rechtsprechung als unzulässig angesehen. Das hat zur Folge, dass die behördliche Entscheidung über die Begründetheit des neuen Asylantrags durch die Entscheidung des Gerichts ersetzt wird. Der Kläger verliert dadurch eine Instanz. Dem Verwaltungsgericht wird angesonnen, Aufgaben der Verwaltung zu erfüllen. Das lässt sich verfahrensökonomisch begründen, widerspricht aber dem Verfassungsprinzip der Gewaltenteilung.

Der Aufbau eines Gutachtens

In diesem Kapitel finden Sie eine Anleitung zur Erstellung eines asylrechtlichen   1
Gutachtens. Diese Anleitung ist immer dann hilfreich, wenn es darum geht, das Vorbringen eines Asylsuchenden rechtlich korrekt zu analysieren, um auf diese Weise
einen begründeten Vorschlag dafür zu finden, welche Strategie in der Rechtsberatung einzuschlagen ist oder wie über den Asylantrag entschieden werden sollte. Das
Kapitel wendet sich aber in erster Linie an Studierende, die im Rahmen ihrer Ausbildung an der Universität flüchtlingsrechtliche Gutachten erstellen sollen.

6.1 Sachverhalt

6.1.1 „Unstreitiger" Sachverhalt

Unter der Überschrift „Sachverhalt" ist das wesentliche Ergebnis der Befragung,   2
wie es sich aus dem Anhörungsprotokoll ergibt, welches dem Gutachten zugrunde
liegt, darzustellen. Zunächst ist der **„unstreitige" Sachverhalt** darzustellen, also
jene Umstände, an deren Richtigkeit kein vernünftiger Zweifel bestehen kann. Dieser Teil des Sachverhalts ist im Indikativ darzustellen.

> **Beispiel**
>
> Der Antragsteller ist ausweislich des vorliegenden Reisepasses türkischer Staats-
> angehöriger und ausweislich der von ihm benutzten Sprache kurdischer Volks-
> zugehörigkeit. Er ist 45 Jahre alt und reiste nach seinen eigenen Angaben im
> Februar 2013 auf dem Landweg in die Bundesrepublik ein. Am 3. März 2013
> stellte er vor der Polizei in Offenburg ein Asylgesuch und am 8. März 2013 einen
> Asylantrag vor der Außenstelle des BAMF in Gießen.

© Springer-Verlag Berlin Heidelberg 2015
P. Tiedemann, *Flüchtlingsrecht*, DOI 10.1007/978-3-662-43657-8_6

6.1.2 Vorbringen des Antragstellers

3 Anschließend folgt die Darstellung jenes Teils des Vorbringens, das im Hinblick auf Glaubhaftigkeit und Glaubwürdigkeit noch Gegenstand der Prüfung ist. Deshalb muss diese Darstellung von einer distanzierten Position aus erfolgen. Der Gutachter darf sich die Aussagen nicht schon zu Eigen machen. Dies wird durch Verwendung der indirekten Rede sichergestellt.

Beispiel

Bei seiner Anhörung am 5. März 2013 trug der Antragsteller vor, er habe mit seiner Familie in dem Dorf ... nahe der Stadt Van gelebt. Im Herbst 2012, an den genauen Zeitpunkt könne er sich nicht mehr erinnern, seien Polizisten in seinem Haus erschienen und hätten seiner Frau eröffnet, dass er, der Antragsteller, gesucht werde, weil er im Verdacht stehe, für die PKK aktiv zu sein. Er selbst sei nicht zu Hause gewesen. Die Polizisten hätten angekündigt wiederzukommen. Am Abend sei er nach Hause gekommen, habe von dem Besuch der Polizei erfahren, sofort einige Sachen gepackt und sei noch in derselben Nacht per Bus nach Izmir gefahren, wo er in den folgenden Tagen versucht habe, eine Möglichkeit der Ausreise nach Europa zu finden. ...

6.1.3 Glaubhaftigkeit

Literaturhinweis Gierlichs 2010

4 Unter dem Titel Glaubhaftigkeit ist die Plausibilität des Vorbringens des Antragstellers zu erörtern. Die Prüfung der Glaubhaftigkeit erfolgt in zwei Schritten. zunächst geht es um die Konsistenz des Vorbringens des Asylsuchenden. Im zweiten Schritt geht es um den Abgleich dieses Vorbringens mit den erreichbaren Informationen über die Lage in seinem Herkunftsland.

6.1.3.1 Konsistenz des Vorbringens

5 Hier ist zu prüfen, ob das Vorbringen frei von Widersprüchen ist, bzw. ob es für etwaige Widersprüche plausible Erklärungen gibt. Wenn Anhaltspunkte dafür bestehen, dass der Antragsteller z. B. an einer posttraumatischen Belastungsstörung leidet und ihm deshalb bestimmte Ereignisse nicht mehr bewusst sind, so können sich daraus scheinbare Widersprüche ergeben, die aber auflösbar ist. Wenn er ein bestimmtes Ereignis verschiedenen Daten zuordnet, kann dies ein Widerspruch sein, der die Glaubhaftigkeit mindert, es kann sich aber auch einfach darum handeln, dass der Antragteller das genaue Datum nicht mehr weiß, weil er einem Kulturkreis entstammt, in dem es nicht üblich ist, die Zeit nach Kalenderdaten zu strukturieren und zu erinnern.

Beispiel A

Das Vorbringen des Antragstellers, wonach er im Juni 2005 in Mersin verhaftet und in der Polizeiwache gefoltert worden sein will, steht entgegen, dass der Antragsteller vorträgt, bereits im Mai 2005 nach Istanbul gefahren und dort untergetaucht zu sein. An diesem letztgenannten Vortrag hat der Antragsteller trotz mehrfacher Nachfrage festgehalten. Unter diesen Umständen ist die Behauptung, im Juni in Marsin gefoltert worden zu sein, nicht glaubhaft.

Beispiel B

Das Vorbringen des Antragstellers ist in sich schlüssig und folgerichtig. Es weist keine Widersprüche auf. Gewisse Unsicherheiten hinsichtlich der Datierung der Ereignisse im Frühjahr 2005 lassen sich ohne Weiteres damit erklären, dass dem Kläger die genauen Daten nicht mehr erinnerlich sind, er sich aber scheut, dies einzugestehen, weil er glaubt, damit seiner Mitwirkungspflicht ungenügend nachzukommen.

6.1.3.2 Abgleich mit der Lage im Herkunftsland

Die Glaubhaftigkeit kann durch einen Abgleich der Verfolgungsgeschichte mit den   6
Informationen über die Lage im Heimatland verstärkt oder geschwächt werden. So würde z. B. die (hier fingierte!) Information, dass sich die PKK im Frühjahr 2012 aufgelöst und der türkische Staat eine Amnestie für alle PKK-Aktivisten erklärt hat, die Glaubhaftigkeit des Vortrages, die Polizei würde nach dem Antragsteller fahnden, unglaubhaft machen. Umgekehrt könnten Nachrichten über gezielte Aktivitäten der türkischen Sicherheitskräfte gegen mutmaßliche PKK-Anhänger in diesem Zeitraum die Glaubwürdigkeit erhöhen.

Die Dokumente, die für die Ermittlung der Lage im Herkunftsland herangezogen   7
worden sind, sind übersichtlich aufzulisten. Ihr wesentlicher Inhalt ist zu referieren, aber nur soweit, als dies für den vorliegenden Fall von Bedeutung ist. So ist im Beispielsfall die Lage der Frauen in der Südost-Türkei auch dann nicht darzustellen, wenn die Dokumente dazu Vieles und Interessantes enthalten. Denn für das Verfolgungsschicksal eines männlichen Flüchtlings ist das ohne Bedeutung.

Beispiel

Die von dem Antragsteller geschilderten Ereignisse passen in das Bild, das sich aus den beigezogenen Dokumenten über die Lage in der Türkei ergibt. (Fußnote: Auflistung der Dokumente). Danach stellt sich die Situation im maßgeblichen Zeitraum wie folgt dar: ... Zwar gibt es auch Dokumente, in denen eher von einer Entspannung der Lage ausgegangen wird (Fußnote: Auflistung). Während aber in den erstgenannten Dokumenten eine Vielzahl von Einzelfällen mit präzisen Angaben zu Ort und Zeit geschildert werden, beschränken sich die letztgenannten Dokumente auf pauschale Behauptungen ohne einen Hinweis darauf, auf welchem Tatsachenmaterial sie beruhen. ...

6.1.4 Glaubwürdigkeit

8 Von der Glaubhaftigkeit einer Aussage ist die Glaubwürdigkeit der Person zu unterscheiden. Es ist möglich, dass es keine Anhaltspunkte gibt, die gegen die Glaubhaftigkeit der Aussage sprechen, z. B. weil sie widerspruchsfrei ist und auch in das Bild der allgemeinen Lage im Herkunftsland passt. Trotzdem kann sie unwahr sein. In diesem Fall kommt es also darauf an, ob man die Person als solche für glaubwürdig hält. Insoweit gilt folgendes Prinzip: Die Achtung und der Respekt, auf die jeder Mensch kraft der ihm innewohnenden Würde Anspruch hat, gebietet es, die Glaubwürdigkeit zu unterstellen, solange keine konkreten Anhaltspunkte dafür sprechen, dass die Person nicht glaubwürdig ist.

> **Beispiel**
>
> Es gibt keinerlei Anhaltspunkte, die es rechtfertigen könnten, an der Glaubwürdigkeit des Antragstellers zu zweifeln.

9 Gegen die Glaubwürdigkeit kann es sprechen, wenn bekannt ist, dass der Antragsteller in anderen Zusammenhängen, z. B. früheren Verfahren, unwahre Angaben gemacht hat („Wer einmal lügt, dem glaubt man nicht ...").

> **Beispiel A**
>
> Der Vortrag des Antragstellers ist zwar in sich schlüssig. Er erscheint angesichts der Lage in der Türkei auch möglich. Es ist jedoch in Betracht zu ziehen, dass er nicht nur mit einem auf einen falschen Namen ausgestellten Reisepass eingereist ist, sondern unter diesem falschen Namen bereits ein Asylverfahren betrieben hat, das erfolglos geblieben ist. Der Antragsteller hat die deutschen Behörden in der Vergangenheit also schwerwiegend über die Identität seiner Person in die Irre geführt, um sich ein Bleiberecht zu verschaffen. Angesichts dieser Vorgeschichte fehlt es dem Antragsteller an der erforderlichen Glaubwürdigkeit. Es ist vielmehr davon auszugehen, dass sein Vorbringen unwahr ist. ...

> **Beispiel B**
>
> Der Vortrag des Antragstellers ist zwar in sich schlüssig. Er erscheint angesichts der Lage in der Türkei auch möglich. Es ist jedoch in Betracht zu ziehen, dass er bei seiner ersten Anhörung vor der Bundespolizei ein Dokument vorgelegt hat, welches seine Mitgliedschaft in der PKK beweisen sollte, und bei dem es sich um eine offensichtliche Fälschung handelt. ... Der Antragsteller ist daher nicht glaubwürdig. Es ist davon auszugehen, dass sein Vorbringen nicht der Wahrheit entspricht.

Die Glaubwürdigkeit kann u. U. auch dann zweifelhaft sein, wenn der Antragstel- **10**
ler im Laufe des Asylverfahrens zu immer präziseren und detailreicheren Aussagen kommt („**gesteigerter Vortrag**"), sofern man daraus schließen kann, er sei mit
wachsender Erfahrung und wachsender Möglichkeit, seine Erfahrungen mit anderen
Asylbewerbern auszutauschen, immer besser in der Lage, eine unwahre Geschichte
detailreich und phantasievoll auszuschmücken. Allerdings kann eine detailreiche-
re Aussage in späteren Verfahrensabschnitten (z. B. vor Gericht) auch darauf zurückzuführen sein, dass der Antragsteller bei der ersten Befragung unzweckmäßig
befragt wurde, eingeschüchtert war, der Gegenstand der Aussage schambesetzt ist
oder aus psychischen Gründen nicht so lebendig und detailreich geschildert werden
konnte, wie das später der Fall ist. Gesteigerter Vortrag rechtfertigt deshalb nur
dann Zweifel an der Glaubwürdigkeit, wenn er nicht anders erklärt werden kann als
durch das wachsende Geschick zu lügen.

6.1.5 Zusammenfassende Würdigung des Sachverhalts

Abschließend sollte der Sachverhalt, der der rechtlichen Würdigung zugrunde ge- **11**
legt wird, noch einmal zusammenfassend dargestellt werden. Ist dieser Sachverhalt
identisch mit dem Vorbringen des Antragstellers, so kann dies in einem einzigen
Satz geschehen.

> **Beispiel**
>
> Der rechtlichen Würdigung ist somit das Vorbringen des Antragstellers in vollem
> Umfang zugrunde zu legen.

Werden dagegen nur Teile des Vorbringens für glaubhaft gehalten, andere dagegen **12**
nicht, so ist der glaubhafte Teil des Vorbringens als maßgeblicher Sachverhalt noch
einmal zusammenhängend darzustellen.

> **Beispiel**
>
> Es ist somit davon auszugehen, dass der Antragsteller entgegen seiner Behaup-
> tung im Anwaltsschriftsatz zu keinem Zeitpunkt inhaftiert war. Dagegen ist sein
> Vorbringen hinsichtlich der Teilnahme an der Demonstration in Van im Januar
> 2004, den polizeilichen Übergriffen in diesem Zusammenhang und den erlitte-
> nen Verletzungen durch die Polizei überzeugend. Der Umstand, dass der An-
> tragsteller hinsichtlich der behaupteten Inhaftierung die Unwahrheit vorgetragen
> hat, stellt seine übrige Aussage nicht in Frage. Insoweit hat der Antragsteller
> nämlich glaubhaft gemacht, dass die Darstellung auf einem Missverständnis des
> Anwaltes beruhte. …

6.2 Rechtliche Würdigung

13 Das Rechtsgutachten ist im Falle eines Asylantrages wie folgt zu gliedern:

6.2.1 Zuständigkeit eines anderen Staates

14 **Beispiel**

Zunächst ist zu prüfen, ob für die Durchführung des Asylverfahrens ein anderer Staat zuständig ist. In diesem Falle ist der Asylantrag als unzulässig abzulehnen (§ 27a AsylVfG). Maßgeblich für die Frage, ob Deutschland für das Verfahren des Antragstellers zuständig ist, sind die Regelungen der VO (EU) Nr. 604/2013. Einschlägig ist insoweit für den vorliegenden Fall insbesondere Art. 13 Abs. 1 der Verordnung. Danach …

6.2.2 Anspruch auf Anerkennung als Asylberechtigter

15 **Beispiel**

Der Antragsteller hat einen Anspruch auf Anerkennung als Asylberechtigter, wenn er sich auf das Asylgrundrecht des Art. 16a Abs. 1 GG berufen kann (§ 31 Abs. 2 AsylVfG i. V. m. Art. 16a GG). Das ist der Fall, wenn er nicht aus einem sicheren Drittstaat im Sinne des Art. 16a Abs. 2 GG eingereist ist und wenn es sich um einen politisch Verfolgten im Sinne des Art. 16a Abs. 1 GG handelt. Der Antragsteller ist nach seinen eigenen Angaben auf dem Landweg in die Bundesrepublik gelangt. Dabei muss er über einen sicheren Drittstaat gekommen sein. Sichere Drittstaaten im Sinne des Art. 16a Abs. 2 GG sind nämlich alle …

6.2.3 Anspruch auf Zuerkennung der Flüchtlingseigenschaft

16 **Beispiel**

Der Antragsteller hat einen Anspruch auf Zuerkennung der Flüchtlingseigenschaft, wenn sich aus dem festgestellten Sachverhalt ergibt, dass er sich aus begründeter Furcht vor Verfolgung wegen eines der in § 3 Abs. 1 Nr. 1 AsylVfG aufgeführten Verfolgungsgründe außerhalb des Herkunftslandes im Sinne des § 3 Abs. 1 Nr. 2 AsylVfG befindet und kein Ausschlussgrund vorliegt (§ 31 Abs. 2 AsylVfG i. V. m. § 3 Abs. 4, Abs. 1 AsylVfG). …

6.2.4 Anspruch auf Feststellung des subsidiären Schutzstatus

Falls Sie zu dem Ergebnis gekommen sind, dass dem Antragsteller weder die An-   **17**
erkennung der Asylberechtigung noch die Zuerkennung der Flüchtlingseigenschaft
zusteht, schließt sich jetzt die Prüfung des subsidiären Schutzstatus an.

Beispiel

Der Antragsteller könnte einen Anspruch auf Zuerkennung des subsidiären
Schutzes haben (§ 31 Abs. 2 i. V. m. § 4 AsylVfG). Das setzt voraus, dass ...

Falls Sie zum Ergebnis kommen, dass der Antragsteller einen Anspruch auf Zu-   **18**
erkennung der Flüchtlingseigenschaft und/oder Anerkennung als Asylberechtigter
hat, sollten Sie die Frage des subsidiären Schutzes im Rahmen eines Hilfsgutach-
tens erörtern:

Beispiel

Obwohl der Antragsteller, wie vorstehend dargelegt, einen Anspruch auf Zuerkennung der Flüchtlingseigenschaft hat, soll im Folgenden hilfsweise unter-
sucht werden, ob er einen Anspruch auf Zuerkennung des subsidiären Schutzes
hätte, wenn die Flüchtlingseigenschaft zu verneinen wäre. ...

6.2.5 Anspruch auf nationalen subsidiären Schutz

Die Frage des nationalen subsidiären Schutzes (Abschiebungsverbote nach § 60   **19**
Abs. 5 oder Abs. 7 AufenthG) ist nur zu prüfen, wenn ein Anspruch auf Asylanerkennung oder Zuerkennung internationalen Schutzes abgelehnt worden ist.

Beispiel

Nachdem der Asylantrag nicht erfolgreich ist, bleibt zu prüfen, ob der Antragsteller einen Anspruch auf die Feststellung hat, dass die Voraussetzungen des
§ 60 Abs. 5 oder Abs. 7 S. 1 AufenthG vorliegen (§ 31 Abs. 3 AsylVfG).

Eine hilfsweise Erörterung des nationalen subsidiären Schutzes empfiehlt sich nur   **20**
dann, wenn es einen eigenständigen Sachverhalt gibt, der nicht unter den bisherigen
Prüfungspunkten zu erörtern war, aber für nationalen subsidiären Schutz in Betracht
kommt. Das könnte bspw. das Vorbringen einer Lage im Herkunftsland sein, auf
Grund derer dem Ausländer wegen einer Naturkatastrophe oder aufgrund fehlender
oder desolater sozialer Strukturen Gefahren drohen.

6.2.6 Anspruch auf Anerkennung von Familienasyl/ Familienflüchtlingsschutz

21   Die Frage des Familienasyls oder des Familienflüchtlingsschutzes ist nur dann zu
     erörtern, wenn der Ausländer keinen Anspruch auf Anerkennung als Asylberechtig-
     ter nach Art. 16a GG oder auf Zuerkennung des internationalen Schutzes im Sinne
     des § 1 Nr. 2 AsylVfG hat.

> **Beispiel**
>
> Der Antragsteller könnte einen Anspruch auf Anerkennung als Asylberechtigter
> haben, wenn er Ehegatte eines Asylberechtigten ist (§ 26 Abs. 1 AsylVfG). …

6.2.7 Entscheidungsvorschlag

22   Am Ende des Gutachtens sollte ein Entscheidungsvorschlag stehen.

> **Beispiel**
>
> Ich schlage vor, den Antrag auf Anerkennung der Asylberechtigung abzulehnen,
> dem Antrag auf Zuerkennung der Flüchtlingseigenschaft stattzugeben und von
> einer Entscheidung über den internationalen und nationalen subsidiären Schutz
> abzusehen.

Prüfungsschemata

7

Vorbemerkung Die folgenden Prüfungsschemata sehen zuerst die Prüfung der Exklusionsklauseln und erst anschließend die der Inklusionsklauseln vor. Das ist der Überlegung geschuldet, dass in den weitaus meisten Fällen die Ausschlussklauseln relativ schnell abzuprüfen und zu verneinen sind. In den wenigen Fällen, wo sie eine Rolle spielen, wäre es andererseits ungeschickt, sich erst mit den häufig komplizierten Fragen der Inklusionsklauseln zu beschäftigen, wenn dann doch wegen der Ausschlussklauseln kein Status in Betracht kommt. Es handelt sich aber jedenfalls nur um taktische Überlegungen. Der Bearbeiter/die Bearbeiterin muss im Einzelfall entscheiden, welcher Aufbau zweckmäßiger ist.

© Springer-Verlag Berlin Heidelberg 2015
P. Tiedemann, *Flüchtlingsrecht*, DOI 10.1007/978-3-662-43657-8_7

7.1   Flüchtlingseigenschaft (§ 3 AsylVfG)

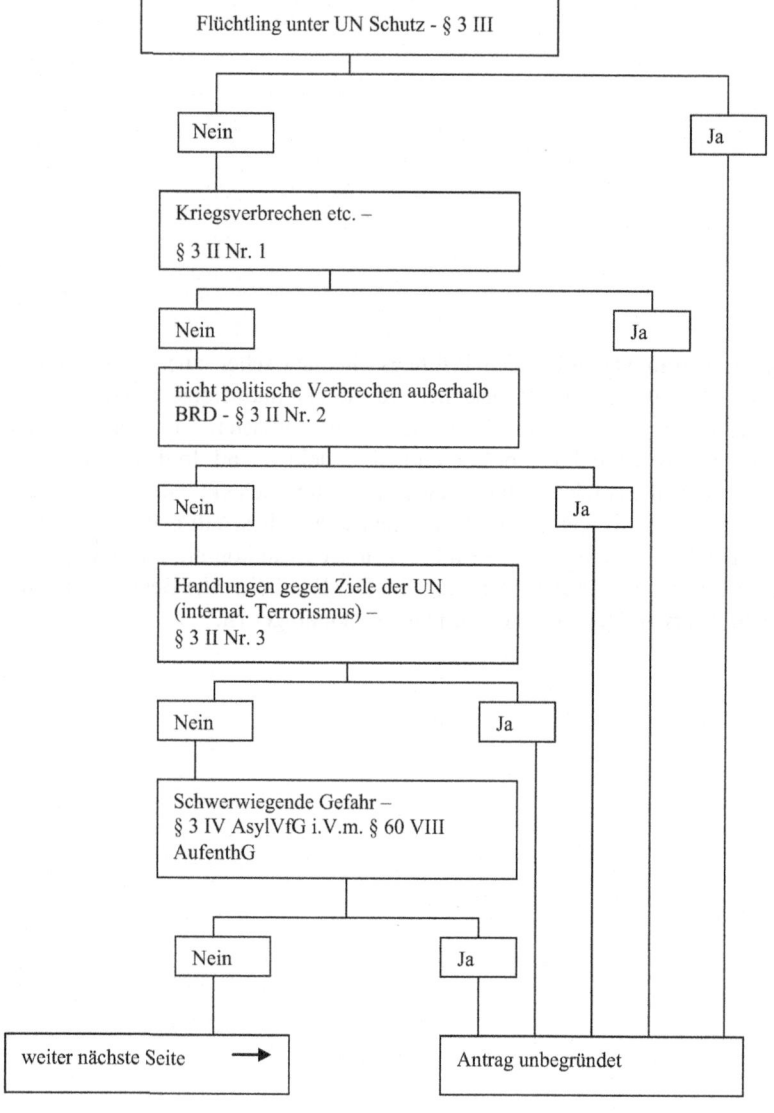

Flüchtlingseigenschaft (Fortsetzung Bl 2)

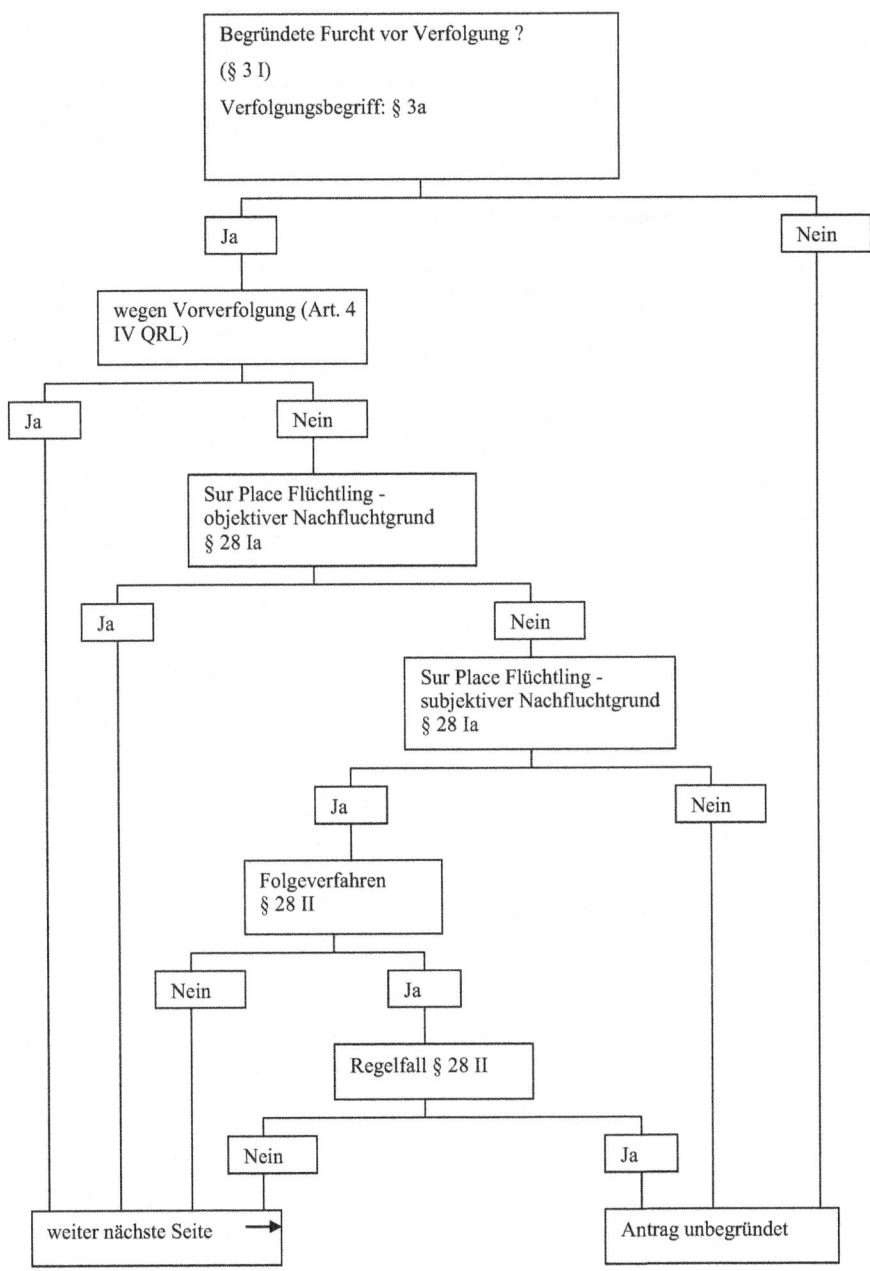

Flüchtlingseigenschaft (Fortsetzung Bl 3)

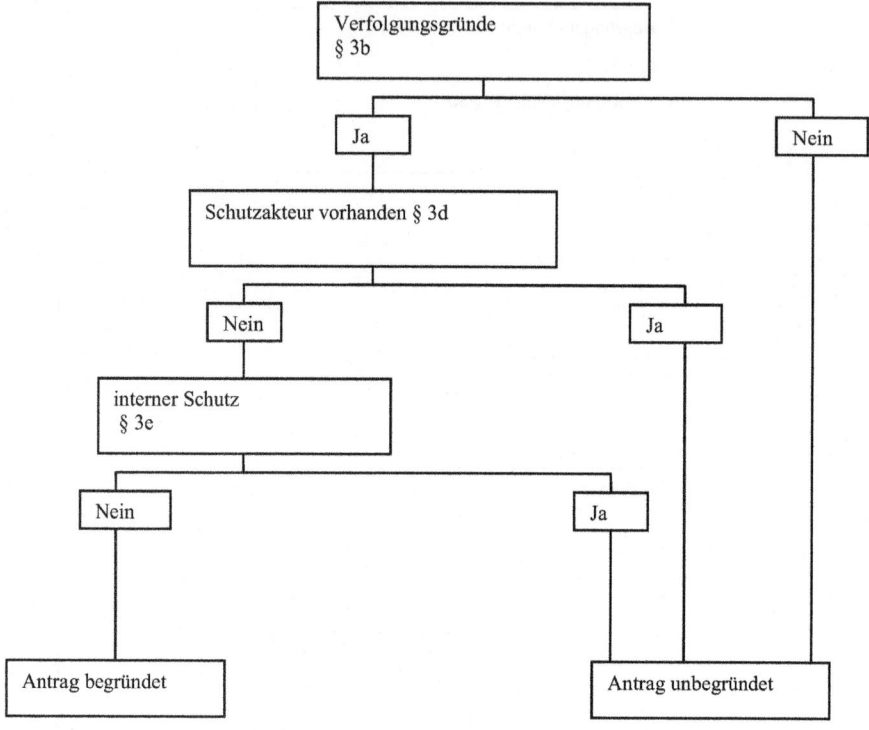

7.2   Asylberechtigung (Art. 16a GG)

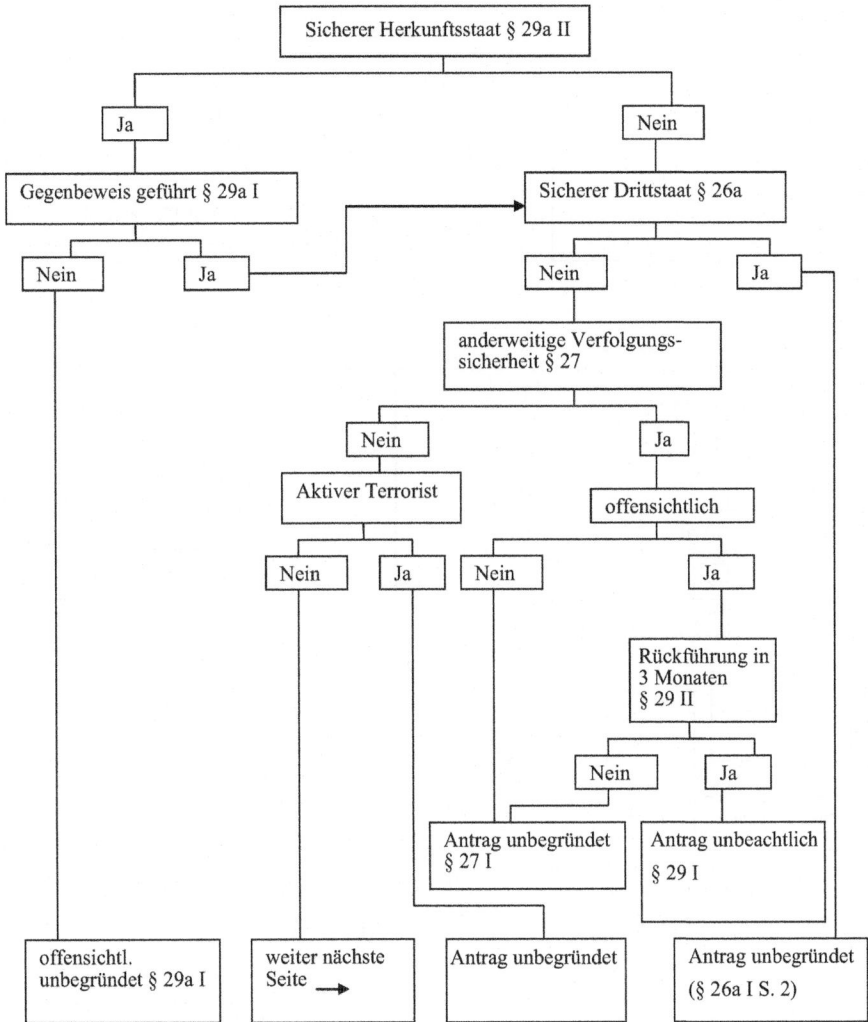

Asylberechtigung (Fortsetzung Bl 2)

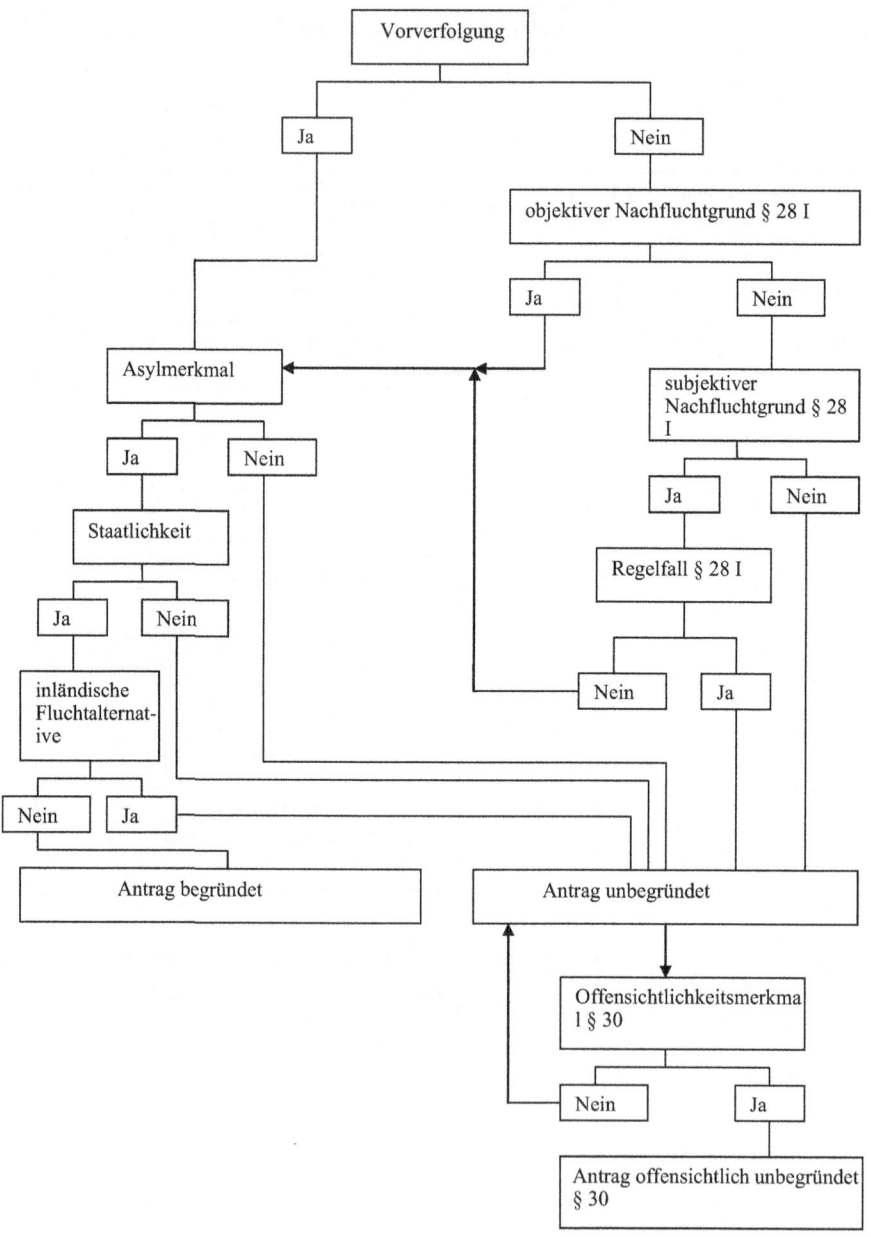

7.3 Subsidiärer Schutz (§ 4 AsylVfG)

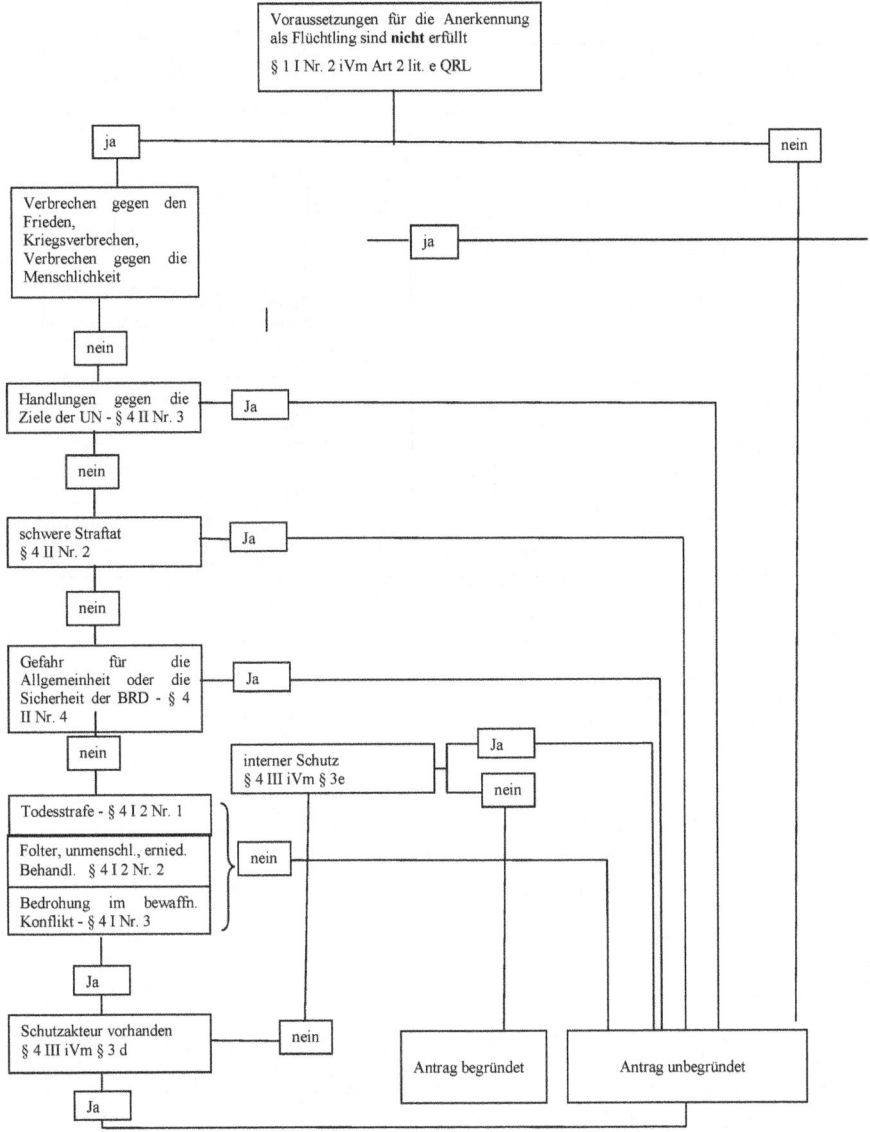

7.4 Nationaler Subsidiärer Schutz (§ 31 Abs. 3 S 1 AsylVfG i. V. m. § 60 Abs. 5 und Abs. 7 AufenthG)

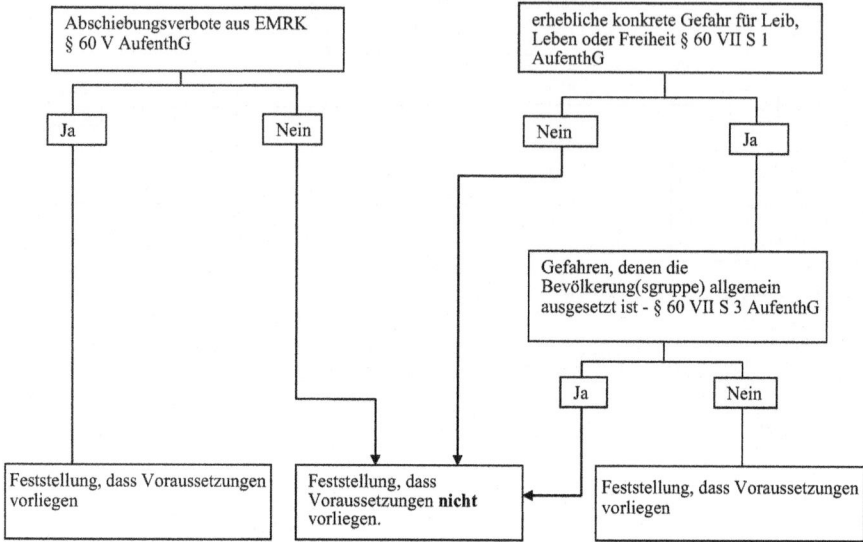

7.5   Widerruf (§§ 73–73c AsylVfG)

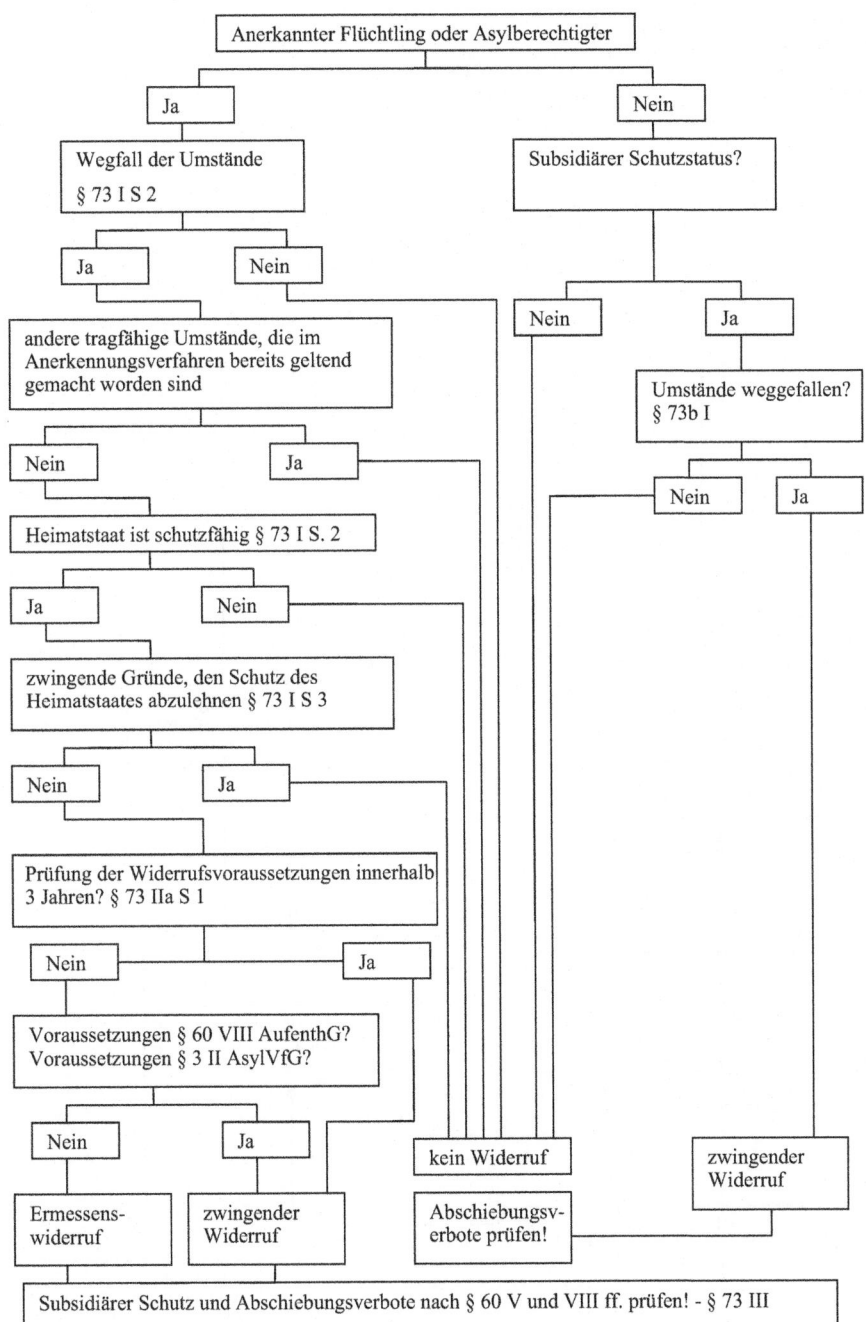

7.6 Folgeverfahren/Zweitverfahren

[Ausländer stellt nach Rücknahme oder unanfechtbarer Ablehnung
eines früheren Asylantrages erneut einen Asylantrag]

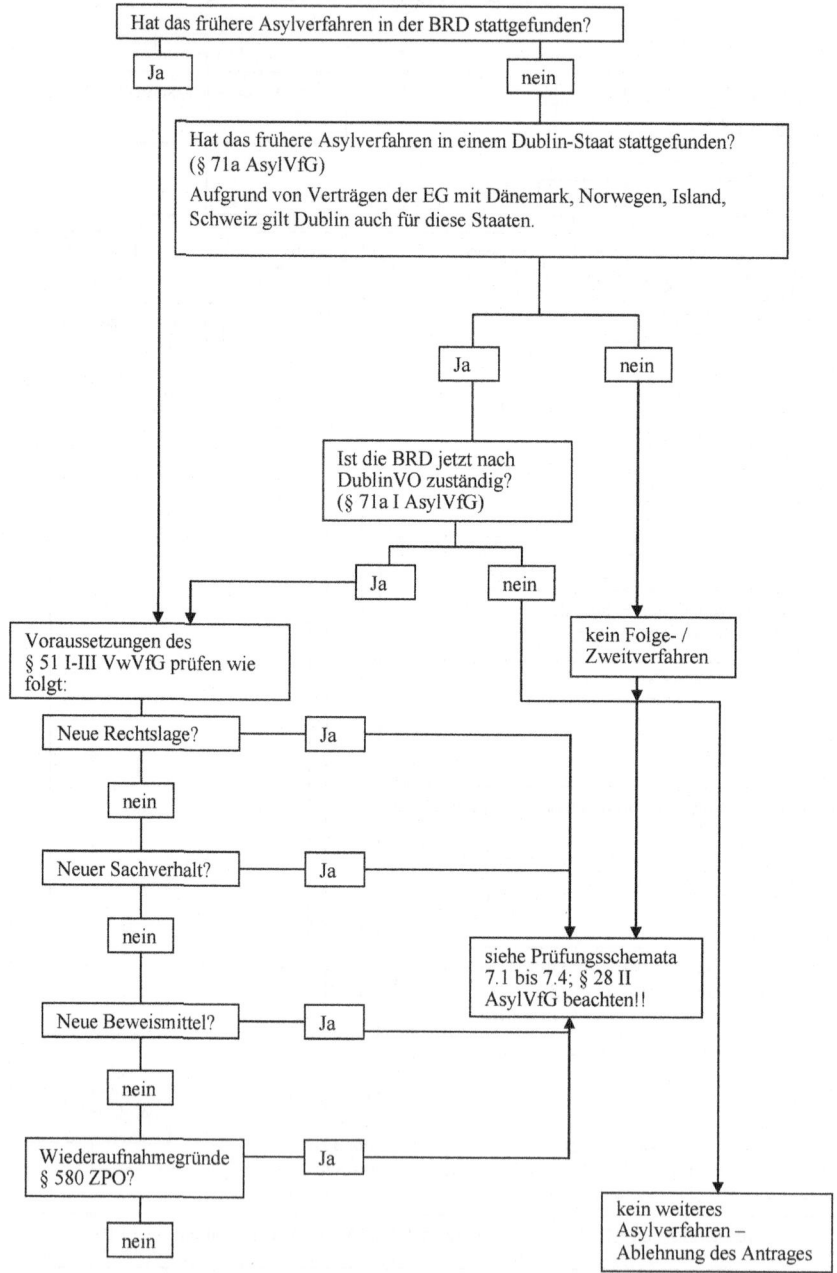

Fälle und Lösungen 8

8.1 Familiennachzug

8.1.1 Sachverhalt

A, ein indischer Staatsangehöriger, reiste im Jahr 2006 in das Bundesgebiet ein. Sein Asylantrag wurde im Juni 2007 als offensichtlich unbegründet abgelehnt. Der Bescheid wurde bestandskräftig. Wenig später lernte A in Wiesbaden die 17jährige deutsche Staatsangehörige C kennen. Aus der Verbindung ging das Kind K hervor. Nachdem es in der gemeinsamen Wohnung des Paares zu Gewalttätigkeiten gegen den erst wenige Wochen alten Sohn gekommen war, entzog das Amtsgericht Wiesbaden beiden Eltern das Sorgerecht und bestellte das Jugendamt zum Vormund für K und verfügte ein beaufsichtigtes Besuchsrecht von zweimal monatlich zwei Stunden. Das Jugendamt gab K in eine Pflegefamilie, in der er nach Ansicht des Amtes auch in Zukunft bleiben sollte. Wenig später trennten sich die Eltern. Die Kindesmutter zog nach Sachsen um und kümmert sich nicht mehr um das Kind.

A erkannte die Vaterschaft für K an und beantragte die Erteilung einer Aufenthaltserlaubnis zur Wahrung der familiären Lebensgemeinschaft mit seinem Kind.

Im Verfahren über die beantragte Aufenthaltserlaubnis teilte das Jugendamt auf Anfrage der Ausländerbehörde mit, dass A von der Möglichkeit, sein Kind zweimal im Monat für zwei Stunden zu sehen, regelmäßig Gebrauch mache. Die Beziehung von A zu seinem Sohn K sei aber kein Vater-Kind-Verhältnis im engeren Sinne. K nehme A als eine Person wahr, die zu seinem Leben dazugehöre, was er genieße. Er erlebe seinen Vater „als Besuchsvater". Momentan sei der Kontakt vergleichbar mit dem zu einem Patenkind. Wenn der Vater aus dem Leben verschwinde, dann sei das allerdings ein negativer Punkt in K's Leben.

Hat A einen Anspruch auf Erteilung einer AE?

© Springer-Verlag Berlin Heidelberg 2015
P. Tiedemann, *Flüchtlingsrecht*, DOI 10.1007/978-3-662-43657-8_8

8.1.2   Lösungsvorschlag

A könnte einen Anspruch auf Erteilung einer AE aus § 28 Abs. 1 Satz 1 Nr. 3 AufenthG haben. Danach hat der ausländische Elternteil eines minderjährigen ledigen
Deutschen einen Anspruch auf Erteilung einer Aufenthaltserlaubnis zur Ausübung
der Personensorge, wenn der Deutsche seinen gewöhnlichen Aufenthalt im Bundesgebiet hat. A ist ausländischer Elternteil von K. K ist nach § 4 StAG deutscher
Staatsangehöriger, weil eines seiner Elternteile, nämlich seine Mutter, die deutsche
Staatsangehörigkeit besitzt. Er hat seinen gewöhnlichen Aufenthalt auch im Bundesgebiet. A ist jedoch nicht sorgeberechtigt, so dass das Tatbestandsmerkmal „zur
Ausübung der Personensorge" nicht erfüllt werden kann.

A könnte einen Anspruch auf Erteilung einer AE unmittelbar aus dem Grundrecht des Art. 6 GG haben. Indessen vermittelt das Elternrecht aus Art. 6 Abs. 2 GG
keinen Anspruch eines Ausländers auf Einreise und Aufenthalt im Bundesgebiet.

A könnte einen Anspruch auf ermessensfehlerfreie Entscheidung nach § 28
Abs. 1 Satz 4 AufenthG haben. Danach *kann* die Ausländerbehörde dem nicht personensorgeberechtigten Elternteil eines minderjährigen Deutschen eine AE erteilen,
wenn die familiäre Gemeinschaft schon im Bundesgebiet lebt wird. Ist eine zweimal monatliche Besuchsbegegnung von zwei Stunden zwischen A und seinem Sohn
bereits eine familiäre Gemeinschaft von Vater und Sohn? – Entscheidend ist, dass
das Kind das Recht auf persönlichen Umgang mit seinen leiblichen Eltern hat. Hier
ist jedoch zu erwägen, ob der persönliche Kontakt deshalb dem Kindeswohl abträg-
lich ist, weil der Vater gegen seinen Sohn schon als Baby gewalttätig geworden ist
und das Familiengericht einen Besuch deshalb nur unter Aufsicht zulässt. Aber aus
der Sicht des Kindes ist diese Form der Begegnung mit dem Vater noch immer besser als gar keine Begegnung. Zu erwägen ist auch, ob A von seinem Besuchsrecht
nur deshalb so regelmäßig Gebrauch macht, weil er auf eine AE hofft und das Kind
zu diesem Zweck nur instrumentalisiert. Dafür gibt es aber keine Anhaltspunkte.
Außerdem könnte die AE ggf. auch widerrufen werden.

Wenn man zum Ergebnis kommt, dass die familiäre Gemeinschaft bereits im
Bundesgebiet gelebt wird, fragt sich weiter, ob die Ausländerbehörde praktisch verpflichtet ist, A die AE zu erteilen, weil ihr Ermessen auf Null reduziert ist. Das ist
der Fall, wenn eine negative Entscheidung zwingend als ermessensfehlerhaft be-
urteilt werden müsste. Da der Staat verpflichtet ist, die familiäre Gemeinschaft zu
schützen und dieser Schutzpflicht ein grundrechtlicher Anspruch entspricht (Art. 6
Abs. 1 GG), kann die Ausländerbehörde die AE ermessensfehlerfrei nur verweigern, wenn sie dafür Gründe geltend machen kann, die schwerer wiegen als die
familiäre Lebensgemeinschaft, z. B. kriminelle Aktivitäten von A etc. Dafür gibt es
hier aber keine Anhaltspunkte. Daher ist die AE zu erteilen.

Referenzfall: BVerfG 01.12.2008

8.2 Flüchtlingsbegriff – Inklusionsklauseln

8.2.1 Sachverhalt Fall 1

Variante 1 A hat sein Heimatland verlassen und sucht um Asyl nach, weil er einen Einberufungsbefehl erhalten hat, aber keinen Wehrdienst leisten will. Ihm droht im Falle seiner Rückkehr Gefängnis wegen Wehrdienstentziehung bis zu einem Jahr. Er kann den Wehrdienst durch Zahlung einer Sondersteuer in Höhe von 10.000 € abwenden, die er auch in Raten zahlen kann.

Variante 2 A hat sein Heimatland verlassen und sucht um Asyl nach, weil er einen Einberufungsbefehl erhalten hat, aber keinen Wehrdienst leisten will. Ihm droht im Falle seiner Rückkehr Gefängnis wegen Wehrdienstentziehung bis zu einem Jahr. Wegen seiner Zugehörigkeit zur ethnischen Gruppe X besteht eine hohe Wahrscheinlichkeit, dass er während der Haft gefoltert wird.

Variante 3 A hat sein Heimatland verlassen und sucht um Asyl nach, weil er einen Einberufungsbefehl erhalten hat, aber aus Gewissensgründen keinen Wehrdienst leisten kann. Ihm droht im Falle seiner Rückkehr Gefängnis wegen Wehrdienstentziehung bis zu einem Jahr – wie jedem anderen Wehrdienstverweigerer auch.

Variante 4 A hat sein Heimatland verlassen und sucht um Asyl nach, weil er einen Einberufungsbefehl erhalten hat. Er gehört der christlichen Minderheit in einem moslemischen Staat an. Mit hoher Wahrscheinlichkeit läuft er Gefahr, in der Kaserne von seinen Kameraden zwangsweise beschnitten zu werden. Es existiert eine Dienstanweisung des Verteidigungsministeriums, wonach diese Praxis verboten ist. Zu Disziplinar- oder Strafverfahren ist es in ähnlichen Fällen bisher nicht gekommen.
Erfüllt A die Inklusionsklauseln des Flüchtlingsbegriffs?

8.2.2 Lösungsvorschlag Fall 1

Variante 1 Wird A verfolgt? – Die Wehrpflicht ist eine staatsbürgerliche Pflicht wie die Pflicht, Steuern zu zahlen oder die Pflicht von Hauseigentümern, den Gehweg vor ihrem Haus schneefrei zu halten. Die Nichterfüllung solcher staatsbürgerlicher Pflichten kann bestraft werden, ohne dass die Strafverfolgung als solche schon eine schwere Verletzung grundlegender Menschenrechte darstellt oder eine Maßnahme, die ähnlich gravierend ist (§ 3a Abs. 1 AsylVfG). A ist also mangels Verfolgung kein Flüchtling.

Variante 2 Wird A verfolgt? – Die Folter ist eine justizielle Maßnahme, die als solche diskriminierend ist und damit den Tatbestand der Verfolgung erfüllt – Politmalus (§ 3a Abs. 2 Nr. 2 AsylVfG).

Wird A wegen eines Verfolgungsgrundes verfolgt? – Der Grund für die Misshandlung ist seine Zugehörigkeit zur ethnischen Gruppe X. Er wird also wegen seiner Rasse oder wegen seiner Nationalität verfolgt. A erfüllt die Inklusionsklauseln des Flüchtlingsbegriffs.

Variante 3 Wird A verfolgt? – Grundsätzlich ist die Bestrafung von Wehrdienstverweigerung keine Verfolgungshandlung (vgl. Variante 1). Im Falle von Gewissensentscheidungen liegt aber eine diskriminierende justizielle Maßnahme vor, weil A gleich behandelt wird wie alle anderen, obwohl er sich in rechtlich relevanter Weise von ihnen unterscheidet. Es liegt nämlich ein Entschuldigungsgrund vor, so dass es an der Strafbarkeitsvoraussetzung der Schuld fehlt. Die Ableistung des Wehrdienstes kann ihm nämlich nicht zugemutet werden, weil dem eine ethische Überzeugung entgegensteht, die so bedeutsam für sein Gewissen ist, dass es ihm nicht zugemutet werden kann, darauf zu verzichten. Nach der finalen Theorie des BVerfG wird A auch wegen Zugehörigkeit zu einer bestimmten sozialen Gruppe verfolgt. Nach der Motivationstheorie des BVerwG ist das nicht der Fall, weil es dem Staat nicht darum geht, bestimmte Gewissensüberzeugungen zu bestrafen.

Variante 4 Wird A verfolgt? – Die zwangsweise Beschneidung ist eine schwere Körperverletzung und erfüllt damit den Tatbestand eines schwerwiegenden Eingriffs in grundlegende Menschenrechte.

Gibt es einen Verfolgungsgrund? – A wird wegen der Religion verfolgt.

Kann A den Schutz eines Schutzakteurs nach § 3d AsylVfG in Anspruch nehmen? – Nein, denn der staatliche Schutz vor Verfolgung steht nur auf dem Papier, ist aber nicht wirksam, weil Verfolgungshandlungen nicht sanktioniert werden (§ 3d Abs. 2 AsylVfG. (Referenzfall: BVerwG 05.11.1991)

8.2.3 Sachverhalt Fall 2

A ist eine 25jährige iranische Staatsangehörige. Sie stellt einen Asylantrag und macht geltend, im Iran von ihren Eltern gegen ihren Willen mit einem Mann verheiratet worden zu sein, der sie ständig misshandelt, eingesperrt und daran gehindert habe, eine Berufsausbildung fortzusetzen, die sie schon vor der Eheschließung begonnen hätte. Nachdem sie von ihm erwischt worden sei, wie sie heimlich das Haus verlassen hatte, um die Ausbildung fortzusetzen, sei sie schwer geschlagen worden. Ihr Bruder, den sie davon verständigt habe, habe sie darauf aus der Wohnung befreit und ihr die Flucht nach Deutschland ermöglicht.

Prüfen Sie, ob A einen Anspruch auf Anerkennung als Asylberechtigte und/oder auf Zuerkennung der Flüchtlingseigenschaft hat.

8.2.4 Lösungsvorschlag Fall 2

Wird A verfolgt? – Die erlittene Verfolgung bestand zunächst in der Zwangsverheiratung. Diese verletzt das Menschenrecht der negativen Eheschließungsfreiheit (Art. 12 EMRK), also das Recht, eine Ehe nicht einzugehen. Die Zwangsehe wirkt sich auf die betroffene Frau zugleich als eine Beraubung ihres gesamten Privatlebens aus (Art. 8 EGMR). Zwar sind weder Art. 12 noch Art. 8 EMRK notstandsfest. Da es hier aber um äußerst schwerwiegende Eingriffe in die Integrität der Privatsphäre und damit in die personale Identität von A geht, lässt sich vertreten, dass derartige Eingriffe den Tatbestand der Verfolgung i. S. d. § 3a AsylVfG erfüllen. Dazu kommt, dass sie in der Zwangsehe misshandelt und eingesperrt worden ist. Das sind jedenfalls schwerwiegende Eingriffe in grundlegende Menschenrechte. Eine Vorverfolgung liegt also vor. Im Falle der Rückkehr könnte sich A allerdings scheiden lassen. Sie wäre also nicht gezwungen, die Zwangsehe fortzusetzen. Jedoch werden geschiedene Ehefrauen in der Gesellschaft nicht akzeptiert. Ihre Lebensgestaltung nach der Scheidung ist stark eingeschränkt. Sie werden nicht nur gesellschaftlich verachtet, sondern sie haben auch ganz konkrete Probleme, eine Wohnung zu finden. Geschiedenen Frauen bleibt deshalb in der Regel nichts anderes übrig, als wieder in ihre Ursprungsfamilie zurückzukehren, also zu jenen Menschen, die die Heirat arrangiert haben und sich durch die Scheidung in ihrer eigenen Ehre verletzt fühlen. Entsprechend ist der Status, den die geschiedene Ehefrau in ihrer Herkunftsfamilie genießt. Die Vermeidung der Verfolgung durch Scheidung ist ihr daher nicht zumutbar.

Gibt es einen Verfolgungsgrund: A würde im Falle ihrer Rückkehr und einer Scheidung von der Gesellschaft als andersartig betrachtet und ausgegrenzt. Frauen im Iran, die von einer Zwangsehe bedroht oder bereits zwangsverheiratet worden sind oder die sich nur durch Scheidung aus einer solchen Zwangsehe befreien könnten, stellen damit eine bestimmte soziale Gruppe dar.

Kann A den Schutz des Staates in Anspruch nehmen? – Der Staat fördert das frauenfeindliche Bild der Gesellschaft. Vom Staat ist daher keine Hilfe zu erwarten.

Aber: A wird nicht vom Staat direkt verfolgt, sondern von ihrem Ehemann oder ihrer Herkunftsfamilie, welche sie zwangsverheiratet hat. A kann sich mangels staatlicher Verfolgung daher nicht auf das Asylgrundrecht berufen.

Steht A eine interne Fluchtalternative zur Verfügung'? – Nein. Sie kann im ganzen Iran nicht allein leben, sondern wird als Ehefrau, die ihrem Ehemann davongelaufen ist oder als Ehefrau, die geschieden ist, landesweit diskriminiert. A ist daher die Flüchtlingseigenschaft zuzuerkennen.

Referenzfall: VG Frankfurt/M 04.07.2012

8.3   Flüchtlingsbegriff – Exklusionsklauseln

8.3.1   Sachverhalt

A ist russischer Staatsbürger tschetschenischer Volkszugehörigkeit. Er reiste im Jahre 2002 zusammen mit seinem Bruder und einem Freund auf dem Landweg in die Bundesrepublik ein und stellte hier einen Asylantrag. Bei seiner Anhörung vor dem Bundesamt trug er Folgendes vor:

Er habe zusammen mit seinen Eltern und seinem Bruder in einem kleinen Dorf in Tschetschenien gelebt. Eines Tages sei sein Bruder im Rahmen einer so genannten Säuberungsaktion von der russischen Armee verhaftet worden. Darauf habe er zusammen mit dem Freund beschlossen, den Bruder zu befreien. Zu diesem Zweck habe man auf einem Markt, auf dem auch russische Armeeangehörige einkaufen, einen Offizier kidnappen und dann gegen den Bruder austauschen wollen. Der Offizier, den sie kidnappen wollten, sei aber von zwei Soldaten begleitet gewesen. Deshalb hätten sie die Soldaten mit Pistolen, die sie unter ihrer Zivilkleidung heimlich mitgeführt hätten, zunächst erschossen. Dann hätten sie den Offizier ergreifen und verschleppen können. Sie hätten ihn dann zu einer Gruppe von Widerstandskämpfern gebracht. Diese Gruppe habe ihn in Gewahrsam genommen, Kontakt mit der russischen Armee aufgenommen und den Gefangenenaustausch mit seinem Bruder ausgehandelt. Nach dessen Freilassung seien er, der Bruder und der Freund sofort nach Deutschland geflohen, weil in Russland landesweit nach ihnen gesucht werde. Über den Reiseweg verweigerte A jegliche Angaben. Eine EURODAC-Anfrage blieb ergebnislos.

Aus Lageberichten über Russland und Tschetschenien steht hinreichend sicher fest, dass die russischen Behörden diese Aktion im Lichte des separatistischen Kampfes der Tschetschenen betrachten und ihr daher politischen Charakter zumessen. Tschetschenische Widerstandskämpfer müssen in russischer Haft mit Folter rechnen.

Prüfen Sie, ob A einen Anspruch auf Anerkennung als Asylberechtigter und auf Zuerkennung der Flüchtlingseigenschaft hat.

8.3.2   Lösungsvorschlag

A. Asylgrundrecht

Asylgrundrecht ist ausgeschlossen, weil A auf dem Landweg und damit über einen sicheren Drittstaat eingereist ist.

B. Flüchtlingseigenschaft

1. Droht dem A Verfolgung im Falle der Rückkehr? – Ja. Er muss damit rechnen, dass die Russen nach ihm suchen und ihn strafrechtlich zur Verantwortung ziehen werden, weil er auf dem Markt zwei Soldaten erschossen und einen Offizier gekidnappt hat. Strafverfolgung wegen Mordes und Freiheits-

beraubung dient dem privaten Rechtsgüterschutz und ist als solche keine Verfolgung.

Da der Offizier aber anschließend von tschetschenischen Rebellen festgehalten und ausgetauscht worden ist, werden die Russen auch A als separatistischen Kämpfer betrachten. Sie werden seiner Straftat also politischen Charakter zumessen und nicht nur eine private Befreiungsaktion aus Familiensolidarität darin sehen. Er muss deshalb damit rechnen, in der Haft gefoltert zu werden. Wegen dieses Politmalus liegt der Tatbestand der Verfolgung vor.

2. Liegt ein Verfolgungsgrund vor? – Die Verfolgung knüpft an die dem A seitens der Russen unterstellte politische Überzeugung an.

3. Gibt es eine interne Fluchtalternative? – Nein, da A damit rechnen muss, dass landesweit nach ihm gefahndet wird.

4. Gibt es einen Schutzakteur? – Den Schutz des Staates kann er nicht in Anspruch nehmen. Andere Schutzakteure existieren nicht.

5. Erfüllt A eine Exklusionsklausel? – In Betracht kommt, das A wegen eines Kriegsverbrechens exkludiert ist. Nach Art. 8 Abs. 2 lit. e Nr. ix IStGH-Statut fällt unter Kriegsverbrechen auch die „meuchlerische Tötung eines gegnerischen Kombattanten". Kriegsverbrechen in diesem Sinne können auch von Zivilisten begangen werden. „Meuchlerisch" ist gleichbedeutend mit „heimtückisch". Heimtücke liegt vor, wenn die Tötung unter Ausnutzung eines zuvor geschaffenen Vertrauenstatbestandes erfolgt.

Lösung BVerwG 16.02.2010: Da A die Waffe nicht offen trug, sondern unter seiner Zivilkleidung versteckt hatte, hat er gegenüber allen Personen auf dem Markt das Vertrauen darin begründet, dass von ihm keine Gefahr ausgeht. Darauf haben auch die russischen Soldaten und der Offizier vertraut. Also war die Tötung heimtückisch. A hat ein Kriegsverbrechen begangen und ist exkludiert.

Alternative Lösung: Der Befreiungskampf in Tschetschenien wurde typischerweise auch von Guerilla-Trupps ausgefochten, die bewusst als Zivilisten auftraten. Das musste den russischen Soldaten bekannt sein, die deshalb grundsätzlich kein Vertrauen darin haben konnten, auf einem Markt von Angriffen auf ihr Leben verschont zu bleiben. Die Tötung war also nicht meuchlerisch. Daher: A ist nicht exkludiert.

6. Ist A wegen internationalem Terrorismus exkludiert? – Nein. Selbst wenn man seine Aktion als Terrorismus einordnen wollte (was zweifelhaft ist), handelte es sich jedenfalls nicht um *internationalen* Terrorismus, sondern um einen solchen, der auf das Hoheitsgebiet der Russischen Föderation beschränkt blieb.

8.4 Subsidiärer Schutz

8.4.1 Sachverhalt Fall 1

Variante 1 A hat mit seiner Ehefrau und drei minderjährigen Kindern in einem Dorf in der Provinz Paktia in Afghanistan gelebt. Dort herrscht ein bewaffneter Konflikt zwischen Regierungstruppen und ISAF-Truppen auf der einen und Taliban auf der anderen Seite. Im Zuge dieser Auseinandersetzungen wurde das Dorf von Talibaneinheiten mit Raketen beschossen, weil sie Regierungstruppen in dem Dorf vermuteten. Dabei ging das Haus der Familie in Flammen auf. Im März 2011 gelang es ihnen zu fliehen und von Pakistan aus nach Deutschland zu fliegen. Sie stellen einen Asylantrag. Wie ist zu entscheiden?

Variante 2 A hat mit seiner Ehefrau und drei minderjährigen Kindern in einem Dorf in der Provinz Paktia in Afghanistan gelebt. Dort herrscht ein bewaffneter Konflikt zwischen Regierungstruppen und ISAF-Truppen auf der einen und Taliban auf der anderen Seite. Im Zuge dieser Auseinandersetzungen werden oft Dörfer beschossen und die Wohnungen von Zivilisten zerstört. A und seiner Familie ist bisher nichts geschehen. Aus Furcht, dass sich das ändern könnte, verließen sie im März 2011 ihr Land und flogen von Pakistan aus nach Deutschland. Sie stellen einen Asylantrag. Wie ist zu entscheiden?

8.4.2 Lösungsvorschlag Fall 1

Variante 1 1. Hat A Anspruch auf Zuerkennung der Flüchtlingseigenschaft und Anerkennung der Asylberechtigung? – Nein, denn es fehlt an einer Verfolgung. Die Truppen zielten nicht darauf ab, den A und seine Familie zu schädigen. Die Gefahren, denen die Familie ausgesetzt war, stellt daher keine Verfolgung dar. Es handelt sich vielmehr um einen so genannten Kollateralschaden.

2. Hat A und seine Familie Anspruch auf subsidiären Schutz? – Ja, weil die Beschießung und Zerstörung des Hauses der Familie eine ernsthafte Bedrohung des Lebens und der Unversehrtheit von Zivilpersonen infolge willkürlicher Gewalt im Rahmen eines innerstaatlichen bewaffneten Konflikts darstellt (§ 4 Abs. 1 Satz 2 Nr. 3 AsylVfG). Da A und seine Familie einen solchen Schaden bereits erlitten haben, gilt die Vermutung des Art. 4 Abs. 4 QRL, dass sie im Falle ihrer Rückkehr tatsächlich erneut Gefahr laufen, einen ersthaften Schaden zu erleiden, denn es gibt keine stichhaltigen Gründe dafür, dass die Gefahrensituation inzwischen beseitigt ist (2011!).

Variante 2 Die Familie hat bisher keinen ernsthaften Schaden erlitten. Es fragt sich deshalb, ob im Falle der Rückkehr eine ausreichend hohe Wahrscheinlichkeit dafür besteht, dass sie einen solchen Schaden erleiden würden. Das ist der Fall, wenn sich feststellen lässt, dass zum Zeitpunkt der Entscheidung (2011) stichhaltige Gründe für die Annahme sprechen, dass eine Zivilperson in Paktia allein durch ihre Anwesenheit tatsächlich Gefahr läuft, einen ernsthaften Schaden hinsichtlich Leben oder Unversehrtheit zu erleiden.

Wenn man das hinsichtlich der Situation in Paktia im Jahre 2011 bejaht, fragt sich weiter, ob die Familie anderswo in Afghanistan eine interne Fluchtalternative hat. Es gab im Jahre 2011 in Afghanistan Gebiete, in denen kein Bürgerkrieg herrschte und in die man auch von Deutschland aus problemlos einreisen konnte. Dazu gehörte insbesondere die Hauptstadt Kabul. Allerdings gibt es Lageberichte und Nachrichten über die Lage in Kabul, die dafür sprechen, dass jedenfalls besonders vulnerable Personen dort keine Situation vorfinden, die ihnen ein menschenwürdiges Leben ermöglichen. Zu diesen vulnerablen Gruppen gehörten insbesondere auch Familien mit Kleinkindern. In anderen Landesteilen ist die Situation eher noch schwieriger als in Kabul. Kommt man aufgrund dieser Informationen zu dem Ergebnis, dass A und seiner Familie keine interne Fluchtalternative zur Verfügung steht, haben sie einen Anspruch auf subsidiären Schutz.

8.4.3 Sachverhalt Fall 2

A ist ein vierzehnjähriges Mädchen, das nach seinem Aussehen und der Sprache, die es spricht, eine Vietnamesin sein muss. Sie wird im Transitbereich des Frankfurter Flughafens ohne Begleitung eines Erwachsenen aufgefunden und erzählt der Bundespolizei folgende Geschichte: Sie sei mit zwei Jahren, nach dem Tod der Eltern, in ein Waisenhaus in Hai Phong (Vietnam) gekommen. Damals habe sie nur noch Kontakt zu ihrer Großmutter gehabt, die sich aber wegen ihres Alters nicht ständig habe um sie kümmern können. Als sie neun Jahre alt war, sei sie von einem chinesischen Ehepaar vietnamesischer Abstammung adoptiert und nach China gebracht worden. Dort sei sie aber nicht wie eine Tochter, sondern wie eine Arbeitsmagd behandelt worden. Sie habe nicht auf die Schule gehen dürfen und auch nicht Chinesisch lernen können. Sie habe sich ausschließlich im Haus aufhalten dürfen, wo sie arbeiten musste. Ab und zu habe sie mit der Großmutter telefonieren dürfen. Die sei aber dann gestorben. Vor einigen Tagen sei ein Mann gekommen und die „Adoptiveltern" hätten sie aufgefordert, in dessen Auto zu steigen. Zuvor hätten sie ihr einen Zettel mit einer Telefonnummer mitgegeben. Der Mann habe nur chinesisch gesprochen. Sie habe angenommen, an ihn verkauft worden zu sein, damit sie für ihn arbeitet. Der Mann habe sie dann aber zu einem Flughafen gebracht und sei mit ihr nach Frankfurt geflogen. Dort habe er sie aufgefordert, sich im Transitbereich auf eine Bank zu setzen. Dann sei er verschwunden und nicht mehr wiedergekommen.

Die Bundespolizei veranlasst die Bestellung des Jugendamtes der Stadt Frankfurt zum Pfleger in allgemeinen Angelegenheiten und Rechtsanwalt B zum Pfleger in rechtlichen Angelegenheiten durch das Vormundschaftsgericht. Rechtsanwalt B stellt darauf für A einen Asylantrag.

Das Bundesamt führt eine Anhörung von A durch. Dabei wiederholt sie ihr Vorbringen vor der Bundespolizei. A wirkt glaubwürdig. Sie ist allerdings nicht in der Lage, eine plausible Erklärung für die Ereignisse zu geben, die ihr widerfahren sind. Sie versteht sie selbst nicht. Inzwischen hat A Kontakt mit einer in München lebenden Tante, von deren Existenz sie zuvor nichts wusste. Dieser gehört die Telefonnummer, die man A mitgegeben hatte.

Wie ist zu entscheiden?

8.4.4 Lösungsvorschlag Fall 2

Hat A einen Anspruch auf Anerkennung als Asylberechtigte oder Zuerkennung der Flüchtlingseigenschaft? – Nein, denn es gibt keinen Hinweis darauf, dass sie verfolgt worden ist oder im Falle der Rückkehr verfolgt werden wird. Selbst wenn man annehmen wollte, dass A in China Zwangsarbeit leisten musste und sie damit eine schwerwiegende Verletzung eines grundlegenden Menschenrechts erlitten hat, nämlich eine Verletzung des Menschenrechts auf Freiheit von Sklaverei und Leibeigenschaft (Art. 4 Abs. 1 EMRK) – dabei handelt es sich um ein notstandsfestes Menschenrecht i. S. d. Art. 15 Abs. 2 EMRK –, ist jedenfalls kein Verfolgungsgrund im Sinne des Flüchtlingsrechts zu erkennen.

Hat A einen Anspruch auf subsidiären Schutz? – In Betracht kommt, dass A im Falle der Rückkehr nach Vietnam erniedrigende Behandlung im Sinne des § 4 Abs. 1 Satz 2 Nr. 2 AsylVfG droht. Bei dieser Norm handelt es sich um eine Umsetzung des Art. 15 lit. b QRL. Der Begriff der erniedrigenden Behandlung muss also im Sinne des Unionsrechts ausgelegt werden. Das Unionsrecht knüpft insoweit an die völkerrechtlichen menschenrechtlichen Verpflichtungen der Mitgliedstaaten an (Erwägungsgrund 34 QRL). Diese ergeben sich bezüglich des Begriffs der erniedrigenden Behandlung aus Art. 3 EMRK und der dazu ergangenen Rechtsprechung des EGMR.

Nach dieser Rechtsprechung ist eine Behandlung erniedrigend, die als solche kein physisches oder psychisches Leiden hervorrufen muss, aber „Gefühle von Angst, Beklemmung und Unterlegenheit hervorruft und damit geeignet ist, zu demütigen und zu erniedrigen und dadurch den physischen oder moralischen Widerstand zu brechen". Diese Voraussetzung ist erfüllt, wenn ein Mädchen an Personen verkauft wird, um für diese wie eine Leibeigene zu arbeiten oder wenn sie zur Prostitution gezwungen wird.

Eine solche Behandlung hat A bereits erlebt. Es gilt deshalb die Vermutung aus Art. 4 Abs. 4 QRL, dass sie dies im Falle der Rückkehr erneut erleben wird, denn es gibt keine stichhaltigen Gründe, die diese Vermutung entkräften könnten. Es ist damit zu rechnen, dass A im Falle der Rückkehr nach Vietnam auf Grund der Tatsache, dass sie minderjährig ist und dort keine Familienangehörigen mehr hat, die sich um sie kümmern könnten, erneut in ein Heim kommt. Dort besteht erneut die Gefahr, dass sie an Personen vermittelt und diesen ausgeliefert wird, die sie zur Zwangsarbeit oder zur Prostitution zwingen und sie damit demütigen.

8.5 Beendigungsklauseln

8.5.1 Sachverhalt Fall 1

A ist irakischer Staatsbürger. Er wurde mit Bescheid des Bundesamtes vom 27.01.1995 als Asylberechtigter anerkannt und die Flüchtlingseigenschaft festgestellt. Der Bescheid beruht auf der Feststellung, dass A, ein chaldäischer Christ, vor seiner Ausreise im Gebiet um Suleimanya (Irakisch-Kurdistan) als Bürgermeister und später als Rechtsanwalt tätig gewesen ist. Er ist in das Fadenkreuz des Regimes unter Saddam Hussein geraten, weil man ihn in Verdacht hatte, Kontakte zu Führern der kurdischen Opposition zu haben.

Mit Bescheid vom 03.07.2006 widerrief das Bundesamt die Anerkennung der Asylberechtigung und die Feststellung der Flüchtlingseigenschaft mit der Begründung, nach dem Sturz Saddam Husseins sei der Kläger keiner asylrelevanten Verfolgung mehr ausgesetzt.

Die Lage im Irak zum Zeitpunkt der Entscheidung (Januar 2007) ist wie folgt: Es herrscht ein Klima allgegenwärtiger Gewalt. Muslimische Gruppen, nicht selten die Nachbarn, attackieren und berauben Christen oder drohen mit deren Ermordung, wenn sie ihnen nicht ihr Eigentum übertragen und das Land verlassen. Nicht selten kommt es auch tatsächlich zu Tötungen.

Ist der Widerrufsbescheid rechtmäßig?

8.5.2 Lösungsvorschlag Fall 1

Als Ermächtigungsgrundlage für den Widerruf kommt nur § 73 Abs. 1 AsylVfG in Betracht. Danach ist der Anerkennungs- bzw. Zuerkennungsbescheid zu widerrufen, wenn die Voraussetzungen nicht mehr vorliegen. Nach Abs. 2a wandelt sich diese Muss-Vorschrift zwar zu einer Ermessensvorschrift, nachdem eine erste Überprüfung stattgefunden hat und es dabei nicht zu einem Widerruf gekommen ist, wobei diese Überprüfung innerhalb von drei Jahren durchzuführen ist. Nach BVerwG 25.11.2008 bleibt es bei der Mussvorschrift, wenn bisher weder innerhalb von drei Jahren noch sonst irgendwann eine Überprüfung stattgefunden hat.

Die Voraussetzungen liegen insbesondere dann nicht mehr vor, wenn die Umstände weggefallen sind, die zur Anerkennung geführt haben. Dies war hier der Umstand, dass Saddam Hussein im Irak herrschte und seine politischen Gegner verfolgen konnte. Dieser Umstand ist durch den Sturz Saddam Husseins weggefallen.

Es ist allerdings zu prüfen, ob weiterhin die Voraussetzungen der Asylberechtigung und der Flüchtlingseigenschaft erfüllt sind, weil A nach wie vor aus einem Verfolgungsgrund verfolgt wird, wobei die Umstände der Verfolgung jetzt andere sind.

A wird jetzt nicht mehr vom Staat, sondern von Dritten verfolgt, von denen eine Bedrohung von Leib und Leben des A ausgeht. Damit steht bereits fest, dass die Asylberechtigung nicht auf die geänderten Umstände gestützt werden kann, denn die Asylberechtigung setzt staatliche Verfolgung voraus.

Ob die Voraussetzungen für die Flüchtlingseigenschaft weiterhin vorliegen, hängt davon ab, ob man hinsichtlich der Verknüpfung von Verfolgungshandlung und Verfolgungsgrund der finalen Theorie des BVerfG oder der Motivationstheorie des BVerwG folgt. Denn hinter der neuen Verfolgung steht das Interesse daran, sich in den Besitz der Güter des A zu bringen. Die Aggression wird aber mit der Religion des A begründet, weil die Verfolgungsakteure darauf vertrauen, dass A als Christ keinen staatlichen Schutz erlangen kann. Es handelt sich also um Verfolgung wegen der Religion im Sinne der finalen Theorie des BVerfG. Folgt man stattdessen der vom BVerwG vertretenen Motivationstheorie, dann liegt kein flüchtlingsrechtlicher Verfolgungsgrund vor, weil die Verfolgung nicht wegen der Religion, sondern wegen krimineller Motive erfolgt.

Folgt man der finalen Theorie, so ist der Widerrufsbescheid rechtswidrig. Folgt man der Motivationstheorie, so ist der Widerrufsbescheid rechtmäßig. Allerdings muss dann geprüft werden, ob A einen Anspruch auf subsidiären Schutz oder auf nationalen subsidiären Schutz hat.

8.5.3   Sachverhalt Fall 2

Mit Bescheid vom 11.07.2005 erkannte das BAMF dem A, einem ägyptischen Staatsangehörigen, die Asylberechtigung und die Flüchtlingseigenschaft zu. A hatte nämlich als Student in Ägypten wiederholt öffentlich zur Rückkehr zum traditionellen Islam aufgerufen und im Rahmen dieser Tätigkeit Vorträge gehalten und Demonstrationen organisiert. Wegen dieser Tätigkeit war er mehrfach verhaftet worden. Schließlich ist er geflohen, weil zu Unrecht wegen Mordes nach ihm gefahndet worden war.

Im Mai 2011 leitete der Generalbundesanwalt aufgrund einer anonymen Anzeige, mit der der Kläger u. a. der Planung von Anschlägen in Deutschland bezichtigt wurde, gegen diesen ein Ermittlungsverfahren wegen des Verdachts der Beteiligung an einer terroristischen Vereinigung (§ 129a Abs. 1 Nr. 3 StGB) ein. Dieses Verfahren stellte der Generalbundesanwalt im Oktober 2011 ein. In der Begründung wurde u. a. ausgeführt: Die Ermittlungen hätten keine konkreten Anhaltspunkte für die Begehung terroristischer Straftaten oder die Erfüllung des § 129a StGB erbracht. Allerdings habe sich bestätigt, dass der Kläger radikal-islamischem Gedankengut anhänge und dieses auch verbreite, insbesondere weit verzweigte Kontakte innerhalb der islamistischen Szene im In- und Ausland unterhalte. Es hätten sich Hinweise ergeben, dass der Kläger sich durch seine Predigten der Volksverhetzung (§ 130 StGB) strafbar gemacht habe. Ferner sei er führendes Mitglied der ägyptischen fundamentalistischen Gruppierung „Al- Jihad Al-Islami". In dem in Bezug genommenen Schlussbericht des Bundeskriminalamts (BKA) vom 6. Dezember 2004 heißt es, „Al-Jihad Al-Islami" werde als Terrororganisation angesehen. Nachrichtendienstlichen und polizeilichen Erkenntnissen zufolge habe der Kläger als Imam einer Moschee in Münster und der Islamischen Gemeinschaft in Minden das radikale Gedankengut des „Jihad", also des „heiligen Kriegs gegen die westliche Welt", gepredigt und gelte bundesweit in Kreisen islamischer Fundamentalisten als meinungsbildende Autorität. Die Staatsanwaltschaft Bielefeld erhob wenig später beim zuständigen Amtsgericht Anklage wegen Volksverhetzung. Das Strafverfahren wurde in der mündlichen Verhandlung unter der Auflage, dass der Kläger 200 Stunden gemeinnützige Arbeit verrichte, zunächst vorläufig und nach Erfüllung dieser Auflage endgültig eingestellt.

Kann die Asylberechtigung und die Zuerkennung der Flüchtlingseigenschaft auf der Grundlage dieses Sachverhalts widerrufen werden?

8.5.4 Lösungsvorschlag Fall 2

Als Ermächtigungsgrundlage für den Widerruf kommt nur § 73 Abs. 1 AsylVfG in Betracht. Danach ist der Anerkennungs- bzw. Zuerkennungsbescheid zu widerrufen, wenn die Voraussetzungen für sie nicht mehr vorliegen. Die Voraussetzungen liegen auch dann nicht mehr vor, wenn nach der Anerkennung als Asylberechtigter bzw. nach Zuerkennung der Flüchtlingseigenschaft Umstände eingetreten sind, die einen Ausschlusstatbestand erfüllen.

Der Terrorismusvorwurf kommt als Ausschlussgrund nur in Betracht, wenn man darin Handlungen gegen die Ziele und Grundsätze der Vereinten Nationen sehen kann (§ 3 Abs. 2 Nr. 3 AsylVfG). Sieht man darin stattdessen eine schwere nichtpolitische Straftat i. S. d. § 3 Abs. 2 Nr. 2 AsylVfG, so kommt ein Ausschlussgrund schon deshalb nicht in Betracht, weil A diese Straftat nicht außerhalb des Bundesgebietes und auch nicht vor seiner Aufnahme als Flüchtling begangen hätte.

Selbst wenn man der Auffassung ist, dass der Ausschlussgrund des § 3 Abs. 2 Nr. 3 AsylVfG in Betracht kommt, so liegen doch keine schwerwiegenden Gründe für die Annahme mehr vor, dass A terroristische Straftaten begangen hat, nachdem der Generalbundesanwalt das Ermittlungsverfahren gegen ihn eingestellt hat.

Die Verurteilung wegen Volksverhetzung ist kein Indiz für Terrorismus, weil es sich dabei um ein gänzlich anderes Delikt handelt.

Schwerwiegende Gründe für die Annahme, dass A im internationalen Terrorismus aktiv ist, lassen sich aber aus dem Umstand entnehmen, dass er an führender Stelle für die Organisation Al-Jihad Al-Islami tätig ist, die vom BKA als Terrororganisation eingeschätzt wird. Zu berücksichtigen ist dabei, dass es für den Ausschluss vom Flüchtlingsstatus keines Beweises bedarf. Allein die Einschätzung des BKA ist ein schwerwiegender Grund für die Annahme, dass diese Organisation tatsächlich eine Terrororganisation ist. Da A in dieser Organisation eine führende Position einnimmt, sind ihm die terroristischen Aktionen der Vereinigung auch zuzurechnen. Seine Predigten für einen „Heiligen Krieg gegen die westliche Welt" gewinnen vor diesem Hintergrund eine Bedeutung, die über bloße Volksverhetzung hinausgeht. Da sich seine Drohungen nicht nur gegen Deutschland, sondern gegen die „westliche Welt" richten, ist das Merkmal der Internationalität des Terrorismus gegeben, das für den Ausschlussgrund erforderlich ist.

Referenzfall: OVG Münster 09.03.2011

Philosophische Reflexionen

9

In einem juristischen Lehrbuch, das in erster Linie darauf ausgerichtet ist, den Le- 1
serinnen und Lesern praktisches Wissen über ein Rechtsgebiet zu vermitteln und
sie damit als Juristen auszubilden oder für die Rechtsberatung zu befähigen, findet man gewöhnlich kein Kapitel über philosophische Reflexionen. Leider! Denn
die Beschränkung auf die „Bedürfnisse" der juristischen Praxis führt dazu, dass
nicht mehr vermittelt werden kann als juristisches Handwerk. Das ist an sich nichts
Schlimmes, denn solides Handwerk genießt in allen Lebensbereichen und somit
eben auch im Recht eine hohe Wertschätzung. Indessen wird eine solche Beschränkung nicht dem wissenschaftlichen Anspruch gerecht, der mit einer akademischen
Aus- und Fortbildung verbunden sein sollte. Vor allem hindert eine allzu sehr auf
Praxis fokussierte juristische Ausbildung die auf diese Weise ausgebildeten Juristen
daran, das „große Ganze" in den Blick zu bekommen, in dem und für das sie auf
diese oder jene Weise arbeiten wollen. Das Unwissen über das „große Ganze" hindert Juristen daran, sich selbst in ihrer Profession wirklich zu verstehen. Es begüns-
tigt die Entwicklung zum mehr oder weniger bewusstseinsgetrübten „Mietmaul"
oder zum Agenten von Interessen, die man selbst möglicherweise nicht durchschaut
oder jedenfalls im Hinblick auf ihre Legitimität nicht überprüft hat.

Das „große Ganze" ist die Domäne der Philosophie. Allerdings geht es in der 2
Philosophie in erster Linie nicht darum, etwas Vorgegebenes zu verstehen oder zu
erkennen, so wie man beim Studium des Rechts die Gesetze, die dazu ergangene
Rechtsprechung und die Lehren der juristischen Dogmatik als etwas Vorgegebenes
erlernen und sich damit vertraut machen muss. Es gibt zwar nicht wenige Akade-
miker, die sich selbst als Rechtsphilosophen oder Philosophen bezeichnen und die
keinen Gedanken zu äußern wagen, ohne zugleich einen berühmten Philosophen
zu nennen oder zu zitieren, der diesen Gedanken in die Welt gesetzt hat. Solche
„Philosophen" sind auch nicht bereit, einen neuen und ihnen fremden Gedanken
ernsthaft zu erwägen, wenn man als Proponent dieses Gedankens nicht in der Lage
ist, eine Fundstelle dafür bei Aristoteles, Kant, Hegel oder Heidegger anzugeben.
Indessen wird dadurch nur ein Zerrbild des Philosophierens beschrieben. Echtes
Philosophieren ist Selbst-Denken. Es ist, wie es Immanuel Kant in seinem berühm-

© Springer-Verlag Berlin Heidelberg 2015
P. Tiedemann, *Flüchtlingsrecht*, DOI 10.1007/978-3-662-43657-8_9

ten Aufsatz über die Aufklärung gesagt hat, der „Ausgang des Menschen aus seiner selbstverschuldeten Unmündigkeit" (Kant 1783). Diese Unmündigkeit beschreibt Kant als „das Unvermögen, sich seines Verstandes ohne Leitung eines anderen zu bedienen". Selbstverschuldet ist sie, wenn es nicht am Verstand mangelt, sondern „an dem Mut, sich seiner zu bedienen".

3   In diesem Kapitel soll es deshalb nicht darum gehen, philosophische „Lehren" oder „Theorien" mitzuteilen, die in irgendeinem Zusammenhang mit dem Flüchtlingsrecht stehen, und die vom Leser in der gleichen Weise angeeignet werden sollen wie das System der Zuständigkeitsregelungen nach der Dublin III-Verordnung. Es geht vielmehr darum, einige Anreize zu geben, um den Leser selbst zu ermuntern und zu ermutigen, sich seines eigenen Verstandes zu bedienen und sich durch eigenes Denken eine Position zu den aufgeworfenen Fragen zu erarbeiten.

4   Die Philosophie unterscheidet sich vom Recht vor allem grundlegend dadurch, dass es keinen letzten Horizont des Fragens gibt, keine Axiome, die man nicht hinterfragen kann, ohne die Beschäftigung mit jenem Wissensgebiet zu verlassen, dessen Axiome sie sind. Die Axiome des Rechts sind vor allem die Gesetze. Gewiss kann und muss man als Jurist die gegebenen Rechtsnormen insoweit hinterfragen, als man den „Geist der Gesetze" erfassen muss, wenn man sie vernünftig auslegen und anwenden will. Aber dieser Geist, der hinter den Gesetzen steht, ist selbst nicht hintergehbar. Es handelt sich um die möglicherweise nicht oder nur unvollkommen ausgedrückten Zielsetzungen des Gesetzgebers oder um die Verfassung als letzter Rahmen und Horizont der Rechtsordnung. Darüber hinaus geht das juristische Denken nicht, wohl aber das philosophische. Wer philosophiert macht zwar schon bald die Erfahrung, dass man nicht alles gleichzeitig in Frage stellen und auf den Prüfstand stellen kann. Denn jede Prüfung braucht einen Maßstab, den man nicht in Frage stellen kann, solange man die betreffende Prüfung vornimmt. Aber es gibt andererseits keinen Prüfmaßstab und kein Axiom, das grundsätzlich nicht selbst in Frage gestellt werden könnte.

5   Das grundlegende Axiom des Ausländer- und Asylrechts, ohne dass dieses Rechtsgebiet nicht denkbar ist und dass juristisch deshalb auch nicht in Frage gestellt werden kann, ist das **Prinzip der territorialen Souveränität** der Nationalstaaten. Von einem philosophischen Standpunkt aus gibt es aber kein Hindernis, genau dieses Prinzip auf seine Vernünftigkeit zu überprüfen. Dabei geht es also um die Frage, ob es nicht vielleicht vor dem Richterstuhl der Vernunft besser vertretbar sein könnte, statt des Prinzips der territorialen Souveränität das **Prinzip der globalen Freizügigkeit** zu vertreten, demzufolge jeder Mensch auf diesem Planeten das Recht haben muss, sich an jedem beliebigen Ort auf demselben niederzulassen. Aus diesem Prinzip würde folgen, dass es nicht gerechtfertigt sein kann, Menschen an der Einwanderung zu hindern oder ihre Einwanderung vom Vorbehalt der Zustimmung des Zuwanderungsstaates abhängig zu machen. Lässt sich dieser Vorbehalt aber nicht vertreten, so muss das Ergebnis der philosophischen Reflexion darin bestehen, dem heutigen Ausländer- und Asylrecht die Legitimation (= rationale und moralische Rechtfertigung) abzusprechen. Die Frage nach der Legitimität des Ausländer- und Asylrechts sollte niemandem gleichgültig sein, der auf diesem Feld tätig ist. Denn die Frage hat ja offensichtlich etwas damit zu tun, ob wir als Akteure auf

diesem Rechtsgebiet ein sinnvolles Leben führen. Es geht also letztlich um den Sinn unseres Lebens! Die Fragestellung ist also relevant. Ihr soll im folgenden ersten Abschnitt nachgegangen werden.

Wenn man die philosophische Reflexion nicht ganz so radikal betreiben will und   **6** das Prinzip der territorialen Souveränität grundsätzlich akzeptiert, stellt sich eine weitere Frage, die nach einer sorgfältigen philosophischen Reflexion verlangt. Das ist die Frage danach, ob es moralisch geboten ist, Menschen, die in ihren Herkunftsländern oder außerhalb unseres Staates im Hinblick auf bestimmte Güter bedroht sind, Schutz zu gewähren, um ihnen den Genuss dieser Güter zu ermöglichen. Gilt das jedenfalls dann, wenn es bei diesen bedrohten Gütern um jene geht, die in den Schutzbereich der Menschenrechte fallen oder zumindest, in den Schutzbereich einiger Menschenrechte? Gibt es eine Zumutbarkeitsgrenze, an den die moralische Pflicht zur Schutzgewährung endet und ggf., wo liegt diese Grenze? Diese Fragen sollen im zweiten Abschnitt dieses Kapitels thematisiert werden.

9.1   Gibt es ein Recht auf globale Freizügigkeit?

Zunächst soll es also darum gehen, einige Informationen und Anregungen zu ver-   **7** mitteln, auf deren Basis sich der Leser und die Leserin einen eigenen Standpunkt zu der Frage erarbeiten können, ob das Prinzip der territorialen Souveränität und damit unser Ausländer- und Asylrecht grundsätzlich als legitim angesehen werden kann oder ob es beiden deshalb an Legitimität mangelt, weil es überzeugendere Gründe für ein Recht auf globale Freizügigkeit gibt.

Das Prinzip der territorialen Souveränität besagt, dass ein Kollektiv mensch-   **8** licher Personen, das über hinreichende Durchsetzungsfähigkeit verfügt, berechtigt ist, einen bestimmten Ausschnitt der Erdoberfläche gleichsam mit einem Zaun zu umgeben und fürderhin selbst darüber zu entscheiden, ob und ggf. unter welchen Bedingungen andere Menschen, die sich zum Zeitpunkt der Grenzziehung außerhalb des Territoriums befunden haben oder außerhalb dieses Gebietes später geboren werden, Zutritt erhalten und sich dort aufhalten dürfen. Eine philosophische Reflexion über die Legitimität dieses Prinzips hat erst in den 1970er Jahren des 20. Jahrhunderts eingesetzt. Das ist insofern erklärbar als in früheren Zeiten die Zuwanderung grundsätzlich nicht als Bedrohung empfunden und abgewehrt worden ist. Vielmehr hing die Prosperität eines Staates ganz wesentlich vom Wachstum und der Größe der Bevölkerung ab. Zuwanderung wurde daher als Gewinn betrachtet und nicht als Bedrohung. Erst mit dem Auftreten riesiger Flüchtlingsströme als Resultat des Zerfalls der bis dahin in Europa geltenden politischen Strukturen infolge des Ersten und des Zweiten Weltkriegs wurde die Frage der Zuwanderung zum Problem. In der Folgezeit stellte sich heraus, dass massenhafte Migration nicht nur ein auf die Weltkriege zurückführbares temporäres Problem ist, sondern vielmehr eines, das weltweit und dauerhaft auf der Tagesordnung steht. Dieser Einwanderungsdruck, dem die wohlhabenden Staaten des Westens seitdem ausgesetzt sind, hat zunächst in den USA die philosophische Reflexion angeregt.

9   Am Anfang dieser Reflexion steht die Entdeckung, dass die territorialen Grenzen
nicht auf einem rationalen oder natürlichen Prinzip beruhen, sondern auf bloßem
Zufall, nämlich auf dem kontingenten Verlauf der politischen Geschichte. Diese Er-
kenntnis hat dazu geführt, die bis dahin herrschende Gewissheit über die Legitimität
der Grenzen zu erschüttern. Erschütterte Gewissheiten stehen stets am Anfang der
philosophischen Reflexion.

10   Im ersten Jahrzehnt des 21. Jahrhunderts schwappte die bis dahin hauptsächlich
in den USA geführte Diskussion auf den deutschen Sprachraum über. Im Jahre 2007
veröffentlichte Monika Kirloskar-Steinbach eine Habilitationsschrift, in der sie die
in den USA geführte Diskussion aufgearbeitet und bekannt gemacht hat. Im selben
Jahr erschien in Basel die Dissertation von Martino Mona, der angelehnt an die Gerechtigkeitstheorie von John Rawls eine eigenständige Argumentation für ein Recht
auf globale Freizügigkeit vorlegte. Im Jahre 2012 veröffentlichten Andreas Cassee
und Anna Goppel einen Sammelband, in dem wichtige Beiträge zu dieser Diskussion aus den USA und aus dem deutschsprachigen Raum enthalten sind, wobei der
Reiz dieses Bandes insbesondere darin besteht, dass die kontroversen Positionen zu
Wort kommen.

11   In diesen Veröffentlichungen wird deutlich, dass für die Vertreter eines Rechts
auf globale Freizügigkeit die Gerechtigkeitstheorie von John Rawls (1979) eine
wichtige Rolle spielt. Deshalb sei diese Theorie im Folgenden kurz skizziert.

12   Der amerikanische Philosoph John Rawls (1921–2002) darf wohl als einer der
bedeutendsten und vielleicht als einflussreichster Vertreter der politischen Philosophie des 20. Jahrhunderts bezeichnet werden. In seinem 1971 erschienenen Haupt-
werk *A Theory of Justice* geht es ihm um die Frage, unter welchen Bedingungen
eine politische Gesellschaftsordnung als gerecht gelten darf. Dabei rekonstruiert er
den Begriff der Gerechtigkeit im Rückgriff auf die klassische Vertragstheorie von
Locke, Rousseau und Kant. Nach dem Modell der Vertragstheorie begegnen sich
unverbundene menschliche Individuen in einem Urzustand. In diesem Urzustand
haben sie nur zwei Optionen, nämlich den Krieg aller gegen alle oder die Gründung einer gemeinsamen Gesellschaftsordnung, in deren Rahmen dieser Krieg aller
gegen alle vermieden werden kann. Das setzt voraus, dass alle Individuen den Prinzipien zustimmen, auf denen die Gesellschaftsordnung beruhen soll. Gerecht sind
jene gesellschaftlichen Ordnungsprinzipien, die die Mitglieder der betreffenden
Gesellschaft wählen würden, wenn sie keinerlei Wissen darüber hätten, in welcher
persönlichen Situation sie sich in der zu gründenden gesellschaftlichen Organisation befinden werden. Sie müssen sich also für die maßgeblichen Grundprinzipien
der Gesellschaftsordnung entscheiden, ohne zu wissen, welcher Klasse oder Ethnie
sie angehören werden, welches Geschlecht sie haben werden, welche natürliche
Talente, religiöse Überzeugungen, individuellen Ziele und Werte sie haben werden
etc. Die Grundprinzipien der Gesellschaftsordnung sind also genau dann gerecht,
wenn sie, wie Rawls sagt, hinter dem „Schleier des Nichtwissens" (veil of igno-
rance) zu entscheiden hätten. Der Schleier des Nichtwissens stellt sicher, dass die
Vertragspartner, die gemeinsam eine Gesellschaftsordnung gründen wollen, einen
unparteiischen Standpunkt einnehmen. Auf der Basis der Unparteilichkeit werden

sie genau jenen Prinzipien zustimmen, denen jeder andere ebenfalls zustimmen kann. Auf diese Weise kommt hinter dem Schleier des Nichtwissens eine gerechte Gesellschaftsordnung zustande.

Für welche Grundprinzipien würden sich Menschen hinter dem Schleier des **13** Nichtwissens aber nun entscheiden? – Rawls argumentiert, dass sie sich zunächst für zwei Grundprinzipien entscheiden würden, nämlich für das Prinzip der gleichen Freiheit und für das von ihm so genannte Differenzprinzip, wonach soziale und ökonomische Ungleichheiten genau in dem Maße akzeptiert werden wie sie den am wenigsten Begünstigten mehr nützen als eine entsprechende Gleichbehandlung, sofern die Ungleichheit mit Positionen verbunden ist, die unter fairen Bedingungen der Chancengleichheit allen offen stehen. Die Vertragspartner würden hinter dem Schleier des Nichtwissens ferner einem dritten Prinzip zustimmen, demzufolge das Prinzip der gleichen Freiheit gegenüber dem Differenzprinzip vorrangig ist, also eine Beschneidung der Grundfreiheiten zum Zwecke ökonomischer Gewinne verboten ist.

John Rawls hat seine Theorie der Gerechtigkeit stets auf eine bereits definierte **14** und damit begrenzte Gruppe von Individuen bezogen, die im Urzustand einander begegnen und miteinander einen Gesellschaftsvertrag aushandeln, sich also gegenseitig zunächst schon als Vertragspartner akzeptieren. Seine Idee war es nicht, anzunehmen, dass es schon ein vorvertragliches Recht auf Teilnahme an den Vertragsverhandlungen gibt. Rawls geht also von bestehenden Gesellschaften und bestehenden Grenzen aus und konzentriert sich ausschließlich auf die Frage, wie diese so definierten Gesellschaften gerecht zu organisieren sind.

Die Vertreter eines Rechts auf globale Freizügigkeit halten diese Einschränkung **15** in der Theorie Rawls' für unbegründet. Sie weisen darauf hin, dass der Zweck des Schleiers des Nichtwissens darin bestehe, die Wirkungen von Zufälligkeiten zu beseitigen, die die Menschen in ungleiche Situationen bringen. Dazu gehöre aber auch die Zufälligkeit der Staatsangehörigkeit oder des Geburtsortes. Wenn man dieses Argument in das Gedankenexperiment von Urzustand und Gesellschaftsvertrag einbaut, so behaupten die Vertreter eines Rechts auf globale Freizügigkeit also ein Recht jedes Menschen auf Teilnahme an den Verhandlungen über den Gesellschaftsvertrag. Oder, um es mit den Worten von Rawls zu sagen: Hinter dem Schleier der Unwissenheit wissen die Teilnehmer an diesen Verhandlungen auch nicht, wo und von wem sie geboren sind, auf welchem Teil der Erdoberfläche sie sich befinden, ob es am Ort ihrer Geburt oder ihres Aufenthalts ausreichende Ressourcen gibt, um zu Wohlstand zu kommen oder wenigstens ein auskömmliches Leben zu führen oder ob sie aus Mangel an solchen Ressourcen gezwungen sein werden, anderswo eine Bleibe zu finden etc. Wenn man den Schleier des Nichtwissens um diesen Aspekt erweitert, so argumentieren die Vertreter eines Rechts auf globale Freizügigkeit, dann würden alle Menschen dem Gesellschaftsvertrag nur dann zustimmen, wenn der Katalog der gleichen Grundfreiheiten auch das Recht auf Migration umfasst.

Auch die Vertreter eines Rechts auf globale Freizügigkeit wollen dieses Recht **16** allerdings nicht vorbehaltlos anerkennen. Sie fassen den Vorbehalt aber wesentlich enger als er nach dem Konzept der territorialen Souveränität gefasst ist. Es kommt danach nämlich nicht auf die Zustimmung des Aufnahmestaates und seiner Bürger an, ob eine Zuwanderung zulässig ist oder nicht. Vielmehr kann die Zuwanderung nur mit Gründen abgelehnt werden, denen hinter dem Schleier des Nichtwissens auch jene zustimmen würden, die aktuell zuwandern wollen. Es muss also gefragt werden, ob die zuwanderungswillige Person ihrer eigenen Zuwanderung zustimmen würde, wenn sie nicht wüsste, ob sie die Position des Migranten einnimmt oder ob sie die Position des Staatsbürgers des betreffenden Staates einnimmt, in den sie zuwandern will. Hinter *diesem* Schleier des Nichtwissens würde niemand einer Zuwanderung zustimmen, wenn diese Zuwanderung zu Chaos oder zum Zusammenbruch jener Ordnung führen würde, in die die Zuwanderung erfolgen soll. Hinter *diesem* Schleier des Nichtwissens würde also niemand der Zuwanderung von Personen zustimmen, die die betreffende Gesellschaftsordnung zerstören wollen. Andererseits würde hinter *diesem* Schleier des Nichtwissens aber jeder ein Zuwanderungsverbot zum bloßen Schutz des bisherigen Niveaus der ökonomischen Wohlfahrt der bisherigen Bürger oder zum Schutz der speziellen Kultur des Einwanderungslandes ablehnen.

17   Gibt es eine Möglichkeit, die Argumentation der Befürworter eines Rechts auf globale Freizügigkeit philosophisch weiter zu hinterfragen? – Dazu müssen wir zunächst herausarbeiten, welches Axiom ihrer Argumentation zugrunde liegt. Wir müssen nach dem Prinzip fragen, das als Fundament der Begründung fungiert und deshalb selbst nicht begründet wird. Wenn wir dieses Prinzip herausgearbeitet haben, können wir es selbst zum Gegenstand einer philosophischen Reflexion machen.

18   Die Vertreter des Rechts auf globale Freizügigkeit sehen den Zweck des Schleiers des Nichtwissens darin, die Wirkungen von Zufälligkeiten zu beseitigen, die die Menschen in ungleiche Situationen bringen. Das Grundprinzip ihrer Argumentation lautet also: Menschen dürfen nicht durch bloßen Zufall in ungleiche Situationen gebracht werden. Oder anders: Ungleichheiten unter Menschen sind unzulässig, wenn sie nicht gerechtfertigt werden können. Dieses Prinzip wird in der Literatur als das Prinzip der *Präsumtion der Gleichheit* verhandelt (Ladwig 2011, S. 82 ff.; s. a. Tugendhat 1997, S. 374). Es besagt, dass Gleichheit (= Gleichbehandlung) nicht weiter begründet werden muss. Nur das Gegenteil, also Ungleichheit (= Ungleichbehandlung) muss gerechtfertigt werden. Das Prinzip beansprucht gleichsam absolute Geltung. Es gilt völlig unabhängig von der Situation, in der sich die Frage nach Gleichheit oder Ungleichheit konkret stellt. Darin unterscheidet es sich von Rawls' Theorie der Gerechtigkeit. Auch diese Theorie beruht auf einem Prinzip der Gleichheit. Aber das Rawls'sche Gleichheitsprinzip beansprucht keine absolute Geltung, sondern nur Geltung im Rahmen einer gegebenen Gesellschaft.

19   Diese Analyse erlaubt es nun, weiter zu fragen, warum eigentlich das Prinzip der Präsumtion der Gleichheit keiner weiteren Begründung mehr bedürftig sein soll. Warum folgt aus dem Umstand, dass sich in einer beliebigen Situation Ungleichheit nicht rechtfertigen lässt, dass Gleichheit stattzufinden hat? Gibt es dafür einen Grund – und bedarf es dafür überhaupt eines Grundes?

9.2 Inhalt und Grenzen eines Menschenrechts auf Asyl

Wenn man die im vorherigen Abschnitt erörterte Frage, ob es ein moralisches Recht 20
auf globale Freizügigkeit gibt, mit einem „Ja" beantwortet, kann sich die Frage,
die in diesem Abschnitt behandelt werden soll, nicht mehr stellen. Nur wenn man
die erstgenannte Frage mit „Nein" beantwortet, kann man sinnvoll fragen, ob das
dann grundsätzlich anzuerkennende Prinzip der territorialen Souveränität jedenfalls
durch ein Menschenrecht auf Asyl eingeschränkt ist. Wenn Staaten also auch nicht
verpflichtet sein sollten, prinzipiell die Zuwanderung jedes Menschen zu dulden,
so könnte es doch noch immer der Fall sein, dass Staaten moralisch verpflichtet
sind, Menschen, die Zuflucht vor Verfolgung oder vor den unerträglichen Folgen
einer von Menschen gemachten oder einer natürlichen Katastrophe suchen, Asyl
zu gewähren. Es geht also um die Frage, ob die Abweisung von Schutzsuchenden
unter Hinweis auf die territoriale Souveränität gerechtfertigt werden kann oder ob
eine solche Zurückweisung illegitim ist, weil sie jenseits des Geltungsbereichs des
Prinzips der territorialen Souveränität liegt.

Es ist in der heutigen politischen Philosophie und in der Moralphilosophie weit- 21
gehend anerkannt, dass staatliche Souveränität da ihre Grenzen findet, wo ihrer
Geltendmachung Menschenrechte entgegenstehen. Die philosophische Begründung
von Menschenrechten ist umstritten. Manche Autoren begründen die Geltung der
Menschenrechte ähnlich wie Rawls aus einem kontraktualistischen Ansatz. Wenn
die Menschenrechte auf der Zustimmung aller Vertragspartner eines universalen
Vertrages beruhen, dann fragt es sich, wer als Vertragspartner überhaupt anerkannt
werden soll. Das aber kann nicht selbst Gegenstand einer vertraglichen Vereinbarung sein.

Damit wird ein Dilemma der kontraktualistischen Begründung der Menschen- 22
rechte deutlich, das sich vermeiden lässt, wenn man die Menschenrechte stattdessen
aus dem Prinzip der Menschenwürde ableitet. Der Begriff der Menschenwürde lässt
sich als das Prinzip der gleichursprünglichen Anerkennung von Personen als Personen rekonstruieren. Mit Gleichursprünglichkeit ist der Umstand gemeint, dass jede
Person ihre eigene personale Identität nur entwickeln, bewahren und wertschätzen
kann, wenn sie die personale Identität jeder anderen Person ebenso achtet und wert-
schätzt wie die eigene (dazu ausführlich Tiedemann 2012, S. 223 ff.). Aus dieser
Wertschätzung lässt sich als Konsequenz die Pflicht ableiten, jene Güter jedes anderen Menschen zu achten, die zur Entwicklung und Aufrechterhaltung personaler
Identität erforderlich sind. Dazu gehört ganz wesentlich die leibseelische Integrität,
die durch Folter sowie unmenschliche und erniedrigende Behandlung verletzt wird,
die geistige Integrität, die durch Zensur, Gehirnwäsche, Meinungsmanipulation, In-
formationssperren, Versammlungs- und Vereinigungsverbote, Vergewaltigung des
Gewissens und Unterdrückung religiöser Lebensformen verletzt wird, sowie die
Integrität der Privatsphäre, die durch Störung und Vernichtung privater Rückzugs-
bereiche und Kommunikationen gestört wird. Schließlich verlangt der Respekt vor
der Personalität eines jeden anderen Menschen natürlich auch den Respekt vor dessen schierer Existenz, also vor seinem Leben. Es bedarf keiner weiteren Erläuterun-

gen, um erkennen zu können, dass sich den Verletzungsweisen personaler Identität die Schutzbereiche bestimmter wohl bekannter Menschenrechte zuordnen lassen. Diese Menschenrechte lassen sich damit aus dem Prinzip der Menschenwürde ableiten und dürfen deshalb als grundlegende Menschenrechte gelten. Sie haben die gemeinsame Eigenschaft, dass sie bestimmte Eingriffe verbieten. Es handelt sich also um *Verbots*normen.

23   Das Asylrecht scheint auf den ersten Blick schon deshalb nicht zu diesen grundlegenden Menschenrechten gehören zu können, weil es keine Verbotsnorm zu sein scheint. So hat auch das BVerfG die Auffassung vertreten, dass das Asylgrundrecht nicht aus der Menschenwürde ableitbar ist (BVerfG 14.05.1996, Rn 208 ff.). Denn das Asylrecht verbietet nichts. Es verpflichtet nicht dazu, etwas zu unterlassen, sondern es verpflichtet vielmehr dazu, etwas zu tun, nämlich Menschen, die schutzbedürftig sind, Zuflucht zu gewähren. Es handelt sich also nicht um eine Verbotsnorm, sondern um eine *Gebots*norm. Man kann das Asylgrundrecht unter diesem Aspekt den sozialen Grundrechten, also den so genannten Menschenrechten der zweiten Generation zuordnen. Diese Rechte verpflichten den Staat, den Rechtsträgern ein Zugangsrecht zu bestimmten bestehenden gesellschaftlichen Institutionen zu verschaffen. Wenn es in einem Staat die Institution des Arbeitsmarktes gibt, dann berechtigt das Menschenrecht auf Arbeit zum Zugang zu diesem Markt. Wenn es in einem Staat die Institution eines Schulsystems gibt, dann berechtigt das Menschenrecht auf Bildung zum Zugang zu diesem System. Soziale Grundrechte können aber keine Rechtsansprüche auf die Existenz dieser Institutionen selbst verschaffen. Wenn es in einem Staat kein Schulsystem gibt, dann kann es für die Einwohner dieses Staates auch kein Recht auf Zugang zum Schulsystem geben. Das Menschenrecht auf Bildung läuft dann leer.

24   Versteht man das Asylgrundrecht als ein soziales Menschenrecht in diesem Sinne, dann gilt Entsprechendes: Sofern es die Institution des Asyls in einem Staat gibt, mögen alle Schutzbedürftigen unter den Bedingungen dieser Institution einen Anspruch auf gleichen Zugang haben. Aber wenn es die Institution nicht gibt, dann kommt auch in einem moralischen Sinne keine Verletzung eines Menschenrechts auf Asyl in Betracht. Ob die Institution des Schulsystems oder des Asylrechts überhaupt eingerichtet wird, steht aber im Ermessen des jeweiligen Staates.

        Die philosophische Frage, die sich hier zunächst stellt, lautet, ob die Beschreibung des Asylgrundrechts als soziales Menschenrecht adäquat und damit legitim ist. Diese Frage kann allerdings überhaupt erst aufkommen, wenn alternative Beschreibungen dieses Rechts ins Bewusstsein rücken. Welche alternative Beschreibung wäre hier möglich? – Man könnte die Verweigerung von Zuflucht für jemanden, der von Folter bedroht ist, als ein Foltern durch Unterlassen von Schutz verstehen. Die Verweigerung von Zuflucht wäre dann ganz unabhängig von einem Asylgrundrecht jedenfalls eine Verletzung des Folterverbots, also einer Verbotsnorm, die ohne Zweifel zu den grundlegenden Menschenrechten gehört.

25   Diese Betrachtungsweise ist allerdings gerade auch aus juristischer Sicht befremdlich. Denn es gehört zu den unhinterfragten Axiomen des juristischen Den-

kens im Allgemeinen und des strafrechtlichen Denkens im Besonderen, dass zwischen Tun und Unterlassen eine grundlegende Unterscheidung gemacht wird. Das zeigt sich daran, dass echte Unterlassungsdelikte im Strafrecht die Ausnahme sind. Ihre Begehung wird außerdem wesentlich geringer bestraft wie das Begehungsdelikt, das zum selben Ergebnis führt. Wer einen anderen ins Wasser stößt, um ihn zu ertränken, wird wegen Mordes mit grundsätzlich lebenslanger Haft belegt (§ 211 StGB). Wer es dagegen unterlässt, einen Ertrinkenden aus dem Wasser zu ziehen, obwohl das ohne weiteres möglich und ohne große eigene Opfer zu bewerkstelligen wäre, wird wegen unterlassener Hilfeleistung mit einer Geldstrafe oder einer Haftstrafe von höchstens einem Jahr belegt (§ 323c StGB). Ein Tötungsdelikt kann man durch Unterlassen nur begehen, wenn man „rechtlich dafür einzustehen hat, dass der Erfolg nicht eintritt" (§ 13 StGB), also wenn man für den Nichteintritt des Todes einer Person eine besondere Verantwortung trägt (Garantenpflicht).

Entsprechendes lässt sich auch im Flüchtlingsrecht beobachten. Einerseits stellt **26** es eine eigene Verletzung des Folterverbots durch verbotenes Tun dar, wenn ein Staat einen Ausländer zwangsweise in einen Staat abschiebt, in dem ihm seitens der dortigen Behörden Folter droht (Refoulementverbot). Andererseits ist aber das Unterlassen von Hilfe durch Zufluchtgewährung erlaubt, solange ein schutzbedürftiger Ausländer das Territorium des Zufluchtstaates noch nicht erreicht hat.

Diese unterschiedliche Bewertung von Tun und Unterlassen entspricht also der **27** Rechtslage und dem allgemeinen Rechtsbewusstsein. Für den Philosophen ist das freilich kein Grund, diese Differenzierung nicht zu hinterfragen. Dieter Birnbachers Buch über *Tun und Unterlassen* (1995) ist hierfür ein geeigneter Einstieg. Im Folgenden geht es wiederum nicht darum, das aufgeworfene Problem zu lösen, sondern vielmehr nur darum, einige Aspekte zu nennen, unter denen es überdacht werden sollte.

Zunächst könnte man glauben, dass die moralische Differenz zwischen Tun **28** und Unterlassen durch eine unterschiedliche kausale Wirkung beider begründet sei. Beim Unterlassen wird man sagen können, dass das Verhalten des A nur eine Randbedingung dafür ist, dass ein von ihm unabhängiger Kausalverlauf erfolgt oder nicht erfolgt. Beim Tun setzt A aber den Kausalverlauf selbst in Gang. Doch ist die Unterscheidung zwischen Ursachen und Randbedingungen objektiv gerechtfertigt? Oder handelt es sich nicht vielmehr nur um eine Differenzierung in unserer Bewertung oder in unserer Aufmerksamkeit?

Man kann weiter fragen, ob sich Tun und Unterlassen moralisch nicht schon **29** deshalb unterscheiden, weil man beim Tun immer weiß, was man tut, während ein Unterlassen auch darauf beruhen kann, dass man die Umstände nicht kennt, die zum Handeln veranlassen sollten. Das trifft sicher zu, nötigt aber nur dazu, unsere Begrifflichkeit zu differenzieren. Wir müssen zwischen Unterlassung als bloßem Nicht-Handeln und Geschehenlassen als bewusstem Nicht-Handeln unterscheiden. Geschehen lassen kann man einen Ereignisablauf, weil man ratlos ist, ob und was man tun soll. Man kann aber einen Ereignisablauf auch deshalb geschehen lassen, weil man seinen Erfolg will oder jedenfalls in Kauf nimmt. Inwiefern soll es in diesem Fall aber einen moralischen Unterschied zwischen Tun und Unterlassen (im Sinne von Geschehenlassen) geben?

30   Wenn es hinsichtlich der Kausalität und der Intentionalität keinen Unterscheid zwischen Tun und Unterlassen gibt, fragt es sich, ob dieser Unterschied auf moralpragmatischen Überlegungen beruht, also insbesondere auf dem Gesichtspunkt moralischer Überforderung. Aber können nicht auch Verbote zu einer moralischen Überforderung führen?

31   Der Unterschied könnte darin zu sehen sein, dass man sich bei Unterlassungen psychisch leichter entlasten kann. Gerade im Flüchtlingsrecht kann sich jeder Staat bei einer Unterlassung der Zufluchtgewährung moralisch dadurch entlasten, dass er auf andere Staaten verweist, die ebenfalls in der Lage wären zu helfen. Aber rechtfertigt dieser Gesichtspunkt tatsächlich eine moralische Differenzierung? Kann man sich nicht entsprechend auch für Handlungen entlasten? (Wenn ich den Hilflosen nicht ausgeplündert hätte, hätte es ein anderer getan – der Erfolg wäre ohnehin eingetreten!) Solche Überlegungen mögen das Verantwortungsgefühl mindern, aber mindern sie auch die Verantwortung?

32   Ist ein moralisch relevanter Unterschied vielleicht darin zu sehen, dass die Verletzung von moralischen Verboten überhaupt erst die Gefahrenlage schafft, die die Verletzung von Hilfsgeboten schon voraussetzt?

33   Lässt sich ein moralischer Unterschied daraus ableiten, dass Hilfegewährung mit höheren Kosten an Gestaltungsfreiheit verbunden ist als das Unterlassen von Verbotsverletzungen? Je extensiver die Handlungspflichten sind, die ein Akteur zu übernehmen hat, desto mehr macht er seine eigene Lebensgestaltung von Kontingenzen wie der Hilfsbedürftigkeit anderer abhängig. Wenn man diesen Gesichtspunkt grundsätzlich gelten lassen will, muss man dann aber nicht weiterfragen, ob schon jede Beschränkung der eigenen Gestaltungsfreiheit es rechtfertigt, Handlungspflichten abzulehnen oder sollte es dann nicht auf das Ausmaß ankommen, in dem eigene Lebenspläne aufgegeben werden müssen, um die Hilfe leisten zu können? Würde daraus folgen, dass die Ablehnung von Zuflucht durch einen sehr wohlhabenden Staat moralisch anders zu bewerten ist als die Ablehnung von Zuflucht durch einen armen Staat? Ab welchem Maß der Beeinträchtigung staatlicher und gesellschaftlicher Gestaltungsfreiheit wird dieser Gesichtspunkt überhaupt relevant?

Rechtsprechung

Die zitierten Entscheidungen sind über das Internet frei verfügbar. Für die Europäischen und die Bundesgerichtshöfe ist die Adresse der jeweiligen Datenbank angegeben. Im Übrigen findet man die Entscheidungen durch Eingabe des Aktenzeichens in eine Suchmaschine. Für das Bundesverfassungsgericht und das Bundesverwaltungsgericht sind außerdem die Fundstellen in der amtlichen Sammlung angegeben. Zitate von Entscheidungen des Bundesverfassungsgerichts und des Bundesverwaltungsgerichts, bei denen nach dem Entscheidungsdatum in eckigen Klammern eine Zahl angegeben ist, beziehen sich auf die Seitenzahl in der amtlichen Sammlung. Im Übrigen ist ergänzend, soweit vorhanden, ein Nachweis in einem leicht zugänglichen Print-Medium angegeben. Das gilt insbesondere für deutsche Übersetzungen von Entscheidungen des EGMR.

Europäischer Gerichtshof für Menschenrechte (EGMR)

http://hudoc.echr.coe.int/

Urt. v. 18.01.1978	5310/71	Ireland v. UK	EGMR-E 1, 232
Urt. v. 07.07.1989	1/1989/161/217	Soering v. UK	EuGRZ 89, 314
Urt. v. 11.1.2007	*1948/04*	Salah Sheekh v. The Netherlands	InfAuslR 2007, 223
Urt. v. 28.02.2008	37201/06	Saadi v. Italy	NVwZ 2008, 1330
Urt. v. 01.06.2010	22978/05	Gäfgen v. Germany	EuGRZ 2010, 417
Urt. v. 21.01.2011	30696/09	M.S.S. v. Belgium and Greece	EuGRZ 2011, 243
Urt. v. 28.06.2011	8319/07, 11449/07	Sufi and Elmi v. UK	InfAuslR 2012, 121
Urt. v. 06.11.2012	22341/09	Hode & Abdi v. UK	

© Springer-Verlag Berlin Heidelberg 2015
P. Tiedemann, *Flüchtlingsrecht*, DOI 10.1007/978-3-662-43657-8

Gerichtshof der Europäischen Union (EuGH)

http://europa.eu/eu-law/case-law/

Urt. v. 15.07.1964	Rs 6/64	Costa/ENEL	Slg. 1964, 1251 NJW 1964, 2371
Urt. v. 05.04.1979	Rs 148/78	Ratti	Slg. 1979, 1629 NJW 1979, 1764
Urt. v. 10.04.1984	Rs 14/83	Colson	Slg. 1984, 1891 EuGRZ 1984, 217
Urt. v. 17.02.2009	C-465/07	Elgafaji	Slg. 2009, I-921 NVwZ 2009, 705
Urt. v. 02.03.2010	C-175/08	Abdulla	Slg 2010, I-1493 NVwZ 2010, 505
Urt. v. 17.06.2010	C-31/09	Bolbol	Slg 2010, I-5539 NVwZ 2010, 1211
Urt. v. 09.11.2010	C-57/09 u.a.	B	Slg 2010, I-10979 EuGRZ 2010, 722
Urt. v. 21.12.2011	C-411/10 u. C 493/10	NS	Slg 2011, I-13905 EuGRZ 2012, 24
Urt. v. 05.09.2012	C-71/11 u. C 99/11	Y	EuGRZ 2012, 638
Urt. v. 27.09.2012	C-179/11	CIMADE	NVwZ 2012, 1529
Urt. v. 19.12.2012	C-364/11	Abed El Karem El Kott	NVwZ-RR 2013, 160
Urt. v. 06.06.2013	C-648/11	MA	NVwZ-RR 2013, 735
Urt. v. 07.11.2013	C-199/12 bis C-201/12	X	EuGRZ 2013, 601
Urt. v. 14.11.2013	C-4/11	Puid	NVwZ 2014, 129
Urt. v. 30.01.2014	C-285/12	Diakitè	EuGRZ 2014, 52
Urt. v. 10.07.2014	C-138/13	Dogan	NVwZ 2014, 1081

Bundesgerichtshof (BGH)

http://www.bundesgerichtshof.de/DE/Entscheidungen/EntscheidungenBGH/
entscheidungenBGH_node.html

Urt. v. 12.05.2010	4 StR 577/09	EuGRZ 2010, 359

Bundesverfassungsgericht (BVerfG)

https://www.bundesverfassungsgericht.de/entscheidungen.html
(Die amtliche Sammlung BVerfGE ist verfügbar unter http://www.servat.unibe.ch/
dfr/dfr_bvbd100.html)

Urt. v. 04.02.1959	1 BvR 193/57	BVerfGE 9, 174
Urt. v. 30.10.1962	2 BvM 1/60	BVerfGE 15, 25
Urt. v. 14.05.1968	2 BvR 544/63	BVerfGE 23, 288
B. v. 26.05.1970	1 BvR 83, 244 und 345/69	BVerfGE 28, 243
Urt. v. 15.12.1970	2 BvF 1/69 u.a.	BVerfGE 30, 1
Urt. v. 29.05.1974	2 BvL 52/72	BVerfGE 37, 271
Urt. v. 21.06.1977	1 BvL 14/77	BVerfGE 45, 187
Urt. v. 14.11.1979	1 BvR 654/79	BVerfGE 52, 391
Urt. v. 02.07.1980	1 BvR 147/80	BVerfGE 54, 341
Urt. v. 25.02.1981	1 BvR 413/80 u.a.	BVerfGE 56, 216
Urt. v. 20.04.1982	2 BvL 26/81	BVerfGE 60, 253
Urt. v. 23.02.1983	1 BvR 1019/82	BVerfGE 63, 215
Urt. v. 24.04.1985	2 BvF 2, 3, 4/83 und 2/84	BVerfGE 69,1
Urt. v. 26.11.1986	1 BvR 1058/85	BVerfGE 74, 51
Urt. v. 12.05.1987	2 BvR 1226/83,	BVerfGE 76, 1
Urt. v. 01.07.1987	2 BvR 478, 962/86	BVerfGE 76, 143
Urt. v. 10.07.1989	2 BvR 502/86 u.a.	BVerfGE 80, 315
Urt. v. 20.12.1989	2 BvR 958/86	BVerfGE 81, 142
Urt. v. 19.07.1990	2 BvR 2005/89	InfAuslR 1991, 89
Urt. v. 23.01.1991	2 BvR 902/85 u.a.	BVerfGE 83, 216
Urt. v. 04.04.1991	2 BvR 1497/90	InfAuslR 1991, 262
Urt. v. 14.05.1996	2 BvR 1938/93 u.a.	BVerfGE 94, 49
Urt. v. 14.05.1996a	2 BvR 1507/93 u.a.	BVerfGE 94, 115
Urt. v. 03.03.2004	1 BvR 2378/98 u.a.	BVerfGE 109, 279
Urt. v. 14.10.2004	2 BvR 1481/04	BVerfGE 111, 307
Urt. v. 19.09.2006	2 BvR 2368/04	BVerfGK 9, 198
Urt. v. 20.12.2006	2 BvR 2063/06	BVerfGK 10, 108
Urt. v. 27.09.2007	2 BvR 1613/07	BVerfGK 12, 227
Urt. v. 22.10.2008	2 BvR 1819/07	
Urt. v. 01.12.2008	2 BvR 1830/08	BVerfGK 14, 458
Urt. v. 06.07.2010	2 BvR 2661/06	EuGRZ 2010, 497
Urt. v. 18.07.2012	1 BvL 10/10	NVwZ 2012, 1024

Bundesverwaltungsgericht (BVerwG)

http://www.bverwg.de/entscheidungen/entscheidungen.php

Urt. v. 07.10.1975	I C 49/69	BVerwGE 202
Urt. v. 29.11.1977	1 C 33/71	BVerwGE 55, 82
Urt. v. 31.03.1981	9 C 6/80	BVerwGE 62, 123
Urt. v. 27.04.1982	9 C 308/81	BVerwGE 65, 250
Urt. v. 17.05.1983	9 C 36/83	BVerwGE 67, 184
Urt. v. 28.02.1984	9 C 981/81	DVBl 1984, 780
Urt. v. 18.02.1986	9 C 104/85	BVerwGE 74, 41
Urt. v. 15.03.1988	9 C 278/86	BVerwGE 79, 143

Urt. v. 23.07.1991	9 C 194/90	BVerwGE 88, 367
Urt. v. 05.11.1991	9 C 118.90	BVerwGE 89, 162
Urt. v. 02.12.1991	9 C 126/90	BVerwGE 89, 232
Urt. v. 18.02.1992	9 C 59/91	NVwZ 1992, 892
Urt. v. 13.05.1993	9 C 49/92	BVerwGE 92, 278
Urt. v. 15.04.1997	9 C 38/96	BVerwGE 104, 265
Urt. v. 11.11.1997	9 C 13/96	BVerwGE 105, 322
Urt. v. 10.02.1998	9 C 28/97	BVerwGE 106, 171
Urt. v. 08.12.1998	9 C 17/98	BVerwGE 108, 84
Urt. v. 30.03.1999	9 C 31.98	BVerwGE 109, 1
Urt. v. 29.06.1999	9 C 36/98	BVerwGE 109, 174
Urt. v. 16.11.2000	9 C 8.00	BVerwGE 112, 185
Urt. v. 19.10.2005	1 B 16/05	Buchholz 402.242 § 60 Abs. 2 ff AufenthG Nr. 4
Urt. v. 01.11.2005	1 C 21/04	BVerwGE 124, 276
Urt. v. 18.07.2006	1 C 15/05	BVerwGE 126, 243
B. v. 07.02.2008	10 C 33.07	ZAR 2008, 192
Urt. v. 24.06.2008	10 C 43.07	BVerwGE 131, 198
Urt. v. 25.11.2008	10 C 53/07	NVwZ 2009, 328
Urt. v. 18.12.2008	10 C 27.07	BVerwGE 133, 31
Urt. v. 26.02.2009	10 C 50.07	BVerwGE 133, 203
Urt. v. 05.03.2009	10 C 51/07	BVerwGE 133, 221
Urt. v. 21.04.2009	10 C 11/08	NVwZ 2009, 1237
Urt. v. 14.07.2009	10 C 9/08	BVerwGE 134, 188
Urt. v. 24.09.2009	10 C 25.08	BVerwGE 135, 49
Urt. v. 24.11.2009	10 C 24.08	BVerwGE 135, 252
Urt. v. 16.02.2010	10 C 7.09	BVerwGE 136, 89
Urt. v. 30.03.2010	1 C 7/09	BVerwGE 136, 222
Urt. v. 30.03.2010a	1 C 8.09	BVerwGE 136, 231
Urt. v. 27.04.2010	10 C 5.09	BVerwGE 136, 377
Urt. v. 24.02.2011	10 C 3.10	BVerwGE 139, 109
Urt. v. 31.03.2011	10 C 2/10	BVerwGE 139, 272
Urt. v. 01.06.2011	10 C 25.10	BVerwGE 140, 22
Urt. v. 17.11.2011	10 C 13.10	NVwZ 2012, 454
Urt. v. 05.06.2012	10 C 4/11	BVerwGE 143, 183
Urt. v. 04.09.2012	10 C 13.11	BVerwGE 144, 127
Urt. v. 04.09.2012a	10 C 12.12	BVerwGE 144, 141
Urt. v. 20.02.2013	10 C 23.12	BVerwGE 146, 67
Urt. v. 13.06.2013	10 C 13.12	BVerwGE 147, 8
Urt. v. 19.11.2013	10 C 26/12	NVwZ-RR 2014, 283
Urt. v. 13.02.2014	10 C 6/13	Asylmagazin 2014, 119

Oberverwaltungsgerichte (OVG VGH)

Bautzen	Urt. v. 20.05.2009	A 2 A 107/08	
Kassel	Urt. v. 16.02.1996	7 UE 4242/95	ESVGH 46, 234
Münster	Urt. v. 27.03.2007	8 A 4728/05.A	DVBl 2007, 782
Münster	Urt. v. 09.03.2011	11 A 1439/07.A	OVGE MüLü 54, 95
Saarlouis	Urt. v. 2.03.2007	3 Q 114/06	
Schleswig	Urt. v. 30.10.2001	4 L 130/95	
Schleswig	Urt. v. 27.01.2006	1 LB 22/05	InfAuslR 2007, 256

Verwaltungsgerichte (VG)

Frankfurt	Urt. v. 28.01.2010	1 K 2326/09.F.A	
Frankfurt	Urt. v. 04.07.2012	1 K 1783/11.F.A	
Frankfurt	Urt. v. 04.07.2012 (a)	1 K 1836/11.F.A	NVwZ-RR 2013, 244
Frankfurt/M	Urt. v. 08.07.2009	7 K 4376/07.F.A	NVwZ 2009, 1176
Frankfurt/M	Urt. v. 09.07.2013	7 K 560/11.F.A	
Gelsenkirchen	Urt. v. 17.07.2009	9 K 2813/08	
Köln	Urt. v. 27.08.2003	3 K 629/02	
Köln	Urt. v. 12.01.2007	18 K 3234/06.A	
München	B. v. 20.08.2013	M25 K 11.30288	EuGRZ 2014, 496
Oldenburg	Urt. v. 19.12.2011	11 A 2138/11	Im freien Internet nicht verfügbar
Regensburg	Urt. v. 07.02.2012	RO 7 K 11.30142	NVwZ-RR 2012, 449
Trier	Urt. v. 30.05.2012	5 K 967/11.TR	

US Supreme Court

Urt. v. 09.03.1987	480 U.S. 421 [1987]	Cardoza-Fonseca

UN – Menschenrechtsausschuss

Ent. v. 24.03.2011	CCRP/ C/101/D/1642–1741/2007	Jeong et al. v. Korea

Datenbanken

Im Folgenden werden Datenbanken im Internet vorgestellt, die frei zugänglich sind. Für professionelle Zwecke empfehlen sich auch die bekannten kommerziellen Datenbanken.

Datenbanken zur Lagebeurteilung

European Country of Origin Information Network (http://www.ecoi.net/)

ECOI ist ein Netzwerk, dem Organisationen aus verschiedenen Ländern angehören. Die inhaltliche Betreuung wird einerseits vom Austrian Centre for Country of Origin and Asylum Research and Documentation (ACCORD – http://www.roteskreuz.at/migration-suchdienst/accord/) und andererseits vom Informationsverbund Asyl e. V. (http://www.asyl.net/) geleistet.

In ihrer Selbstdarstellung (vgl. Website) führt ECOI aus: „ecoi.net sammelt, strukturiert und verarbeitet öffentlich zugängliche Länderinformationen unter dem spezifischen Gesichtspunkt der Bedürfnisse von Asylanwälten, Flüchtlingsberatern und Behörden, die über Asylanträge und Anträge auf andere Formen internationalen Schutzes entscheiden.

ecoi.net fördert das Prinzip öffentlich zugänglicher Informationen sowie gleichen Zugang zu qualitativ hochwertigen Herkunftsländerinformationen für alle am Asylverfahren beteiligten Parteien.

ecoi.net steht für eine unparteiische Informationspolitik sowie objektive und neutrale Aufbereitung von Herkunftsländerinformationen. ecoi.net bietet Berichte zu wichtigen Entwicklungen in Herkunftsländern ungeachtet des positiven oder negativen Charakters der Entwicklungen an. … ecoi.net deckt regelmäßig mehr als 100 Quellen ab. ecoi.net bevorzugt verlässliche und anerkannte Informationsquellen, wie etwa die Vereinten Nationen, internationale Nicht-Regierungsorganisationen (NGOs), Nachrichtendienste und Zeitungen sowie Regierungsbehörden. Wenn möglich, verweisen wir auf mehr als eine Quelle zu einem bestimmten Thema. Wir ziehen auch weniger prestigereiche Quellen heran, sofern sie einen zusätzlichen Informationswert bieten.

© Springer-Verlag Berlin Heidelberg 2015
P. Tiedemann, *Flüchtlingsrecht*, DOI 10.1007/978-3-662-43657-8

Umfassende Herkunftsländerinformationen schließen nicht nur Aspekte der Menschenrechtssituation ein, sondern auch andere Bereiche, die von Menschenrechtsberichten nicht abgedeckt werden. Daher informiert ecoi.net auch über die Lebensbedingungen in einem Land, über bestimmte ethnische Gruppen und über kulturelle Traditionen. Auch Analysen über mögliche Entwicklungen einer politischen oder Sicherheitssituation sind Bestandteil der Länderinformationen auf ecoi. net.

Entwicklungen werden nicht für alle Herkunftsländer im gleichen Umfang von ecoi.net abgedeckt. ecoi.net hat einen Fokus auf Herkunftsländer von Asylbewerbern in Europa."

RefWorld (http://www.unhcr.org/cgi-bin/texis/vtx/refworld/rwmain)
RefWorld ist die Herkunftsländer-Datenbank des UNHCR. Die Oberfläche ist nur in englischer Sprache verfügbar, Dokumente gibt es jedoch auch in anderen Sprachen. Gibt man deutsche Suchbegriffe ein, dann bekommt man auch nur deutschsprachige Dokumente, gibt man englische Begriffe ein, erhält man englischsprachige Dokumente. Entsprechendes gilt für andere Sprachen.

MILo (https://milo.bamf.de/)
MILo (Migrations-InfoLogistik) ist das Informationssystem des Bundesamtes für Migration und Flüchtlinge (BAMF) mit Informationssammlungen zu verschiedenen Themen. Einen Schwerpunkt bilden Länderinformationen, die die Lage in den Herkunftsländern von Flüchtlingen und Migranten, aber auch in Aufnahme- und Zielstaaten beschreiben. Man wählt auf der Startseite das Land aus, für das man nach Informationen sucht und erhält dann eine Ordnerstruktur, in der nach Art des Materials und nach dem Jahr des Erscheinens die Materialen geordnet sind. Es gibt auch zu dem jeweiligen Land Rechtsprechungshinweise und Entscheidungen.

MILo enthält auch die Lageberichte und Auskünfte des Auswärtigen Amtes, die jedoch nur für registrierte Benutzer zugänglich sind. Die Zugangsdaten werden sehr selektiv vergeben.

Datenbanken zur Rechtsprechung

Im Folgenden sollen nur jene Rechtssprechungsdatenbanken aufgeführt werden, die frei zugänglich sind. Es sei jedoch nicht unerwähnt, dass es daneben noch sehr umfangreiche kommerziell betriebene Datenbanken gibt, die vor allem für den professionellen Nutzer empfehlenswert sind.

Landesrechtsprechungsdatenbanken
Die deutschen Länder unterhalten frei zugängliche Rechtsprechungsdatenbanken. Diese findet man über die Linkliste unter http://www.justiz.de/onlinedienste/rechtsprechung/index.php/. Will man sich z. B. auf Hessen beschränken, kann man auf die hessische Landesrechtsprechungsdatenbank zugreifen (http://www.lareda. hessenrecht. hessen.de). Der Nachteil dieses Systems besteht darin, dass man siebzehn verschiedene Datenbanken aufsuchen muss, um einen Gesamtüberblick zu bekommen.

European Database of Asylum Law – EDAL (http://www.asylumlawdatabase. eu)
Diese Datenbank ist seit dem 17.02.2012 online. Sie ist kostenlos und enthält derzeit Entscheidungen aus 11 europäischen Ländern. Zusammenfassungen gibt es jeweils auf Englisch und in der jeweiligen Landessprache. Bisher hängt die Trefferquote allerdings von der gewählten Sprache der Suchanfrage ab: Sucht man mit deutschen Begriffen, findet man auch nur deutschsprachige Entscheidungen. Multilingualität ist aber für die Zukunft angestrebt.

Informationsverbund Asyl e. V. (http://www.asyl.net)
Auf dieser Seite kann man zu einer Rechtsprechungsdatenbank navigieren, in der man deutsche Rechtsprechung zum Asylrecht findet.

Migrationsrecht.net (http://www.migrationsrecht.net)
Fachportal mit Informationen zum Ausländerrecht
Herausgeber des Portals für Ausländerrecht und Migrationsrecht ist Dr. Klaus Dienelt.

Bundesamt für Migration und Flüchtlinge (https://milo.bamf.de/)
Den einzelnen Ländern zugeordnet wird hier auch Asylrechtsprechung dokumentiert.

Asylgerichtshofs (Österreich) (http://www.ris.bka.gv.at/Judikatur/)
Im Rahmen des öffentlich zugänglichen Rechtsinformationssystems Österreichs gibt es auch die Möglichkeit der Recherche zu Entscheidungen des früheren Unabhängigen Bundesasylsenats und des Asylgerichtshofs (ab 2008).

Schweizerisches Bundesverwaltungsgericht (http://www.bundesverwaltungsgericht.ch)
Die Abteilungen IV und V des schweizerischen Bundesverwaltungsgerichts sind erstinstanzlich für das Asylrecht zuständig. Auf der Website findet man unter „Entscheide" eine Suchmaske, über die man die Asylrechtsprechung recherchieren kann.

British and Irish Legal Information Institute (http://www.bailii.org/)
Hier findet man die Entscheidungen des UK Asylum and Immigration Tribunal (AIT) und des House of Lords.

IARLJ Database (http://www.iarlj.org)
Die Datenbank der Internationalen Asylrichtervereinigung (International Association of Refugee Law Judges) dokumentiert Entscheidungen zum Flüchtlingsrecht aus prinzipiell allen Vertragsstaaten der Genfer Flüchtlingskonvention. Faktisch nehmen allerdings nur einige dieser Staaten teil. Ein Schwerpunkt liegt bei der Rechtsprechung zur Qualifikationsrichtlinie.
Auf der Suchmaske wird dem Nutzer ein Suchwortkatalog in verschiedenen Sprachen zur Verfügung gestellt. Zurzeit wird der Katalog in Deutsch, Englisch,

Finnisch, Französisch, Niederländisch, Polnisch und Slowenisch angeboten. Die Ergebnisliste weist alle mit den betreffenden Suchworten verknüpften Entscheidungen aus, unabhängig, von welchem Gericht und in welcher Sprache sie verfasst sind. Zu jedem Treffer weist die Liste neben dem Namen des Gerichts, dem Aktenzeichen und dem Entscheidungsdatum eine Kurzinformation in englischer Sprache aus. Der Download des Volltextes in der Originalsprache im PDF-Format ist möglich.

Refugee Case Law Site (http://refugeecaselaw.org)
Diese an der Law School der Universität von Michigan (Professor James Hathaway) publizierte Datenbank beansprucht eine Dokumentation der Rechtsprechung aus der ganzen Welt. Tatsächlich beschränkt sie sich weitgehend auf englischsprachige Judikate. Die Recherche ist nur auf Englisch erfolgversprechend, führt dann aber auch nur zu englischsprachigen Dokumenten. Man kann's auch mal mit anderen Sprachen versuchen, hat aber selten Erfolg.

Literatur

Alexy, H. (2011): Subsumtion oder Abwägung – Was gilt im Ausweisungsrecht?, DVBl 2011, 1185

Arendt, Hannah (2011): Der Niedergang des Nationalstaates und das Ende der Menschenrechte. In: Dies.: Elemente und Ursprünge totalitärer Herrschaft. Antisemitismus, Imperialismus, totale Herrschaft. München/Zürich: Piper 14. Aufl. 2011, S. 559–625

Bank, Roland (2009): Das Elgafaji-Urteil des EuGH und seine Bedeutung für den Schutz von Personen, die vor bewaffneten Konflikten fliehen, NVwZ 2009, 695

Bank, Roland (2011): Die Beendigung der Flüchtlingseigenschaft nach der „Wegfall-der-Umstände"-Klausel, NVwZ 2011, 401

Barskanmaz, C. (2011): Rasse – Unwort des Antidiskriminierungsrechts?, KJ 44 (2011), 382

Bergmann, Jan (2005): Das immanent beschränkte Asylgrundrecht, ZAR 25 (2005), 137

Birnbacher, Dieter (1995): Tun und Unterlassen. Stuttgart: Reclam 1995

Cassee, Andreas/Goppel, Anna (2012): (Hrsg.) Migration und Ethik. Münster: mentis 2012

Derlien, Jochen (2003): Asyl. Die religiöse und rechtliche Begründung der Flucht zu sakralen Orten in der griechisch-römischen Antike. Marburg: Tectum 2003

Einarsen, Terje (2011): Drafting history of the 1951 Convention and the 1967 Protocol. In: Zimmermann 2011, S. 37 ff.

FRA [EU-Agency for Fundamental Rights] (2013): Handbook on European Law Relating to Asylum, Borders, and Immigration. Luxemburg: EU Publication Office 2013. Auch in deutscher Sprache verfügbar sowie online unter http://fra.europa.eu/sites/default/files/handbook-law-asylum-migration-borders_en.pdf

Gierlichs, H. W. (2010): Die Überprüfung der Glaubhaftigkeit in aufenthaltsrechtlichen Verfahren, ZAR 30 (2010), 102

GK-AsylVfG: Fritz, Roland/Vormeier, Jürgen (Hrsg.): Gemeinschaftskommentar zum Asylverfahrensgesetz. Loseblattsammlung 3 Ordner. Köln: Wolters Kluwer (Luchterhand Fachverlag)

GK-AufenthG: Fritz, Roland/Vormeier, Jürgen (Hrsg.): Gemeinschaftskommentar zum Aufenthaltsgesetz. Loseblattsammlung 5 Ordner. Köln: Wolters Kluwer (Luchterhand Fachverlag)

Göbel-Zimmermann, Ralph (2012): Diskriminierung aus Gründen der „Rasse" und wegen der ethnischen Herkunft im Spiegel der Rechtsprechung zum AGG, ZAR 32 (2012), 369

Hailbronner, Kay (2008): Die Qualifikationsrichtlinie und ihre Umsetzung, ZAR 28 (2008), 209

Hailbronner, Kay (2013): Asyl- und Ausländerrecht. Stuttgart: Kohlhammer 3. Aufl. 2013

Hathaway, James C. (2005): The Rights of Refugees under International Law. Cambridge: CUP 2005

Heckel, Christian (2014): Migration aus religiösen Gründen. Vom Anfang und Ende des „religiösen Existenzminimums". ZAR 34 (2014), 157

Hocks, Stephan (2014): Vormundschaft und Ergänzungspflegschaft bei unbegleiteten minderjährigen Flüchtlingen. In: Tiedemann/Gieseking (Hrsg.): Flüchtlingsrecht in Theorie und Praxis. 5 Jahre Refugee Law Clinic an der Justus-Liebig-Universität. Gießen. Baden-Baden: Nomos 2014, S. 74–94

© Springer-Verlag Berlin Heidelberg 2015

P. Tiedemann, *Flüchtlingsrecht*, DOI 10.1007/978-3-662-43657-8

Hoffmann, Holger (2009): Vater, Kind, Verfassungsrecht – Über Darlegungslast und Ermittlungs-pflicht, Asylmagazin 2/2009, S. 2

Hofmann, Rainer M. (2013): (Hrsg.) Ausländerrecht Handkommentar. Baden-Baden: Nomos 2. Aufl. 2013

Hruschka, Constantin/Löhr, Tilmann (2007): Der Prognosemaßstab für die Prüfung der Flücht-lingseigenschaft nach der Qualifikationsrichtlinie, ZAR 27 (2007), 181

Hruschka, Constantin/Löhr, Tilmann (2009): Das Konventionsmerkmal ‚Zugehörigkeit zu einer bestimmten sozialen Gruppe' und seine Anwendung in Deutschland, NVwZ 28 (2009), 205

Huber, Bertold (2010): AufenthG Aufenthaltsgesetz mit Freizügigkeitsgesetz/EU, ARB 1/80 und Qualifikationsrichtlinie – Kommentar. München: C.H. Beck 2010

Kant, Immanuel (1783): Beantwortung der Frage: Was ist Aufklärung? In: Ehrhard Bahr (Hrsg.): Was ist Aufklärung? Thesen und Definitionen. Stuttgart: Reclam 1986

Kimminich, Otto (1978): Die Geschichte des Asylrechts. In: Amnesty International (Hrsg.), Be-währungsprobe für ein Grundrecht. Baden-Baden: Nomos 1978, S. 19 ff.

Kirloskar-Steinbach, Monika (2007): Gibt es ein Menschenrecht auf Immigration? Politische und Philosophische Positionen zur Einwanderungsproblematik. München: Wilhelm Fink 2007

Kreck, Lena (2014): Zur Entscheidung über den „ersten Klimaflüchtling". KJ 47 (2014), 81

Kuschnik, Bernhard (2009): Der Gesamttatbestand des Verbrechens gegen die Menschlichkeit. Berlin: Duncker & Humblot 2009

Ladwig, Bernd (2011): Gerechtigkeitstheorien zur Einführung. Hamburg: Junius 2. Aufl. 2013

Lübbe, Anna (2012): Verfolgungsvermeidende Anpassung an menschenrechtswidrige Verhaltens-lenkung als Grenze der Flüchtlingsanerkennung?, ZAR 32 (2012), 7;

Lübbe, Anna (2013): Flüchtlingsanerkennung in Verhaltenslenkungsfällen nach den Ahmadi-Ent-scheidungen des BVerwG, ZAR 33 (2013), 272

Lübbe, Anna (2014): „Systemische Mängel" in Dublin-Verfahren. ZAR 34 (2014), 105

Mallmann, Otto (2011): Zu selbst geschaffenen Nachfluchttatbeständen insbesondere nach § 28 II AsylVfG, ZAR 31 (2011), 342

Marauhn, Thilo/Simon, Sven (2012): Diplomatisches Asyl für Julian Assange?, ZJS 2012, 593 – www.zjs-online.com

Markard, Nora (2014): Die Gefahrenintensität im innerstaatlichen bewaffneten Konflikt. Sub-sidiärer Schutz nach Art. 15 Buchst c QRL nach Diadiké und Elgafaji. NVwZ 33 (2014), 565

Marx, Reinhard (2008): Unterstützung terroristischer Organisationen nach Art. 12 Abs. 2 Buchst. b) und c) QRL, ZAR 28 (2008), 343

Marx, Reinhard (2009): Kommentar zum Asylverfahrensgesetz. Köln: Wolters Kluwer (Luchter-hand Fachverlag) 7. Aufl. 2009

Marx, Reinhard (2010): Verfolgung aus religiösen Gründen, ZAR 30 (2010), 1

Marx, Reinhard (2011): Aufenthalts-, Asyl- und Flüchtlingsrecht in der anwaltlichen Praxis. Bonn: Deutscher Anwaltsverlag 4. Aufl. 2011

Marx, Reinhard (2012): Handbuch zum Flüchtlingsschutz. Erläuterungen zur Qualifikationsricht-linie. Köln: Wolters Kluwer (Luchterhand Fachverlag) 2. Aufl. 2012

Marx, Reinhard (2012a): Verfolgung aus Gründen der Religion aus menschenrechtlicher Sicht, Asylmagazin 2012, Heft 10, S. 327

Marx, Reinhard (2012b): Mitgliedschaft in einer terroristischen Vereinigung (Art. 12 Abs. 2 Buchst b) und c) RL 2004/83/EG) in der Rechtsprechung des Europäischen Gerichtshofs, In-fAuslR 2012, 32

Marx, Reinhard (2012c): Gefahrengrad bei »willkürlicher Gewalt«, InfAuslR 2012, 145

Marx, Reinhard (2012d): Die „Wegfall-der-Umstände-Klauseln Art. 11 Abs. 1 lit. e) und f) RL 2004/83/EG nach dem Klärungsversuch des Europäischen Gerichtshofs, ZAR 32 (2012), 281

Mona, Martino (2007): Das Recht auf Immigration. Rechtsphilosophische Begründung eines ori-ginären Rechts auf Einwanderung im liberalen Staat. Basel: Helbing Lichtenhahn 2007

Müller, Anna (2014): Die Zugehörigkeit zu einer bestimmten sozialen Gruppe als zentrales Ver-folgungsmotiv des Flüchtlingsbegriffs im Lichte des rechtsnormativen Mehrebenensystems. Frankfurt/M: Peter Lang 2014

Musalo, Karen (2007): Conscientious Objection as a Basis for Refugee Status: Protection for the Fundamental Right of Freedom of Thought, Conscience and Religion, *Refugee Survey Quarterly* 69 (2007), 26

Nowak, Manfred/McArthur, Elisabeth (2006): The Distinction Between Torture And Cruel, Inhuman Or Degrading Treatment, TORTURE Journal 16 (2006), 147 (http://www.irct.org/Default.aspx?ID=4747)

Peers, Steve/Guild, Elsbeth/Tomkin, Jonathan (2012): EU Immigration And Asylum Law: Text And Commentary 2 Bde. Dordrecht: Kluwer Academic Publisher 2. Aufl. 2012

Rawls, John (1979): Eine Theorie der Gerechtigkeit. Frankfurt/M: Suhrkamp *1979*

Renner, Günter†/Bergmann, Jan/Dienelt, Klaus (2013): Ausländerrecht Kommentar. München: C. H. Beck 10. Aufl. 2013

Ruge, Ulrich (1995): Asylverfahrensgesetz 1993– Bewährung in der verwaltungsgerichtlichen Praxis? NVwZ 1995, 733

Schmahl, Stefanie (2013): Das Verhältnis der deutschen Rechtsordnung zu den Regeln des Völkerrechts, JuS53 (2013), 961

Skran, Claudena (2011): Historical Development of International Refugee Law. In: Zimmermann 2011, S. 1 ff.

Stern, Joachim (2012): Rechtsberatung für Asylsuchende: Völkerrecht, Unionsrecht, Grundrechtscharta, Verfassungsrecht. Baden-Baden: Nomos 2012

Tiedemann, Paul (2000): Protection Against Persecution Because Of „Membership Of A Particular Social Group" In German Law (And Further Considerations) – http://www.refugee.org.nz/PaulT.htm

Tiedemann, Paul (2009a): Das konstitutionelle Asylrecht in Deutschland – Ein Nachruf, ZAR 29 (2009), 161

Tiedemann, Paul (2009b): Sechzig Jahre Grundgesetz – Sechzig Jahre Asylrecht in Deutschland, JoJZG 2009, 101

Tiedemann, Paul (2011): Die Klausel zum bewaffneten Konflikt in der Qualifikationsrichtlinie (Art. 15c), ZAR 31 (2011), 206

Tiedemann, Paul (2012): Menschenwürde als Rechtsbegriff. Eine philosophische Klärung. Berlin: BWV 3. Aufl. 2012

Tiedemann, Paul (2012a): Religionsfreiheit – Menschenrecht oder Toleranzgebot. Was Religion ist und warum sie rechtlichen Schutz verdient, Berlin/Heidelberg: Springer 2012

Tiedemann, Paul (2014): Die Geschichte des subsidiären Flüchtlingsschutzes In: Tiedemann/Gieseking (Hrsg.): Flüchtlingsrecht in Theorie und Praxis. 5 Jahre Refugee Law Clinic an der Justus-Liebig-Universität Gießen. Baden-Baden: Nomos 2014, S. 95–122

Tugendhat, Ernst (1997): Vorlesungen über Ethik. Frankfurt/M: Suhrkamp 1997

UNHCR (1979): Handbuch über Verfahren und Kriterien zur Feststellung der Flüchtlingseigenschaft, hrsg. v. UNHCR, Genf 1979 Neuauflage in deutscher Sprache UNHCR Österreich 2003 – http://www.unhcr.de/fileadmin/user_upload/dokumente/03_profil_begriffe/fluechtlinge/Handbuch.pdf

UNHCR (2011): Handbook and Guidelines on Procedures and Criteria for Determining Refugee Status under the 1951 Convention and the 1967 Protocol Relating to the Status of Refugees. Genf: UNHCR 2011

UNHCR (2011): Endlich in Sicherheit? – Beilage zum Asylmagazin 12/2011;

Zimmermann, Andreas (2011): (Hrsg.) The 1951 Convention Relating to the Status of Refugees and its 1967 Protocol. A Commentary. Oxford: OUP 2011

Zünd, Andreas/Yar, Thomas Hugi (2013): Aufenthaltsbeendende Massnahmen im schweizerischen Ausländerrecht, insbesondere unter dem Aspekt des Privat- und Familienlebens, EuGRZ 40 (2013), 1

Sachverzeichnis

Die Stichwörter verweisen jeweils auf das Kapitel und die Randnummer(n).

Printed by Printforce, the Netherlands